Ernst Volk

Ein feste Burg ist unser Gott

Evangelisches Glaubenszeugnis in Luthers Liedern

Herausgegeben von

Thomas Berke und Winfrid Krause

Freimund-Verlag

Bibliografische Information der Deutschen Nationalbibliothek:
Die Deutsche Nationalbibliothek verzeichnet diese Publikation in der Deutschen Nationalbibliografie; detaillierte bibliografische Daten sind im Internet über http://dnb.d-nb.de abrufbar.

Ernst Volk

Ein feste Burg ist unser Gott

Evangelisches Glaubenszeugnis in Luthers Liedern

Herausgegeben von Thomas Berke und Winfrid Krause

ISBN 978 3 946083 22 1

Gesellschaft für Innere und Äußere Mission im Sinne der luth. Kirche e. V.

www.freimund-verlag.de

Layout und Gestaltung: Silvia Bachl

Coverabbildung: © wikimedia commons

Inhalt

Vorwort

Superintendent Ernst Volk (1927-2015), ein großer Lutherkenner und profilierter Lutheraner im Rheinland, hat in den letzten Jahren seines Lebens eine Interpretation von Luthers Liedern für die Gemeinde geschrieben. Leider konnte er das nahezu fertige Manuskript nicht mehr selbst zum Druck bringen. Deshalb haben seine Schüler und Freunde zum 500. Jubiläumsjahr der Reformation die Herausgabe betrieben.

In Luthers Liedern verdichten und verbinden sich sein Glaube, sein Leben und seine Theologie. Viele seiner Lieder, für die er zum Teil selbst die Melodien komponierte, werden in der evangelischen Kirche bis heute gerne gesungen. In diesem Buch werden die Entstehungshintergründe, die Motive und Aussagen der Lieder des Reformators erhellt. Im Verlauf der Kirchengeschichte wurde immer wieder deutlich, welchen Einfluss der volkssprachliche Liedgesang der Gemeinden auf die Ausbreitung der Reformation hatte.

Luther meinte, dass das Evangelium in die Herzen hineingesungen werden solle. „Singen ist eine feine, edle Kunst und Übung", sagte er in einer Tischrede. „So sorget, der singt, nicht vor viel; er schlägt alle Sorge aus und ist guter Dinge." Denn „das Evangelium ist eine gute Botschaft, gute Märe, gute neue Zeitung, gut Geschrei, davon man singet, saget und fröhlich ist", wie es in seiner Vorrede auf das Neue Testament heißt. „Gott hat unser Herz und Mut fröhlich gemacht durch seinen lieben Sohn, welchen er für uns gegeben hat zur Erlösung von Sünden, Tod und Teufel. Wer solches mit Ernst glaubt, der kann's nicht lassen, er muß fröhlich und mit Lust davon singen und sagen, daß es andere auch hören und herzu kommen." Luther hoffte, „daß also solcher schöne Schmuck der Musica in rechtem Brauch ihrem lieben Schöpfer und seinen Christen diene, daß er gelobt und geehrt, wir aber durch sein heiliges Wort, mit süßem Gesang ins Herz getrieben, gebessert und gestärkt werden im Glauben." Die Auslegungen Ernst Volks dienen in diesem Sinne der Ausbreitung des Evangeliums und der Vertiefung des Glaubens.

Thomas Berke *Winfrid Krause*

Die Anfänge

„Ein neues Lied wir heben an“

I. Die Märtyrer von Brüssel

Am 1. Juli des Jahres 1523 wurden in Brüssel zwei „lutherische Ketzer“ öffentlich dem Feuertod überantwortet. Beide Delinquenten gehörten – wie Luther selbst – dem Augustiner-Orden an. Es handelte sich um Heinrich Voes und Johann von den Eschen. Beide waren auf Befehl der kaiserlichen Schwester Margarethe, Statthalterin der Niederlande,[1] zum Tode verurteilt worden.

Schon im Oktober 1522 hatte sie alle Insassen des Augustinerklosters verhaften lassen, um durch diese Maßnahme der um sich greifenden lutherischen Bewegung, die offensichtlich den Augustinerorden erfasst hatte, Einhalt zu gebieten. Zwar wurden einige Mönche wieder entlassen. Andere konnten entkommen, und drei der Verhafteten blieben standhaft; so die oben genannten und ein Lambert Thorn. Die Gefangenen wurden von einem Kerker in den anderen geführt und streng verhört. Den geforderten Widerruf verweigerten sie, und so wurde auf Grund eines päpstlichen Erlasses der Ketzerprozess gegen sie eröffnet. Da Lambert Thorn sich Bedenkzeit erbat, wurden zunächst nur Johann von der Eschen und Heinrich Voes zum Feuertod verdammt. Das Urteil wurde am 1. Juli 1523 vollstreckt. Die päpstliche Inquisitionskommission samt einem weltlichen Gericht stieß die beiden Männer zunächst feierlich aus dem Priesterstande aus! Sie wurden all ihrer Würden entkleidet und schließlich dem Henker überantwortet. Die Nachrichten aus Brüssel vermeldeten, dass die beiden Männer standhaft und tapfer den Scheiterhaufen bestiegen.[2] Lambert

Thorn blieb weiter im Gefängnis. Am 19. Januar 1524 richtete Luther noch einem Trostbrief an ihn.
Die Nachricht vom Märtyrertod der beiden Augustinermönche eilte schnell durch ganz Deutschland und erregte großes Aufsehen. Als die Nachricht in Wittenberg eintraf, war Luther tief bewegt. Ein damals in Wittenberg weilender Augenzeuge, Kessler, berichtet, Luther habe angefangen „innerlich zu weinen und gesagt: Ich vermeint, ich sollte ja der Erste sein, der um dieses heiligen Evangeliums wegen sollte gemartert werden; aber ich bin des nit würdig gewesen.“[3] Deutlich ist Luthers Erschütterung aus diesem Bericht zu erkennen. Der Tod seiner Ordensbrüder hat ihn nicht gleichgültig gelassen, musste er sich doch die Frage gefallen lassen, ob auch er, Luther, die beiden Hingerichteten zum Irrtum verführt und so als Irrender an ihrem Tod mitschuldig sei. Doch schon bald – nach gewissenhafter Überprüfung seiner „Lehre“ – ist bei ihm diese Krise und Anfechtung überwunden. Deutlich wird das durch einen öffentlichen Brief, den er an seine „lieben Brüder in Christo, so in Holland, Brabant und Flandern samt allen Gläubigen in Christo“ richtet.[4] Der Brief ist frei von Resignation oder gar Angst. Der Grundton ist voller Gewissheit und Zuversicht. Der Tod der beiden evangelischen Glaubenszeugen ist Grund zum Dank, weil „Gott, der Vater aller Barmherzigkeit uns zu dieser Zeit wiederum sehen lässt sein wunderbares Licht, welches bisher um unserer Sünde willen verborgen gewest“. Eine neue Zeit bricht an. Die „Gewalt der Finsternis“, der Irrtum und der Dienst unter dem (päpstlichen) „Antichristen“ neigt sich seinem Ende zu. Hoffnungsfroh klingt es deshalb: „Aber nun ist die Zeit wiederkommen, dass wir der Turteltauben Stimme hören und die Blumen aufgehen in unserem Land“, eine Anspielung an das Hohelied Salomos 2, 11-12.[5]
Die beiden hingerichteten Ordensbrüder nennt Luther nun

ausdrücklich Märtyrer, „zwei edle Kleinode Christi“, die das Evangelium mit „ihrem Blut begossen und bekräftigt“ haben.[6] Das alles zeigt an, dass es nun Zeit ist, „dass das Reich Gottes nicht in Worten, sondern in der Kraft stehe.“[7] Luthers Haltung resultiert also nicht aus einer hartnäckigen Stiernackigkeit, gründet auch nicht in einer „wurzellosen Subjektivität“[8], sondern sie erwächst aus den transsubjektiven „starken und tröstlichen Verheißungen“ Christi. Luther schließt deshalb seinen Sendbrief an die Niederländer mit der Aufforderung: „So lasst uns unser Herz erneuen, guten Mutes sein und mit Freuden dem Herrn uns schlachten lassen.“[9] Mögen sie uns hussitisch, wikliphitisch und lutherisch „ausschreien“, so darf uns das nicht wundern, „sondern desto mehr stärken, denn Christi Kreuz muss Lästerer haben.[10] Luthers Ausführungen knüpfen zugleich an Gedanken des Ordensgründers an, der in „De civitate Dei“ von den Märtyrern rühmt: „Für diesen Glauben sind sie gestorben und können nun solches vom Herrn erlangen, für dessen Namen sie in den Tod gingen; für diesen Glauben haben sie zunächst in wunderbarer Standhaftigkeit geduldet, um dann später in solchen Wundern eine so große Macht zu bestätigen.“[11]

II. Luthers Lied

Die Ereignisse von Brüssel drängen Luther dazu, der Glaubensgewissheit, die aus dem Evangelium entspringt, auch in Liedform Ausdruck zu verleihen, „auf dass Gottes Wort und christliche Lehre auf allerlei Weise getrieben und geübt werden!“[12] So entsteht Luthers erstes Lied, das uns überliefert ist: „Ein hübsch Lied von den zwei Märtyrern Christi zu Brüssel von den Sophisten zu Löwen verbrannt.“[13]

Das Lied hebt mit demselben glaubensgewissen Ton an, der auch den Sendbrief auszeichnet.

> *Ein neues Lied wir heben an,*
> *das walt' Gott, unser Herre,*
> *zu singen, was Gott hat getan*
> *zu seinem Lob und Ehre.*
> *Zu Brüssel in dem Niederland*
> *wohl durch zwei junge Knaben*
> *hat er sein Wunder macht bekannt,*
> *die er mit seinen Gaben*
> *so reichlich hat gezieret.*[14]

Das neue siegesgewisse Lied kann deshalb so tapfer und froh sein, weil über dem Geschehenen in Brüssel Gott selbst „waltet", d.h. herrscht. Nichts geschieht fern von Gottes Herrschaft. Er waltet auch über Verfolgung und Ketzertod. Auch wenn wir das nicht zu begreifen vermögen, es geschieht alles zu seinem Lob und Ehre. Den glaubenden Märtyrern ist es ein guter Geruch Christi zum Leben, den Ungläubigen freilich ein Geruch des Todes zum Tode (2. Kor 2, 15f.). Dieses Wunder Gottes wird durch „zwei junge Knaben" bekannt gemacht; nicht durch irgendwelche heranwachsende Halbwüchsige, sondern in dem ursprünglichen Sinn von Diener bzw. Knappe (im ritterlichen Dienst).[15]

Die beiden Hingerichteten standen gerade als Ketzer im ritterlichen Dienst Christi, des Herrn und Erlösers. Ihr aufrechtes Sterben ist in seiner Standhaftigkeit eine Gabe und Zierde des Herrn.

Der Erst recht wohl Johannes heißt
so reich an Gottes Hulden.
Sein Bruder Heinrich nach dem Geist
ein rechter Christ, ohn' Schulden.
Von dieser Welt geschieden sind,
sie ha'n die Kron erworben,
recht wie die frommen Gotteskind
für sein Wort sind gestorben,
sein Märtyr sind sie worden.

Die beiden Märtyrer werden mit Namen vorgestellt: Johannes von der Eschen und Heinrich Voes. Beide sind „reich an Gottes Hulden", d.h. reich an Seinem „Wohlgefallen". Sie leben aus Gottes Gnade. Sie haben die Krone, den Siegeskranz des Glaubens erworben, gemäß der Verheißung: „Sei getreu bis in den Tod, so will ich dir die Krone des Lebens geben" (Offb 2, 10), nicht als erworbenen Verdienst, sondern weil sein Wort sie aus dem Tod herausgerissen hat.

Der alte Feind sie fangen ließ,
erschreckt sie lang mit Dräuen (Drohen).
Das Wort Gottes er sie leugnen ließ,
mit List auch wollt sie täuben.[16]
Von Löwen[17] *der Sophisten viel,*
mit ihrer Kunst verloren,
versammelt er zu diesem Spiel.
Der Geist sie macht zu Toren;
sie konnten nichts gewinnen.

Der „alte Feind“ ist nicht der Papst; vielmehr: ist die päpstliche Gewalt nur ungewollt ein Werkzeug in der Hand des Satans, der „alten Schlange“ (Offb 12, 9), die von Anfang an gegen Gott und seinen Sohn tobt und wütet (1. Mose 3, 1-15; 1. Joh 3, 8). Das Verleugnen der Wahrheit und die listige Verführung gehört mit zu seinem Spiel. Die Hilfstruppen gegen die Wahrheit Christi stellen die „Sophisten“ der Universität Löwen und von Köln, die in scheinbar wissenschaftlicher Beweisführung Luther der Ketzerei zu überführen trachteten.[18]
„Sophisten“ nennt er seine Universitätskollegen von Löwen und Köln, weil jene – dem griechischen Sophisten Protagoras von Abdera (ca. 485 v. Chr.) gleich – den Menschen zum Maß aller Dinge machten. Dieser homo-mensura-Satz[19] wurde durch die aristotelische Philosophie der scholastischen Theologie vermittelt, die unter dieser „Gefangenschaft“ die Wahrheit des Evangeliums verfehlen musste; denn nicht der Mensch, sondern Gott ist das Maß aller Dinge.
Deshalb warnt Luther in seiner Schrift „Wider Latomus“, jenen Wortführer der Löwener Theologen oder Sophisten, wie er sie nicht ohne Grund nennt: „Meinen Rat habe ich gegeben: ein Jüngling meide die Philosophie und die scholastische Theologie wie den Tod“. Thomas von Aquin „ist dafür verantwortlich, dass (in der Scholastik) Aristoteles regiert, der Verwüster der frommen Lehre.“[20]
Latomus und seine Sophisten haben nämlich „niemals verstanden, was es um Gesetz und Evangelium, was es um Christus und den Menschen ist.“[21] Das Gesetz offenbart den verlorenen Menschen, das Evangelium dagegen spricht den Sünder gerecht und macht ihn frei von der Anklage des Gesetzes. Das verleugnen die Sophisten. Dennoch ist ihre Kunst verloren. Gottes Geist macht sie in ihrer Klugheit gerade zu Toren. „Der natürliche Mensch vernimmt nichts vom Geiste Gottes, es ist

ihm eine Torheit .... Der geistliche (Mensch) aber richtet alles (1. Kor 2, 14f.)."
Die Klugheit der Löwener Theologen mag in Brüssel zwar triumphieren. Doch sie können nichts gewinnen, weil Gottes Wahrheit nicht untergehen kann. Sie bleibt trotz des Scheiterhaufen und trotz eines Verdammungsurteils.

Sie sungen süß, sie sungen saur,
versuchten manche Listen,
die Knaben standen wie ein Maur,
verachten die Sophisten.
Den alten Feind das sehr verdroß,
daß er war überwunden
von solchen Jungen, er so groß.
Er ward voll Zorn von Stunden;
Gedacht sie zu verbrennen.

Meisterlich werden die Methoden eines Ketzerprozesses geschildert. Man lockt mit süßen Worten, zu denen gerade auch die philosophisch-rationalen Argumente gehören. Man beruft sich auf die Traditionen der Kirche. Wie sollte ein Einziger gegen diese ehrwürdigen Überlieferungen recht haben? Luther selbst kannte diese Anfechtungen selbst nur zu genau. Zugleich aber redet man auch „sauer". Man droht mit Bann und Feuertod und verheißt die ewige Verdammnis. Doch alles Reden prallt an „den Jungen", d.h. an diesen Schülern des Evangeliums ab wie an einer festen Mauer. Diese Standhaftigkeit reizt gerade den „alten Feind". Er spürt die Überlegenheit des Wortes Gottes und deshalb sollen die beiden Bekenner „brennen."

„Was wollen diese Feinde des Kreuzes anderes, als das Ärgernis des Kreuzes beseitigen ... ."[22]

> *Sie raubten ihn'n das Klosterkleid;*
> *die Weih' sie ihn'n auch nahmen.*
> *Die Knaben waren des bereit;*
> *sie sprachen fröhlich Amen.*
> *Sie danken ihrem Vater Gott,*
> *daß sie los sollt werden*
> *des Teufels Larvenspiel und Spott,*[23]
> *darum durch falsche (Ge)bärden*
> *die Welt er gar betrueget.*"[24]

Zum Ketzerprozess gehörte es u.a., dass man dem Delinquenten aller seiner klösterlichen und priesterlichen Würden entkleidet. Die Mönchkutte muss abgelegt werden und die Priesterweihe wird aberkannt. Doch um der einmal erkannten Wahrheit willen waren die beiden Männer auch dazu bereit. „Ist Gott für uns, wer mag wider uns sein?" (Röm 8, 31). Ja, diese Entkleidung, diese Entwürdigung beantworten sie mit einem Dank an Gott, da sie auf diese Weise von all den falschen und trügerischen Würden „los", d.h. befreit werden. „Denn Gott weiß nicht von diesem Priestervolk, das sich heut das Regiment anmaßt, er hat allein Evangelisten und Diener am Wort verordnet in der Kirche."[25]
Die Ereignisse von Brüssel drängen Luther dazu, der Glaubensgewissheit, die aus dem Evangelium entspringt, auch in Liedform Ausdruck zu verleihen, „auf dass Gottes Wort und christliche Lehre auf allerlei Weise getrieben und geübt werden![26] So entsteht Luthers erstes Lied, das uns überliefert ist:

„Ein hübsch Lied von den zwei Märtyrern Christi zu Brüssel von den Sophisten zu Löwen verbrannt.[27]

Da schickt Gott durch sein Gnad also,
daß sie recht' Priester worden.
Sich selbst ihm mußten opfern da
und gehn im Christenorden.
Der Welt ganz abgestorben sein,
die Heuchelei ablegen,
zum Himmel kommen frei und rein,
die Möncherei ausfegen
und Menschentand hie lassen.

Die „Entkleidung" vor dem Gericht der Menschen entspricht der „Einkleidung" durch die christliche Taufe und durch den Glauben, der von Christus ergriffen wird. Die Taufe ist die eigentliche, die rechte Priesterweihe: Gott „hat mich angezogen mit den Kleidern des Heils und mit dem Rock der Gerechtigkeit" (Jes 61, 10). Die getauften Glaubenden haben Christus angezogen (Gal 3, 27). In Christus aber ist der Glaubende „neue Kreatur" (2. Kor 5, 17) und eingekleidet in das hochzeitliche Gewand der Gerechtigkeit Christi (Mt 22, 11f.). Alle Versuche, durch „Möncherei" den Himmel zu verdienen, sind Menschentand. Das alles kann ausgefegt werden.

Man schrieb ihn'n vor ein Brieflein klein,
das hieß man sie selbst lesen.[29]
Die Stück sie zeichten[30] *alle drein,*

was ihr Glaub war gewesen.
Der höchste Irrtum dieser war:
„Man muß allein Gott glauben.
Der Mensch lügt und trügt immerdar,
dem soll man nichts vertrauen.
Des[31] *mußten sie verbrennen."*

Die Anklage bringt die Sache auf den Punkt. Nicht das „sola gratia" („allein aus Gnaden") ist die eigentliche „Ketzerei". Das „Allein aus Gnaden" kann „inklusiv" verstanden werden: Gerecht vor Gott zusammen mit den durch die Kraft der Gnade gewirkten guten Werke der Heiligung. Der eigentliche Anstoß ist vielmehr das „sola fide"; gerecht vor Gott ist der Sünder „allein aus Glauben". Der Glaube ergreift die Gerechtigkeit Christi, die mich durch den Zuspruch seiner Vergebung vor Gott gerecht macht. Das aber schließt alles menschliche Mitwirken und alle unsere frommen Bemühungen und alle verdienstlichen Werke der Heiligung aus. Das „ohne des Gesetzes Werke" gilt absolut! Das aber ist bis in diese sog. „oekumenischen" Zeiten hinein der Skandal schlechthin, weil der natürliche Mensch im Heilsgeschehen auch "etwas" sein möchte. Aber gerade dies verrät, dass der Mensch in seinem Gewissen sich selbst vor Gott „immerdar" betrügt. Die Rechtfertigung vor Gott durch den Zuspruch der Vergebung Christi muss klar von der Heiligung unterschieden werden. Die Heiligung ist nie Teil der Rechtfertigung. Unsere guten Werke sind Antwort und Frucht des Glaubens, aber sie können nicht rechtfertigen. Eine wesentliche Unterscheidung, die in den aktuellen ökumenischen Gesprächen entweder vergessen oder als zu „heikel" ausgeklammert wird.

Zwei große Feu'r sie zündten an;
die Knaben her sie brachten.
Es nahm groß Wunder jedermann,
daß sie solch Pein verachten.
Mit Freuden sie sich gaben drein
mit Gottes Lob und Singen.
Der Mut ward den Sophisten klein
vor diesen neuen Dingen,
daß sich Gott ließ so merken."

Zeitgenössige Berichte bezeugen: „Sie dankten Gott, dass sie um seines Wortes willen sterben sollen." Noch in der Not der Flammen haben sie Gott „andächtig angerufen." Es sei „billig", dass alle frommen Christen ob dieser „Beständigkeit Gott, dem Allmächtigen" Lob und Dank sagen.[32]

Der Schimpf sie nun gereuet hat,
sie wollten's gern schön machen.[33]
Sie thurn[34] *nicht rühmen sich der Tat;*
sie bergen[35] *fast die Sachen.*
Die Schand im Herzen beißet sie
und klagen's ihr'n Genossen.
Doch kann der Geist nicht schweigen hier:
Des Abels Blut vergossen,
es muß den Kain melden."[36]

Der tapfere Tod der beiden Bekenner wird den Richtern zum „Schimpf“, wird ihnen zur Schande, weil der Bekennermut auf dem Scheiterhaufen die Wahrheit Christi offenbart und die Anschläge der Sophisten noch in der Niederlage des Feuertodes scheitern müssen. Das Geschehen beißt deshalb in Herz und Gewissen. Der scheinbare Triumpf wird zur Niederlage. Der Geist der Wahrheit kann dazu nicht schweigen. Das vergossene Blut Abels schreit gen Himmel (1. Mose 4, 10). Der Brudermörder Kain verrät sich selbst durch das vergossene Blut. Davon zeugt auch meisterhaft die folgenden Strophe[37]:

> *Die Aschen will nicht lassen ab;*
> *sie stäubt in allen Landen.*
> *Hier hilft kein Bach, Loch, Grub noch Grab;*
> *Sie macht den Feind zu schanden.*
> *Die er im Leben durch den Mord*
> *zu schweigen hat gedrungen,*
> *die muß er tot an allem Ort*
> *mit aller Stimm und Zungen*
> *gar fröhlich lassen singen.*

Die Brüsseler Hinrichtungen erregten großes Aufsehen. Die Asche der Verbrannten weht durch die Dörfer und Städte. Die Wahrheit sollte zum Schweigen gebracht werden. Doch selbst die Toten schreien die Wahrheit des Evangeliums fröhlich hinaus in die Welt. „Gottes Wort ist nicht gebunden!“ (2. Tim 2, 9). Man kann es weder im Bach ersäufen noch im Loch verscharren oder gar in Grub und Grab einsargen. Christus hat

Grub und Grab aufgebrochen! Abels Blut schreit zum Himmel. Er lebt bei Gott. So reden auch diese Märtyrer fröhlich von Gottes Macht und Ehre.
An dieser Auferstehungsgewissheit können auch alle Lügen und Verleumdungen der Sophisten und Ketzerrichter nichts ändern.

> *Noch[38] lassen sie ihr Lügen nicht,*
> *den großen Mord zu schmücken.[39]*
> *Sie geben vor ein falsch Gedicht,*
> *ihr G'wissen tut sie drücken.*
> *Die Heil'gen Gott's auch nach dem Tod*
> *von ihn'n gelästert werden.*
> *Sie sagen, in der letzten Not*
> *die Knaben noch auf Erden*
> *sie sollen ha'n umkehret.*

Das ganze Ketzergerichtsverfahren wäre ein Sieg geworden, wenn die beiden Angeklagten noch auf dem Scheiterhaufen widerrufen hätten. Da dies aber nicht geschehen ist, greift man zur Lüge. Aber gerade dies verrät das schlechte Gewissen der Verkläger.

> *Die laß man lügen immerhin;*
> *sie haben's keinen Frommen[40].*

Wir sollen danken Gott darin,
sein Wort ist wiederkommen.
Der Sommer ist hart für der Tür,
der Winter ist vergangen;
die zarten Blümlein geh'n herfür.
Der das hat angefangen,
der wird es wohl vollenden. AMEN.

Am Ende dieses langen Liedes von den beiden Märtyrern in den Niederlanden klingt noch einmal eine getroste Glaubensgewissheit auf. Die Lügen, die das Evangelium verunglimpfen, bringen weder Heil noch Nutzen. Eine neue Zeit ist angebrochen. Es ist Endzeit! Christus steht vor der Tür. Er kommt in seinem rettend-befreienden Wort. Der Sommer mit Blättern und Blüten zeigt an, dass „es", das Kommen Christi, „nahe vor der Tür ist" (Mt 24, 32f.). Nach den dichterischen Bildern des Hohenliedes Salomos ist der Winter Symbol für „Ketzerei, Aufruhr, Krieg" und „Unscheinheit". Der Sommer dagegen zeigt an, „dass alles grüne und erneuert werde im weltlichen und in der Kirche, welche bisher von Tyrannen und Ketzern zerrüttet und verunstaltet" wurden.[41] Die Umkehrung ist fundamental: Die als „Ketzer" verdammten sind Boten des kommenden Christus; die Richter dagegen sind in der winterlichen Kälte der Selbstrechtfertigung erstarrt. Doch das WORT ist „wiederkommen". Die tödliche Starre der Gesetzlichkeit muss dem Sommer weichen, dem Sommer der Freiheit, der Freude und der Gewissheit des evangelischen Glaubens. So wird Luthers erstes Lied zu einem Gesamtzeugnis biblisch-evangelischer Wahrheit.

III. Die Gottesdienstreform

Zur gleichen Zeit bahnt sich eine Reform des Gottesdienstes an. Die ersten Versuche finden sich in Luthers Schrift: „Von Ordnung des Gottesdienstes in der Gemeinde“ von 1523: „Aufs erste ist zu wissen, dass die christliche Gemeinde nimmer soll zusammenkommen, es werde denn dasselbe Gottes Wort gepredigt und gebetet, es sei auch auf das kürzeste.“[42] Damit wird z.B. allen sog. „Stillmessen“ eine Absage erteilt. „Denn es ist alles zu tun um Gottes Wort, dass dasselbe im Schwange gehe und die Seelen immer aufrichte und erquicke.“[43] Zur Predigt gehören auch Lob und Dank und damit auch das Lied. Lied, Lob und Dank sind eine „Frucht des Wortes.“[44] Deshalb können die Gesänge in den Sonntagsmessen bleiben, „die sind fast gut und aus der Schrift gezogen.“[45]

So konnten einige schon vorhandene lateinische Gesänge übernommen werden. Schon in seiner ersten Gottesdienstreform, in der „Formula Missae et Communionis“ von 1523 wünscht der Reformator, das wir viele Gesänge (cantica) in der Volkssprache hätten, die die Gemeinde (populus) während der Messe singt. Doch bedauernd fügt er hinzu: Aber uns fehlen die Dichter (poetae); bzw. es sind uns noch keine bekannt, die uns rechte christliche (pias) und geistliche Lieder – wie Paulus sie nennt – anstimmen könnten.[46]

Damit nimmt Luther Bezug auf die Gottesdienstreformen und Liedübersetzungen eines Thomas Müntzer, die dieser 1523 in seinem „Deutschen Kirchenamt“ zusammen mit zehn deutschen Übertragungen veröffentlicht hatte.[47] Müntzer hatte sich schon im Juni 1523 an Luther gewendet. Doch dieser lehnt in einer Antwort vom 3. August 1523 Müntzers „Kirchenamt“ radikal ab: „Ich kann diesen Geist, wer er auch immer sein mag, ganz und gar nicht vertragen. Er lobt das Meine

... und verachtet es dennoch und sucht nach anderen und größeren Dingen. Ferner redet er mit so ungereimten Worten und Reden, die der Schrift nicht gemäß sind."[48] Es ist also nicht gekränkte Eitelkeit, die Luther leitet, weil jener „schneller" als er selbst Reformen eingeleitet hat. Es ist vielmehr Luthers Gespür, dass Müntzer aus anderem Geist redet, aus einem Geist, der nicht der Schrift gemäß ist. Nicht nur, dass Müntzers Hymnenübertragungen frei vorgehen, sie sind dabei vor allem „vom spezifisch schwärmerischen Programm der „Entgrobung" geprägt, jenem Läuterungsprozess, der auf die Geburt Christi im Menschen hinzielt."[49] Jene „ungereimte" Rede von „Entgrobung", dass man sich angeblich von allem weltlichen Groben frei macht, trägt deutlich die Signatur des frommen Eigenwerkes, in dem der Fromme sich selber genießt. Deshalb Luthers entschiedene Absage.

Auf der Suche nach guten deutschen und vor allem schriftgemäßen Dichtern wendet sich Luther, wahrscheinlich Anfang 1524 an Georg Spalatin, den kurfürstlichen Geheimsekretär. Er schreibt: „Ich habe die Absicht, nach dem Exempel der Propheten und der alten Väter der Kirche deutsche Psalmen für das Volk herzustellen, d.h. geistliche Lieder, damit das Wort Gottes auch durch den Gesang unter den Leuten bleibe." Da Spalatin der deutschen Sprache mächtig sei, bittet Luther, „dass du mit uns in dieser Sache arbeitest und dich daran machst, irgendeinen Psalm in ein Lied zu verwandeln." Die Sprache soll dabei dem „Fassungsvermögen des Volkes" angemessen sein. Der Sinn der Psalmen solle „so nah wie möglich wiedergegeben" werden. Man müsse dabei auch frei verfahren, aber „man muss den Sinn behalten, die Worte fahren lassen und durch andere geeignete Worte ersetzen."[50]

Obwohl er die lateinischen Weisen durchaus beibehalten will, insofern sie schriftgemäß sind, erkennt er doch, dass die gregorianischen Melodien der deutschen Sprache nicht angemessen sind. Der lateinische Ton oder Noten lauten „nicht artig noch rechtschaffen. Es muss beides, Text und Noten, Akzent, Weise und Gebärde aus rechter Muttersprache und Stimme kommen, sonst ist alles ein Nachahmen, wie die Affen tun“, schreibt er 1525 in seiner Schrift „Wider die himmlischen Propheten.“[51]

Spalatin sieht sich außerstande, der Bitte Luthers zu entsprechen, doch schon im selben Jahr, 1524, erscheint die erste Liedersammlung mit acht Liedern, zu denen bereits 4 Lieder Luthers gehören. Drei dieser Lieder gehen auf Luthers Freund Paul Speratus (1483-1551) zurück. Diesem sog. „Achtliederbuch“ folgen das „Wittenberger Gesangbuch“, herausgegeben von Johann Walther, Hofkomponist in Torgau (1496-1570), mit bereits 24 Liedern Luthers, dann folgt ein „Erfurter Enchiridion“. Alle diese Ausgaben umfassen in steigender Zahl Lieder, die Luther selbst entworfen hat.[52] Ein Damm war gebrochen. Es ist erstaunlich, dass ein damals „Vierzigjähriger im Verlauf eines Jahres (Mitte 1523 bis Mitte 1524) 24 seiner geistlichen Lieder, zwei Drittel aller, geschaffen hat.[53] Das alles ist ein Zeugnis von Luthers Sprachkraft und seiner geistlichen Vollmacht. Das evangelische Kirchenlied war geboren. Sein Segen ergoss sich über das Land und wirkt bis heute noch nach.

Nun freut euch, lieben Christen g'mein

Nun freut euch, lieben Christen g'mein

Unter dem Eindruck des Martyriums in Brüssel dichtet Luther schon bald jenes eindrucksvolle Bekenntnislied „Nun freut euch, lieben Christen g'mein".[54] In zehn gehaltvollen Strophen erzählt das Lied von der Freude eines Christenmenschen, von seiner Gefangenschaft unter Sünde und Teufel, von der Vergeblichkeit und Ohnmacht des freien Willens zur Selbstbefreiung und der endlichen „Wundertat" Gottes in Christus, seinem Sohn. Das Thema wird predigtartig entfaltet. In einer dreigliedrigen Predigt[55] wird versucht, dieses Bekenntnislied nachzubuchstabieren:

> *Nun freut euch, lieben Christen g'mein,*
> *und lasst uns*
> *fröhlich springen, daß wir getrost und*
> *all in ein mit Lust*
> *und Liebe singen, was Gott an uns*
> *gewendet hat und seine süße Wundertat;*
> *gar teu'r hat er's erworben.*
>
> *Dem Teufel ich gefangen lag,*
> *im Tod war ich verloren,*
> *mein Sünd mich quälte Nacht und Tag,*
> *darin ich war geboren.*
> *Ich fiel auch immer tiefer drein,*
> *es war kein Guts am Leben mein;*
> *die Sünd hatt' mich besessen.*

Mein guten Werk, die galten nicht,
es war mit ihn' verdorben;
der frei Will haßte Gotts Gericht,
er war zum Gut'n erstorben;
die Angst mich zu verzweifeln trieb,
daß nichts denn Sterben bei mir blieb,
zur Höllen musst ich sinken.

Jüngst wurde mir ein Gedicht aus Ostdeutschland zugesandt.[56] Es heißt: „Luthers Nachtgebet in Worms".

Er stürzte in die Knie.
Die Herbergsbohle knarrte.
Und seine Seele schrie.
Nicht seines Leibes willen
war er bang.
Den warf er fröhlich
in die Schlacht,
daß er des Herren Werk
getrieben und vollbracht.

Bist du gewiß, fragt
eine Stimme aus der Nacht.
O Gottesprüfung
bis ins Morgenlicht.

Der tags vor seinem Kaiser stand,
erzitterte des Urteils nicht.
Er kam aus einem schwereren Gericht.

In kargen Worten, in knappen Strichen zeichnet uns der Verfasser das Wesentliche dessen, was hier in Worms geschah. Das nächtliche Ringen und Beten; die Gottesprüfung; ein Mensch unter Gottes Gericht. „Bist du gewiss?“ Das ist die entscheidende Frage; denn nur wer Gewissheit hat, braucht nicht zu zittern. Nur wer Gewissheit hat, kann tapfer sein und getrost.
Zweimal stand damals Martin Luther hier vor Kaiser und Reich; und beide Male verlangte man von ihm nur ein Wort: „Revoco – ich widerrufe!“ Bei der ersten Begegnung erbat er sich vom Kaiser noch einmal Bedenkzeit. Es ging ja um Tod und Leben! Und dann die Nacht des Gebetes! Das Ringen um Gottesgewissheit. Wir wissen nicht, was im Einzelnen in jener Nacht in Luther vorging, welche Bilder vor seiner Seele standen, welche Ängste durchlitten und welches Grauen durchschritten wurde. Später in einer Predigt kann er sagen: „Dem Menschen sind zwei Stühle aufgestellt. Ein Richterstuhl für die, die noch sicher und stolz sind, und ein Gnadenstuhl für die erschrockenen Gewissen.“ Dieser Gnadenstuhl ist Christus selbst. Den hat Gott für uns aufgestellt, damit wir „Zuflucht“ haben, „da wir vor Gott durch uns selbst nicht bestehen können“. „Dazu will ich mich auch halten.“ Und so fliehe ich vom Gerichtsstuhl zum Gnadenstuhl, ich fliehe von Gott zu Gott. Ich berge mich hinein in die Gnade Christi. Ich finde Gewissheit in dem Wort, das er mir gegeben hat. „Da soll mein Herz und Gewissen zugedeckt sein und ein Gewölbe, ja ein schöner Himmel darüber geschlagen sein, der es gewaltig schütze und verteidige, welcher heißt GNADE und VERGEBUNG DER SÜNDE. Darunter soll mein Herz und Gewissen kriechen und sicher bleiben.“[57]
Das ist die Gewissheit, die das Herz tapfer, getrost und fröhlich macht! Ich habe ja Christus für mich! Und deshalb habe ich

auch Gott nicht mehr gegen mich. Ich bin gehalten – deshalb kann ich sichere Schritte tun. Mir ist vergeben – deshalb kann ich die Feindschaft der Welt hinnehmen und muss dennoch nicht Hass mit Hass beantworten. Deshalb kann ich als Christ singen und springen und fröhlich sein.

Anderntags am späten Nachmittag steht Luther wieder vor Kaiser und Reich; und wieder wird nur ein Wort von ihm erwartet: Das „Revoco – ich widerrufe“. Aber wie könnte er das! Er würde ja seinen Herrn Jesus Christus verraten. Er würde hinausfallen aus dem großen bergenden Gewölbe der Gnade. Er wäre ja wieder der Angst preisgegeben, der Ungewissheit ausgesetzt. Er wäre ja wieder unter dem Zorn Gottes. Und deshalb muss er dem Kaiser, muss er der ganzen Welt sagen: „Mein Gewissen ist gefangen in Gottes Wort!“ Ein Gefangener Gottes, ein Leibeigener Jesu Christi – aber gerade deshalb frei und getrost und tapfer und fröhlich.

1524, drei Jahre nach Worms, dichtet Luther als sein Bekenntnis unser Lied: „Nun freut euch, lieben Christen g'mein“. In Brüssel waren gerade Heinrich Voss und Johann van der Eschen auf dem Marktplatz als erste evangelische Märtyrer öffentlich verbrannt worden. Als Luther die Nachricht hörte, stürzten ihm Tränen aus den Augen. Danach dichtete er u.a. auch unser Lied. Das mag uns heute befremdlich vorkommen. Zwei Männer sterben, und ein anderer singt von der Freude eines Christenmenschen. Aber für die Heilige Schrift und für Luther, der nichts anderes war und sein wollte als ein getreuer Schüler der Heiligen Schrift, sind das keine Gegensätze: „Die Christen können fröhlich sein, wenn die Augen voll Wassers sind und das Herz voll Bebens und Traurigkeit!“, kann er sagen. Denn Glaube ist eben „eine lebendige, verwegene Zuversicht auf Gottes Gnade, so gewiss, dass er tausendmal darüber stürbe!“

Weiß ich mich geborgen unter dem großen Gewölbe der Gnade und der Vergebung, ist Christus mir mein Christus geworden, dann kann ich zwar immer noch angefochten werden, können meine Augen sich mit Tränen füllen, kann mein Herz alles Weh' empfinden, aber dennoch bin ich getröstet und beschützt. Deshalb kann mir niemand mehr diese Freude aus Glauben, die Christusfreude rauben. Das ist „die große Wundertat, die Gott an uns gewendet hat."

In den beiden folgenden Versen (V. 2 und 3) hält Luther dann Rückschau. Er gibt sich Rechenschaft über die Mächte und Gewalten, die uns immer wieder hinabzerren wollen. Da ist die dunkle unheimliche Dreiheit von Teufel, Tod und Sünde. Sie leugnen wollen, hieße die Macht des Bösen leugnen, hieße so tun, als ob es das Böse in der Welt nicht gäbe. Dabei springt es uns auf jeder Zeitungsseite entgegen, will sich sogar bei uns selber einnisten. Selbst unsere guten Werke sind noch durchsetzt und durchtränkt mit Eigennutz, Selbstliebe, Ruhmsucht und Angst. – Modern redet man von Selbstfindung und Selbstverwirklichung. Aber das Unheimliche ist, dass wir uns so gerade nicht verwirklichen. Die Unruhe bleibt nämlich. Hier hilft nur eins: Sich loslassen! Sich an Gott verlieren. Aber gerade dagegen bäumt sich der Mensch auf. „Der frei Will haßt Gott's Gericht!" Er hat Angst, sich zu verlieren. Und doch wäre das die Lösung!

Jesus sagt: „Wer sein Leben behalten will, der wird es verlieren, wer es aber verliert um meinetwillen, der wird es behalten!" (Mk 8, 35; Joh 12, 25) „Christus aber ist der Überwinder der Welt", schreibt Luther einmal an Melanchthon (1530). „Was fürchten wir nun die überwundene Welt gleich als wäre sie der Überwinder?" Die dunkle Gewitterwolke mit Namen Sünde, Tod, Teufel und Angst hängt noch drohend über uns. Aber sie ist schon vorübergegangen, die Sonne bricht durch, und über uns wölbt sich bereits der weite Regenbogen der Treue Gottes. „Nun freut euch, lieben Christen g'mein ..."

Da jammert Gott in Ewigkeit
mein Elend übermaßen;
er dacht an sein Barmherzigkeit,
er wollt mir helfen lassen;
er wandt zu mir das Vaterherz,
es war bei ihm fürwahr kein Scherz,
er ließ's sein Bestes kosten.

Er sprach zu seinem lieben Sohn:
„Die Zeit ist hier zu erbarmen;
fahr hin, meins Herzens werte Kron,
und sei das Heil dem Armen
und hilf ihm aus der Sünden Not,
erwürg für ihn den bittern Tod
und laß ihn mit dir leben."

Der Sohn dem Vater g'horsam ward,
er kam zu mir auf Erden
von einer Jungfrau rein und zart;
er sollt mein Bruder werden.
Gar heimlich führt er sein Gewalt,
er ging in meiner armen G'stalt,
den Teufel wollt er fangen.

Bevor Luther nach Worms fuhr, da arbeitete er an einer kleinen Schrift mit dem Titel „Das Magnificat – verdeutscht und ausgelegt".
Das „Magnificat" – das ist der Lobgesang Mariens, in dem es heißt: „Meine Seele erhebt den Herrn und mein Geist freuet sich Gottes, meines Heilandes" (Lk 1, 46ff.). Luther hat diese Schrift dem Kurprinzen Johann Friedrich von Sachsen gewidmet, weil der sich des Gebannten in ganz besonderer Weise angenommen hatte. In seiner Auslegung macht Luther deutlich, dass Gottes Werke vom Anfang der Welt bis zu ihrem Ende so beschaffen sind, „dass er aus dem, das nichts, gering, verachtet, elend, tot ist, etwas Kostbares, Ehrenvolles, Seliges und Lebendiges macht." „Seine Augen sehen nur in die Tiefe, nicht in die Höhe." Gott hat niemand über sich und niemand neben sich. Deshalb sieht er nicht über sich und nicht neben sich. Er schaut in sich und unter sich. „Und je tiefer jemand unter ihm ist, desto besser sieht er ihn!" Damit tut Gott genau das Gegenteil von dem, was wir Menschen tun. Wir wollen „unbedingt hoch fahren". Wir achten immer wieder auf Ehre, Gewalt, Reichtum, gutes Leben und auf alles, was groß ist und einen Namen hat; und wir selber möchten uns auch einen Namen machen und angesehen sein. „Umgekehrt will niemand in die Tiefe sehen, wo Armut, Schmach, Not, Jammer und Angst ist; davon wendet jedermann die Augen ab." Ganz anders dagegen Gott. Er sieht in die Tiefe. Er sieht dahin, wo Not und Jammer ist. Da entbrennt sein Herz und deshalb kann Maria, die Mutter des Herrn, sagen: „Er hat die Niedrigkeit seiner Magd angesehen." Leid und Schuld und Einsamkeit, Enttäuschung, Krankheit und Tod sind deshalb gerade kein Beweis gegen die Liebe Gottes. Im Gegenteil: Gott übersieht die in der Tiefe nicht. Die „oben", d.h. die, die ihn nicht brauchen, die, die ohne ihn auskommen wollen, die übersieht er.

Aber mein Schrei aus der Tiefe, mein Sündenelend, meine Gewissensnot, meine Hoffnungsschimmer, die bewegen Gott zum Handeln. Deshalb bleibt Gott nicht bei sich zu Hause, sondern macht sich auf den Weg, um das Verlorene zu suchen und das Verwundete zu verbinden (vgl. Hes 34, 16; Lk 19, 10).[58]

Gott sinnt auf Deine Rettung. „Er wandt zu mir das Vaterherz; es war bei ihm fürwahr kein Scherz; er ließ sein Bestes kosten." In unserem Lied schildert Luther nun, wie Gott mit sich selber zu Rate geht. „Er sprach zu seinem lieben Sohn ...!" Denn der Sohn lebt von Ewigkeit her im Herzen des Vaters. Der Sohn – das sind all die Gedanken der Liebe, die Gott von Ewigkeit her über uns gedacht hat. Gott ist also keine starre unbewegliche Eins. Gott ist lebendiges Leben und Liebe, die sich entfaltet. Das will das Geheimnis der Dreifaltigkeit umschreiben. Gott ist in sich selber Erbarmen, Liebe und Wahrheit; und die Liebe Gottes wird nun hinabgesandt in die Welt. Die Liebe Gottes sieht nicht nur in die Tiefe, sie steigt selbst hinab, da wo Sünde, Tod und Hölle herrschen, um diese Mächte zu überwinden. „Fahr hin meins Herzens werte Kron und sei das Heil dem Armen." Gott reißt sich von sich selber los und verliert sich an Dich und mich. –

„Der Sohn dem Vater g'horsam ward, er kam zu mir auf Erden ... ." Jetzt soll es auch für uns Weihnachten werden. Jetzt ist mein Gott ja bei mir, und ich kann ihn sehen und fassen und halten und anbeten, so wie die Hirten das Kind anbeteten. Da ist dann alle Not überwunden. Darauf hin kann ich leben und sterben – und muss doch nicht verzweifeln.

„Christus will dein Bruder sein, so will Gott dein Vater sein, so müssen auch alle Engel deine Freunde sein; es müssen lachen und sich mit dir freuen Sonne, Mond und Sterne. Die Hölle muss ganz und gar zugeschlossen sein und muss nichts anderes da sein als der väterliche und gnädige Wille Gottes." Gott in unserem Fleisch! Dann werde auch ich in meinem Fleisch, meinem sterblichen Leben nicht zugrunde gehen. Leiden kann ich noch, sterben muss ich noch. Aber verloren sein werde ich nie mehr! „Nun freut euch lieben Christen g'mein …".

Er sprach zu mir:
„Halt dich an mich, es soll dir jetzt gelingen;
ich geb mich selber ganz für dich,
da will ich für dich ringen;
denn ich bin dein und du bist mein,
und wo ich bleib, da sollst du sein,
uns soll der Feind nicht scheiden.

Vergießen wird er mir mein Blut,
dazu mein Leben rauben;
das leid ich alles dir zugut,
das halt mit festem Glauben.
Den Tod verschlingt das Leben mein,
mein Unschuld trägt die Sünde dein,
da bist du selig worden.

Gen Himmel zu dem Vater mein fahr ich
von diesem Leben;
da will ich sein der Meister dein,
den Geist will ich dir geben,
der dich in Trübnis trösten soll
und lehren mich erkennen wohl
und in der Wahrheit leiten.

Was ich getan hab und gelehrt,
das sollst du tun und lehren,
damit das Reich Gotts wird gemehrt
zu Lob und seinen Ehren;
und hüt dich vor der Menschen Satz,
davon verdirbt der edle Schatz:
das laß ich dir zu Letze."

„Du bist min, ich bin din:
des solt du gewis sin.
Du bist beslozzen
in minem herzen:
verloren ist daz slüzzelin:
du muost immer drinne sin."

So heißt die erste Strophe eines kleinen Liebesliedes aus dem frühen Mittelalter.[59] Es wurde überall vom Volk gesungen. Der Bräutigam wirbt so um die Braut. In dem „Du bist mein, ich bin Dein" geht es nicht mehr um Liebelei, sondern um Liebe und Treue; um Leben und Schicksalsgemeinschaft. Eben dieses Bild ehelicher Liebe verwendet auch Martin Luther hier in unserem Lied, um die unverbrüchliche Glaubensgemeinschaft zwischen dem Bräutigam Christus und der gläubigen Seele darzustellen! Fast mit den gleichen Worten im Anklang an dieses Lied dichtet er: „Denn ich bin dein und du bist mein, und wo ich bleib, da sollst du sein, uns soll der Feind nicht scheiden."

Luther hat diesen Vergleich öfter gebraucht, so etwa in seinem berühmten und großartigen Büchlein „Von der Freiheit eines

Christenmenschen".[60] Durch den Glauben wird die Seele dem göttlichen Worte gleich, heißt es da, „aller Gnaden, voll frei und selig." Der Glaube „vereinigt auch die Seele mit Christus wie eine Braut mit dem Bräutigam", so dass „Christus und die Seele ein Leib" werden.

Christus und meine Seele sind nicht mehr voneinander zu trennen. Christus ist jetzt der innerste Kern meines Lebens geworden und ich werde nach seinem Namen ein Christ genannt. Damit beginnt zugleich aber auch „ein fröhlicher Wechsel und Streit", wie ihn Luther beschreibt. Weil Christus mein Christus geworden ist, so macht er sich auch all das zu Eigen, was mich bisher vor Gott verklagt hat und mein Gewissen beunruhigt. Alle meine Sünden liegen ihm nun auf dem Hals. Er wird jetzt an meiner statt verklagt, verurteilt und gerichtet – und ich, ich bin frei! Ich werde nicht verworfen; ich werde gerettet. Aber er wird verworfen um meinetwillen. „Meine Unschuld trägt die Sünde dein ...", lässt deshalb Luther Christus hier in unserem Lied zu uns sagen: „Das leid ich alles dir zugut, das halt mit festen Glauben." Das Kreuz Christi bekommt hier auf einmal eine ganz neue Dimension. Es erscheint in einem ganz anderen Licht. Hier stirbt nicht irgendeiner, der wie Zehntausende vor ihm und Millionen nach ihm an der Ungerechtigkeit der Welt zu Grunde geht. Hier stirbt ja Gottes Sohn. Hier geht Gottes ewige Liebe selber in den Tod. Ist aber Gott in diesem Tod, dann sind meine Schuld, meine Sünde, meine Verzweiflung mit in diesen Tod hineingerissen und darin „ersoffen", kann Luther auch sagen. Ist Gott selbst in diesem Tod, dann kann ihn der Tod nicht festhalten. An diesem Bissen hat der Tod sich selber den Tod geholt. Christus lebt. Das Kreuz ist nicht länger mehr das Zeichen einer Niederlage. Es ist das Zeichen des Sieges. Christus sitzt zur Rechten des Vaters.

„Da will ich sein der Meister dein, den Geist will ich Dir geben“ lässt Luther wiederum Christus sagen. Wir haben im 20. Jahrhundert hier das unglaubliche Kunststück fertig gebracht, das Himmelfahrtsfest zum Vatertag zu degradieren, ohne zu ahnen, was wir damit aufs Spiel setzen. „Hüt dich ja zu denken, er sei nun weit von uns. Im Gegenteil, als er auf Erden war, war er uns fern; jetzt ist er uns nah. Aber die Vernunft kann es nicht fassen, wie das zugehe!“[61] Unser Verstand meint, er könne Gott Maß und Richtung und Grenzen setzen. Er aber ist überall! Und Christus bleibt bei uns in der Tiefe. Du kannst ihm begegnen. Ja, du kannst ihn greifen, anfassen und zu dir nehmen: im gesegneten Brot und im gesegneten Kelch: „Für Dich zur Vergebung der Sünden!“ An diesem „Für Dich“ ist alles gelegen. Fehlt es, dann ist Christus verloren. Deshalb will Christus gepredigt, verkündigt, gelehrt und ausgerufen werden.

„Was ich getan hab und gelehrt, das sollst Du tun und lehren ... .“ Jeder von uns sei ein Zeuge Jesu Christi, jeder auf seine Weise: Die Großmutter, die den Enkeln biblische Geschichten erzählt, die Mutter, die ihre Kinder das Beten lehrt, der Vater, der mit seinen Söhnen über den Glauben spricht, der Arbeitskollege und die Kollegin im Betrieb, der Winzer neben seinem Weinstock. Es gibt keinen Ort, wo Christus nicht ist und wo wir ihn nicht durch unsere Liebe, durch unser Verhalten als Christen bezeugen können. Christi Missionsauftrag ist universal, allumfassend. So wird Gottes Reich unter uns gemehrt! Durch Glauben und Liebe, durch Beten und Verkündigen. Aber „hüt dich vor der Menschen Satz, davon verdirbt der ganze Schatz“. Die Welt will das Evangelium gerne für ihre Zwecke zurechtbiegen. Sie nimmt es in Menschensatzungen gefangen für menschliche, politische, weltanschauliche, kirchliche und andere Interessen. Doch dann verliert das Evangelium seine Salzkraft. Es wird taub. Doch wo das „Für Dich" Christi lauter und rein, unverfälscht verkündigt wird, da wird mir das Evangelium zur „Letze" (wie es hier heißt), es erquickt mich, stärkt mich und macht mich bereit, auch dem Nächsten zu dienen, so wie Christus mein Diener geworden ist.[62] „Die solches glauben, werden tapfer und mutig, trotzen darauf und sprechen: Mein Herr Christus ist ein Herr über Tod, Teufel, Sünde, Gerechtigkeit, Leib, Leben, Feind und Freund, wovor sollte ich mich dann (noch) fürchten?" „Nun freut euch, lieben Christen g'mein."

Lieder zum Kirchenjahr

Luthers Weihnachtslieder

I.

„Der freundliche Saal war festlich ausgeschmückt, alle Fenster des Hauses hatten ihre Blumen an ihn abgetreten; aber die Vorhänge waren nicht heruntergelassen, damit der hereinleuchtende Schnee an die Jahreszeit erinnern möchte ... . Die zahlreich und hochgestellten durchscheinenden Lampen verbreiteten ein feierliches Licht, welches doch zugleich schalkhaft mit der Neugierde spielte."

Mit dieser kurzen, stimmungsvollen Schilderung eines weihnachtlich geschmückten, wohlhabenden Bürgerhauses beginnt „Die Weihnachtsfeier",[63] die der junge Hallenser Universitätsprediger und Theologieprofessor Friedrich Schleiermacher um die Jahreswende 1805/1806 entworfen hat. Seine weihnachtliche Idylle steht im stillen Kontrast zu den weltgeschichtlichen Ereignissen des Jahrhunderts. Die Ereignisse der französischen Revolution, der Aufstieg Napoleons und seine Eroberungen pflügten die alte europäische Staatenordnung blutig um. Doch dieser erschreckende Lärm dringt nicht in die von Schleiermacher entworfene Weihnachtsstube. Stattdessen ergeht man sich in jener fiktiven Weihnachtsstube in gehobenen geselligen Gesprächen. Geschenke werden als „feinste Aufmerksamkeiten" arrangiert.[64] Es sind „auf einer ziemlich großen Tafel mit leidlichem Geschick in freier Verwirrung ... viele wichtige Momente aus der äußeren Geschichte des Christentums dargestellt"[65]; „religiöse Musik" bewirkt „eine stille Befriedigung und Zurückgezogenheit des Gemütes"[66].

Das entscheidende Moment dieser „Weihnachtsfeier" sind sehr tolerante, sehr geistvolle Gespräche der in der Weihnachtsstube versammelten Frauen und Männer. Der nüchtern

aufgeklärte Geist kommt ebenso zur Sprache, wie ein hoher Idealismus oder ein mystisches Sich-Versenken. Alle diese Gespräche sind „ein Spiegel der Privatisierung des Weihnachtsfestes."[67] Im Sinne dieser Privatisierung erfährt die Geburt Christi eine weitreichende Umdeutung. Jede Mutter könnte „die Mutter des angebeteten Kindes sein", weil jede Mutter in Tochter oder Sohn „die reine Offenbarung des Göttlichen recht demütig verehren kann.[68] Es gehe um die Erweckung und die Pflege religiösen Gefühls und entsprechender Gemütsstimmungen. „Die Mutterliebe ist das Ewige in uns." „Jede Mutter" sei „eine Maria."[69]
Selbst die Taufe eines Kindes an diesem Weihnachtsabend ändert nichts an der von Schleiermacher entworfenen religiösen Grundstimmung. Es geht darum, das Neugeborene als „Kind der Liebe" auch „zur höheren Geburt des göttlichen Lebens einzuweihen". Ein „gemeinschaftliches Gefühl" entzünde „ein neues Leben", das „nach allen Seiten ausstrahlen" könne.[70] „Jeder von uns schaut in der Geburt Christi seine eigene „höhere" Geburt an, durch die nun auch nichts anderes in ihm lebt als Andacht und Liebe, und auch in ihm der ewige Sohn Gottes erscheint."[71]
Die gesellige Gesprächsrunde schließt mit dem Eintreten eines verspäteten Gastes, dem „alle Formen zu steif und alles Reden zu langweilig und kalt sind. Der sprachlose Gegenstand (der Geburt) verlangt oder erzeugt auch in mir eine sprachlose Freude, die meinige kann wie ein Kind mir lächeln und jauchzen."[72] Mit dieser Versicherung „sprachloser Freude", die offensichtlich des Wortes, der Sprache, der „neuen Mär" nicht mehr bedarf, endet Schleiermacher.
Das Fest wird so zur Initialzündung erhabener „Gefühle", die als eine Selbstfindung des Menschlichen in uns und zugleich als „das Göttliche in uns" erlebt wird. Eine umfassende

Umdeutung der christlichen Botschaft vollzieht sich an der Schwelle zwischen Aufklärung, Romantik und Idealismus. Ein Friedrich Schleiermacher, der durch seine berühmten „Reden über die Religion“ (1799) aus der rationalistischen geistigen Engführung herausgeführt hat, wird nicht von ungefähr zum Initiator der „Verbürgerlichung“ des Weihnachtsfestes. Das, was sich in Schleiermachers „Weihnachtsfeier“ noch auf hohem Gesprächsniveau abspielt, muss in der Folgezeit – bedingt durch Industrialisierung, Demokratisierung und sozialistisches bzw. national-sozialistisches Gedankengut – immer mehr verflachen, veräußerlichen und sich allmählich auflösen. An den weihnachtlichen bzw. pseudo-weihnachtlichen Gedichten und Liedern lässt sich dieser Abstieg, dieser Verlust der eigentlichen Weihnachtsbotschaft verdeutlichen, angefangen von „O Tannenbaum“ mit seinen grünen Blätttern über das „Von drauß' vom Walde komm ich her“, über das schrill-kitschige „Süßer die Glocken nie klingen“ bis hin zu dem scheinbar so „innigen“ Lied „Wenn eine Mutter ihr Kindlein tut wiegen“, einschließlich dem von den Nationalsozialisten geförderten „Hohe Nacht der klaren Sterne.“ Der Abstieg ist handgreiflich sichtbar. Er springt in den vorweihnachtlichen Verkaufs- und Leuchtreklamen ebenso in die Augen wie in den überfüllten Theken von Kaufhäusern und Supermärkten. Weihnachten zum Verkaufsschlager und zum Konsumfest degeneriert! Erliegen wir nicht in der Weihnachtszeit allzu oft und allzu leicht jenem Konsumrausch? Totale Banalisierung! Entleerung!

II.

Das ist freilich meilenweit von Schleiermachers niveauvollen Gesprächen, gar sternenweit von der Urbotschaft vom Kommen des „Gottes und Mariens Sohn“ entfernt. Die Weihnachtslieder der mittelalterlichen Kirche, soweit sie uns erhalten geblieben sind, die Nachdichtungen Luthers, der an diese alten Gesänge anknüpft, oder gar seine eigenen Weihnachtslieder sprechen da eine ganz andere, eine tiefgründigere und befreiendere Sprache. So lohnt es sich, diesen Luther-Liedern nachzuspüren, damit wir von dem „gottseligen Geheimnis“ (1. Tim 3, 16) der Christgeburt ergriffen werden.

Von Luther sind uns insgesamt fünf Weihnachtslieder überliefert. Drei dieser Lieder sind um 1523/1524 entstanden und werden im „Erfurter Enchiridion bzw. im „Wittenbergischen Sangbüchlein“ aufgeführt. Es sind dies:

„Gelobet seist du, Jesu Christ“
„Nun komm, der Heiden Heiland“

und

„Christum wir sollen loben schon“[73]

In späterer Zeit entstanden zwei weitere Weihnachtslieder

„Vom Himmel hoch, da komm ich her“

und

„Vom Himmel kam der Engel Schar“[74]

I.

Das wohl dichterisch schönste Weihnachtslied Luthers ist das weltbekannte „Vom Himmel hoch, da komm ich her". Es erscheint erst 1535 in Wittenberg im sog. „Klugschen Gesangbuch" und trägt die Überschrift „Ein Kinderlied auf die Weihnachten vom Kindlein Jesu, aus dem 2. Kapitel des Evangeliums S. Lukas."[75]

Die Charakterisierung als „ein Kinderlied" hat manche Forscher zu der Annahme veranlasst, Luther habe dieses Lied für seine eigenen Kinder gedichtet. Die dichterische Dramatisierung des Weihnachtsgeschehen und die Aufforderung an die Zuhörer „Des lasst uns alle fröhlich sein" und „Merk auf mein Herz" schienen dies nachezulegen. Der Reformator schien die Strophen dieses Liedes auf einzelne seiner Hausgenossen verteilt zu haben. „Die Engelstrophen singt ein Einzelner, die Strophen tragen die Kinder und zuschauende Erwachsene gemeinsam vor."[76]

Diese familiäre Szene mag in einem gewissen Maße zutreffend sein, wahrscheinlicher aber ist, dass Luther an das im Mittelalter weitverbreitete weihnachtliche Brauchtum des Krippenspiels im Altarraum der Kirche anknüpft. Da kannte man z.B. den Wechselgesang zwischen Maria und Joseph beim sog. „Kindelwiegen." Vorsänger traten auf, ein Chor fällt ein und ein Umzug findet in der Kirche statt. Auf diese Weise wurde das Weihnachtsgeschehen „dramatisiert."[77] Der Hinweis „Ein Kinderlied auf die Weihnachten" hat also weniger eine luthersche Wohnstube im Blick als vielmehr die szenische Verkündigung des Weihnachtsevangeliums. Gerade für das Erfassen der Botschaft von der Menschwerdung Gottes gilt das Wort Christi: „Wahrlich ich sage euch: Es sei denn, dass ihr umkehrt und werdet wie die Kinder, so werdet ihr nicht ins Him-

melreich kommen" (Mt 18, 3; Mk 10, 15; Luk 18, 17). Die Botschaft kann nur von einem kindlich vertrauenden Herzen empfangen werden.
In einer Predigt vom 25. Dezember 1535 – also in unmittelbarer zeitlicher Nachbarschaft zur Entstehung dieser Lieder – erinnert Luther seine Wittenberger Gemeinde daran: „Dieses Fest wird deshalb feierlich begangen (celebratur), dass die Geschichte dieser Geburt gepredigt und gehört werde, damit unter Christen auch die Erinnerung bekannt bleibe. Wir Christen müssen wissen, wer der sei, nach dem wir Christianer genannt werden und was er getan hat .... Deshalb wollen wir die Historia erörtern, auf dass wir Ihm (Christus) danksagen."[78]
Die Weihnachtsgeschichte darf also weder als ein Mythos verstanden werden, noch zu einer allgemeinen philosophischen Erdichtung von der unvergänglichen „Göttlichkeit" der Menschheit (vgl. Schleiermacher) herabsinken, die in diesem Krippenkind „erschaut" werde. Das Weihnachtsevangelium veranschaulicht keinen zeitlosen Mythos noch vermittelt es eine intellektuell zu begreifende „Wahrheit". Nein! Die Historie, die Geschichte bedarf der stets neuen „Memoria", der ständigen Erinnerung. Die Botschaft setzt also eine einmalige Geschichte in Raum und Zeit voraus. Ja, in der Verkündigung, in der Memoria vollzieht sich hier bei uns die Gegenwart der geschichtlich vermittelten Christusgeschichte.
Es geht darum, „dass du aus der Geschichte dir eine Gabe machst, dass Christus dir empfangen, geboren und gestorben sei", heißt es in einer Predigt aus dem Jahre 1538.[79] Um dieses Dir, um das „Euch ist ein Kind geboren" geht es in der Zusage und Zueignung der Historia. Das genau ist das Ziel der „Memoria". Folgerichtig setzt die erste Strophe des Liedes mit der Verkündigung ein:

Vom Himmel hoch, da komm ich her,
ich bring euch gute neue Mär,
der guten Mär bring ich so viel,
davon ich sing'n und sagen will.[80]

Man hat oft darauf hingewiesen, dass diese Strophe ein „weltliches Volkslied" aufnimmt, in dem es heißt: „Ich komm aus fremden Landen her / und bring euch viel der neuen Mär, / der neuen Mär bring ich so viel, / mehr denn ich euch hier sagen will."[81] Doch Luther hat dieses „weltliche" Liedlein in charakteristischer Weise verändert. Zwar wird die ursprüngliche Bedeutung von „Mär" als Kunde, Nachricht oder Bericht beibehalten (noch nicht in der heutigen Bedeutung als „Märchen", die von den Brüdern Grimm geprägt wurde)[82], doch es geht nicht mehr um eine Kunde aus „fremden Ländern" – diese wäre noch an irdisch-weltliche Grenzen gebunden –, sondern um eine Kunde, um eine Nachricht „vom Himmel hoch". Hier wird eine Botschaft aus Gottes unermesslichem Sein überbracht; eine Botschaft, die nicht aus menschlichen Gedanken oder hochfahrenden Ideen entsprungen ist. Nicht der Mensch schwingt sich auf zu Gott, sondern Gott verliert sich an die Menschenwelt hier unten. Davon erzählen die Strophen 2-3:

Euch ist ein Kindlein heut geborn
von einer Jungfrau auserkorn,
ein Kindelein so zart und fein,
das soll eu'r Freud und Wonne sein.

Es ist der Herr Christ, unser Gott,
der will euch führn aus aller Not,
er will eu'r Heiland selber sein,
von allen Sünden machen rein.

Er bringt euch alle Seligkeit,
die Gott, der Vater, hat bereit;
daß ihr mit uns im Himmelreich
sollt leben nun und ewiglich.

„Deus in minimis maximus", las man vor Jahren an einem alten Bienenkorb am Eingangstor zum Kirchhof am Dom von Ratzeburg. Staunend konnte man die emsig ein- und abfliegenden Bienen beobachten, die ihren Honig sammelten. Ein Wunderwerk Gottes in der Natur! Staunend und ehrfürchtig umschreiben auch die Strophen dieses Chorals das Weihnachtsgeheimnis: Gott am größten in der Kleinheit eines „Kindelein(s) so zart und rein." Der Unendliche wird im Endlichen, der Unermessliche im Messbaren, der Ewige im Zeitlichen gefunden. So verliert sich Gott an uns sterbliche Menschen, damit unser Leben nicht in Schuld, Hoffnungslosigkeit und Tod versinken muss. Dieses Menschenkind soll vielmehr „eu'r Freud und Wonne sein." Dies Kind verwandelt Tod in Leben, Verzweiflung in getroste Zuversicht, Ungewissheit in felsenfeste Gewissheit; denn „es ist der Herr Christ, unser Gott!"
Nur ein kurzer Satz, aber er sagt das, was kein menschlicher Gedanke erklettern, keine Philosophie erspekulieren und kein gutes Werk und keine Menschenleistung erobern kann. Der eine ewige Gott ist identisch mit dem Krippenkind, identisch

mit dem Mann am Kreuz! „Der, der der Schöpfer aller Geschöpfe ist, soll sich als Sohn Gottes kleiden in unser Fleisch", heißt es deshalb in einer der Weihnachtspredigten von 1531.[83] Er ist nicht gekommen, um die menschliche Gesellschaft zu reformieren, nicht um uns das „moralische Gesetz in uns" (so I. Kant) erneut ins Gedächtnis zu rufen. Er will uns vielmehr „aus aller Not" heraus-„führen", aus der tiefsten Not des gesamten Menschengeschlechtes, aus unserer Gottverlassenheit, aus unserer unlösbaren Schuldverknechtung und Todverfallenheit. Kein Menschentrotz, kein Aufbegehren, keine Wissenschaft, keine menschliche Heilkunst und keine noch so radikale Weltrevolution kann diese tiefste Menschennot überwinden. Da bedarf es eines anderen Helfers und Heilandes. Doch das vermag nur der heilige Gott selbst, der sich in Menschengestalt zu uns herablässt und sich an unsere Not verliert. Als unser „Heiland" will er uns „von allen Sünden machen rein." Das bewirkt Er, indem er den Fluch über unsere Sünde auf sich nimmt, unsere Schuld am Kreuzesholz bezahlt und den Tod entmächtigt. Der Tod muss uns wieder hergeben, weil Er, der ewige Gott, sich mit diesem Kind „in unseren Teig gewickelt und eine Wohnung draus gemacht" hat.[84]

„Alle Seligkeit, die Gott der Vater hat bereit'", wird uns als „gute Mär", als neue Kunde zugerufen und als Vergebung der Sünde zugeeignet. Die Engelbotschaft ist an klare Zeichen gebunden. Es geht nicht um ein Gerücht von ungefähr, nicht um eine Mutmaßung oder einen schönen Traum, sondern:

> *So merket nun das Zeichen recht;*
> *die Krippe, Windelein so schlecht,*
> *da findet ihr das Kind gelegt,*
> *das alle Welt erhält und trägt.*

Der Herr der Welt, der Schöpfer und Erhalter aller Dinge, ohne den nichts gemacht ist, was gemacht ist (Joh 1, 3), der lässt sich in einem Viehstall und in einer Futterkrippe und in Windeln eingewickelt finden. Welch ein Kontrast! Wie widersinnig ist das unserer hohen Vernunft. Doch es gibt keine anderen Merkmale, keine besseren, keine eindeutigeren Zeichen. Unsere stolze Vernunft muss hinabsteigen und den Herrn der Welt in Windeln und bei Ochs und Esel suchen. Doch gerade diese niedrigen Zeichen sind Zeichen der Wahrheit und Wirklichkeit Gottes.

In den schon erwähnten Weihnachtspredigten von 1535 heißt es deshalb ganz folgerichtig: „Doch dort (in dem Stall) war keine Mulde, keine Bank, Tisch, Brett, auch war kein anderer Raum, sondern nur eine Krippe vor den Ochsen. Das ist sein erster Königsstuhl ... Dort war weder Knecht noch Magd noch ein Mensch, doch dort war der creator totius mundi, der Schöpfer der ganzen Welt.“[85]

Dieser so unscheinbaren und doch so überwältigenden Kunde kann und soll der Mensch sich freuen. Deshalb wird mein schwankendes, zweifelndes, von Ängsten geplagtes Herz aufgefordert:

> *Des laßt uns alle fröhlich sein*
> *und mit den Hirten geh'n hinein,*
> *zu seh'n, was Gott uns hat beschert,*
> *mit seinem lieben Sohn verehrt.*

Bezeichnend ist der Hinweis auf die Hirten auf dem Felde (Lk 2, 8). Ihnen wird die Engelsbotschaft als den Ersten verkündet, nicht den Mächtigen, nicht den Stolzen und Reichen

dieser Welt, sondern verachteten Hirten. Sie finden den Heiland. Sie beten ihn an. Sie ärgern sich nicht an seiner Armut, stoßen sich nicht an seiner Niedrigkeit, sondern sie sehen, was uns Gott in dieser Niedrigkeit geschenkt hat. In seinem Sohn schenkt er uns Vergebung und ewiges Leben. Der Schuldschein wird zerrissen, die Anklage im Gewissen darf schweigen. Wir dürfen wie die Hirten mit den Engeln leben in Ewigkeit.[86]
Das Lied wiederholt seine Aufforderung, mit den Hirten fröhlich zu sein.

> *Merk auf, mein Herz, und sieh dorthin,*
> *was liegt doch in dem Krippelein?*
> *Wes ist das schöne Kindelein?*
> *Es ist das liebe Jesulein.*

Das angefochtene, zweifelnde Menschenherz soll gerade in seiner Angst „aufmerken“ und hinsehen auf diese eine niedrige Krippe. Das Herz sieht da zunächst nur ein Menschenkind und doch gilt es die Schönheit dieses Kindes zu erkennen. Gottes Schönheit ist gerade seine Niedrigkeit, die uns in Schuld, Angst und Tod aufsucht und nicht zurückschreckt vor unserem Elend. Der Glaube, der dies hört und hörend in dem „lieben Jesulein“ erschaut, kann nicht anders, er muss diesen Gast aus Gottes Herzen mit Freuden willkommen heißen.

> *Sei mir willkommen, edler Gast!*
> *Den Sünder nicht verschmähet hast*
> *und kommst ins Elend her zu mir:*
> *wie soll ich immer danken dir?*

Das Elend unseres Herzens besteht darin, dass es sich von Gott entfernt hat, dass Er uns fremd geworden ist. Diese Gottesferne verstrickt uns in Stolz, Hochmut, Machtwille, Lieblosigkeit und Hartherzigkeit. Das Krippenkind zeigt demgegenüber, dass Gott uns in diesem Elend nicht im Stich lässt. Er verschmäht mich trotz allem nicht. Das Wundern und Staunen findet darum kein Ende.

> *Ach Herr, du Schöpfer aller Ding,*
> *wie bist du worden so gering,*
> *daß du da liegst auf dürrem Gras,*
> *davon ein Rind und Esel aß!*

Welche Gegensätze: Der Schöpfer aller Ding – auf dürrem abgestorbenem Gras! Er will dort sein, wo wir sind; denn „ein Mensch ist in seinem Leben wie Gras; er blühet wie eine Blume auf dem Felde; wenn der Wind darüber geht, so ist sie nimmer da, und ihre Stätte kennet sie nicht mehr." Doch – o Wunder aller Wunder! Der ewige Gott, der Schöpfer aller Ding ist hier unten bei uns „auf dürrem Gras", ein Unterpfand für die große befreiende Gewissheit: „Die Gnade aber des Herrn währet von Ewigkeit zu Ewigkeit über die, so ihn fürchten" (Ps 103, 15-17).
Immer wieder versucht das Herz, den unermesslichen Gegensatz in seiner wunderbaren Einheit zu erfassen.

> *Und wär die Welt vielmal so weit,*
> *von Edelstein und Gold bereit',*
> *so wär sie doch dir viel zu klein,*
> *zu sein ein enges Wiegelein.*

Der Sammet und die Seiden dein,
das ist grob Heu und Windelein,
darauf du König groß und reich
herprangst, als wär's dein Himmelreich.

Das ganze weite Weltall, unserem Verstand schier unfassbar mit all seinem unerschöpflichen Reichtum (Edelstein und Gold), wäre gleichwohl viel zu eng und viel zu klein, um diesem Gott als „Wiegelein", als Ruhestatt zu dienen; denn „Siehe, der Himmel und aller Himmel Himmel können Dich nicht fassen", betet König Salomo bei der Einweihung des irdischen Tempels (1. Kön 8, 27). Dennoch hat sich Gott durch sein Wort und durch seine Zusage an diesen irdischen Tempel gebunden, von dem Er gesagt hat: „Mein Name soll da sein." (1. Kön 8, 29). Wo aber sein Name ist, da ist Er selbst für uns da. Jetzt ist dieses kleine Kind zum Tempel Gottes geworden. Der ewige König „groß und reich" ist in Windeln gewickelt und liegt auf „groben Heu". Ein merkwürdiger Kontrast! Gottes Majestät kommt nicht königlich daher in „Sammet und Seiden" eingehüllt, wie bei Majestäten üblich, sondern „grob Heu und Windelein" sind die Zeichen seiner Hoheit und Gottheit. Das fasse, wer es fassen kann!

Unsere Vernunft kann das nicht. Die philosophische Vernunft erfasst zwar die Idee einer „coincidentia oppositorum", des „Zusammenfalls der Gegensätze", dass z.B. im unendlich gedachten Kreis Dreieck, Viereck und Vieleck zusammenfallen, wie es z.B. der geniale Philosoph Nikolaus von Kues (1401-1464) erfasst hat. Hier in Bethlehem geht es nicht um eine Gedankenwahrheit, sondern in einer erniedrigenden Geschichte bietet sich uns der ewige Gott selber dar. In der Erbärmlichkeit eines Viehstalles will er von Dir und mir gefunden werden. Es geht nicht mehr um philosophisch-hohe logische Gedanken. Es geht um die bedrängende Enge einer wirklichen Geschichte.

> *Das hat also gefallen dir,*
> *die Wahrheit anzuzeigen mir,*
> *wie aller Welt Macht, Ehr und Gut*
> *vor dir nichts gilt, nichts hilft noch tut.*

Die ewige Wahrheit Gottes zeigt sich nicht auf der Höhe unseres Denkens, sondern gerade in diesem irdischen Elend. Diese Niedrigkeit ist gerade Gottes Wahrheit, an der alles zuschanden wird, was Macht in der Welt heißt, was Ehre, Ansehen, Ruhm vor Menschen ausmacht. Da zerbricht aller „Menschenruhm", der sich mit einem Goethe einbildet „Am Anfang war die Tat"[87], so als ob wir uns unser Schicksal selber gestalten, als ob wir den Sinn unserer Tage mit „guten Werken" erringen könnten. Vor der Niedrigkeit Gottes wird das alles als Anmaßung und Gotteslästerung entlarvt. Unter der Larve unserer Hoheit lauert das Nichts und der Tod. Gott aber wohnt fortan in dem Leib eines Kindes und stirbt als Gekreuzigter, um unsere nichtigen Larven wieder mit Leben aus Gott zu füllen.

Das aber wird nicht in einer nüchtern-sachlichen Mitteilung dargeboten wie etwa die Feststellung, Goethe sei 1749, Schiller 1759 und Napoleon 1769 geboren. Diese Mitteilungen können nach Kenntnisnahme wieder zu den Akten gelegt werden. Die Botschaft von der Geburt unseres Erlösers zielt hin auf unseren Glauben. Dieser Glaube ist aber kein „Fürwahrhalten" – das entspräche der oben erwähnten toten Richtigkeit –, dieser Glaube ist vielmehr ein lebendiges Vertrauen, das das ganze verzagte, hochmütige oder verzweifelte Menschenherz überwindet, ausfüllt und zu Hoffnung und Freude ruft. Das Wort, die Botschaft schafft in uns ein nicht mehr verhallendes, ewiges Echo. So wird ER auch dir geboren! Deshalb die eindringliche Bitte:

> *Ach mein herzliebes Jesulein,*
> *mach dir ein rein sanft Bettelein,*
> *zu ruhen in meins Herzens Schrein,*
> *daß ich nimmer vergesse dein.*

Man könnte dies auch Weihnachts- oder Christusmystik nennen, die im evangelischen Glauben durchaus ihre Berechtigung hat. Nur muss darauf geachtet werden, dass diese Mystik nicht aus der Tiefe der menschlichen Seele hervorquillt – das wären doch nur die trüben Quellen des menschlichen Herzens, das seit Adam und Eva, seit seinen Anfängen immer wieder „sein will wie Gott" (1. Mose 3, 5). Die rechte, die wahrhaftige Christusmystik ist vielmehr ein „Wortgeschehen", hervorgerufen vom Evangelium, von der Christusbotschaft geschaffen.
Wenn mein Herz das beseligende „Für uns geboren", „Für uns in die Welt gekommen", „Für uns gestorben, begraben und auferstanden" glaubt, wird meine Seele, mein ganzes Menschsein von Freude durchbebt und zur Freiheit von Sünde und Tod befreit.

> *Davon ich allzeit fröhlich sei,*
> *zu springen, singen immer frei,*
> *das rechte Susaninne schön,*
> *mit Herzenslust den süßen Ton.*

Zu den mittelalterlichen Krippenspielen gehörten u.a. auch Wiegenlieder, die dem Christuskind gesungen wurden. Diese Sitte kehrt hier wieder. „Das rechte Susaninne ahmt solch ein Wiegenlied zum Kindelwiegen nach. ‚Suse, suse' bedeutet das liebevolle Zureden der Mutter, mit dem sie das Kind, dem sie den Kosenamen ‚Ninne' gibt, in den Schlaf hüllt."[88] Das könnte darauf hinweisen, dass Luthers Lied zunächst für den häuslich-familiären Brauch bestimmt war.[89] Doch das Lied weist über den familiären Rahmen hinaus. Im vertrauenden Glauben ist das Christus-Kind in unserem Herzen eingebettet. Das Evangelium selbst schlägt als „frohe Botschaft" einen „süßen Ton" an. Dieser Ton macht das angefochtene Herz „fröhlich" und lässt es springen und singen; denn die beunruhigende Anklage des Gesetzes Gottes kommt unter dem Anruf des Evangeliums endlich zum Schweigen.
Damit ist für den Glaubenden in der Tat ein „neues Jahr" angebrochen. Unser Neujahr war zur Lutherzeit noch nicht generell auf den 1. Januar festgelegt. Vielmehr wusste man, dass mit dem Kommen Gottes ins Fleisch das „gnädige Jahr des Herrn" verkündigt wird (Jes 61, 2). „Das Jahr, die Meinen zu erlösen, ist gekommen" (Jes 63, 4). Deshalb der Jubel der Engel, die diesen Neuanfang, dieses Jahr der Gnade, der Vergebung und des befreienden Aufatmens in die dunkle Welt hineinrufen.
So schließt das Lied mit dem „gloria in excelsis", einem „Ehre sei Gott in der Höhe", der unsere Erlösung gestiftet hat.

Lob, Ehr sei Gott im höchsten Thron,
der uns schenkt seinen ein'gen Sohn.
Des freuet sich der Engel Schar
und singet uns solch neues Jahr.

WEIHNACHTEN

II.

In unmittelbarer sachlicher und zeitlicher Nähe zu dem vorigen Lied steht der Choral „Vom Himmel kam der Engel Schar". Es erscheint 1543 im „Klug'schen Gesangbuch." Wahrscheinlich entstand es um die Weihnachtszeit 1542. In o.g. Gesangbuch trägt es den Titel „Ein ander Christlied im vorigen Ton."[90] Dieser Hinweis belegt die enge Verwandtschaft zu „Vom Himmel hoch, da komm ich her". Im erwähnten Klug'schen Gesangbuch folgt dem Lied folgendes Gebet: „Hilf, lieber HERR Gott, dass wir der neuen leiblichen Geburt deines lieben Sohnes teilhaftig werden und bleiben; und von unserer alten sündlichen Geburt erledigt werden (= ledig, frei) durch denselben deinen Sohn Jesum Christus, unsern Herrn."[91]
Dieses Gebet nimmt wesentliche Aussagen der Dichtung auf und erläutert sie. Entscheidend ist dabei dem Beter der Gegensatz zwischen unserer „alten, sündlichen Geburt" einerseits und der „neuen, leiblichen Geburt" des Sohnes Gottes andererseits. Die Geburt Christi bewirkt im Glaubenden die Befreiung von der alten Geburt, die uns dem Gesetz, der Sünde und dem Tod unterworfen hat. Der Gottessohn „erledigt", entledigt und befreit uns von der Gewissensanklage des Gesetzes, entbindet uns der Sündenknechtschaft und entreißt uns der Hölle und dem Tod. Das alles wird möglich, weil durch die Geburt Christi – wie es im Lied selbst dann ausgeführt wird – „Gott mit euch ist worden ein"; „ihr seid nun worden Gotts Geschlecht."
Wiederum steht am Anfang die Weihnachtshistorie:

> *Vom Himmel kam der Engel Schar,*
> *erschien den Hirten offenbar;*
> *sie sagten ihn'n: „Ein Kindlein zart,*
> *das liegt dort in der Krippen hart."*[92]

Auch hier begegnen sich wieder tiefgreifende Grundsätze: Die Engelschar vom Himmel und die „Hirten" hier unten; das „zarte Kindlein" „in der Krippen hart." Doch genau in diesen Gegensätzen vollzieht sich das unbegreifliche Wunder.

„Aber hier ist nicht nur ein Engel", führt Luther in einer Predigt vom 25.12.1543 – in unmittelbar zeitlicher Nähe also zu seinem Lied – aus, sondern es war „die ganze Ritterschaft" des himmlichen Heeres auf dem Plan; „und doch ist das alles noch nichts vor dem, dass der Herr selber kommt ... . Den Herrn habt ihr", wird den Hirten „offenbar", den Herrn, „der uns geschaffen hat, so kann euch nichts mehr schaden." Die Hirten repräsentieren hier die ganze Menschheit, die Gott selbst, unser Schöpfer, „in der Krippen hart" aufsucht. Deshalb kann uns, den Glaubenden, versichert werden: „Man kann euch nichts tun, weil ihr den Herrn habt; so kann euch nichts schaden."[93] Der teuflische Schaden von Gesetz, Sünde und Tod wird von diesem „Kindlein zart" geheilt werden.

> *Zu Bethlehem, in Davids Stadt,*
> *wie Micha das verkündet hat,*
> *es ist der Herre Jesus Christ,*
> *der euer aller Heiland ist.*

Die Geburt in Bethlehem ist kein geschichtlicher Zufall, sondern es lag in Gottes ewigem Plan, dass Christus, der Messias, der gesalbte König, in der Stadt Davids geboren werden sollte, in der Stadt, in der einst Isais (=Jesse) Sohn als Hirtenjunge zum König über ganz Israel gesalbt wurde (1. Sam 16, 1-13). Die Prophezeiung des Propheten Micha knüpft daran an: „Und du Bethlehem Ephrata ... aus dir soll mir der kommen, der in Israel Herr sei, dessen Ausgang von Anfang und von Ewigkeit her gewesen ist“ (Mi 5, 1). Ein durch Jahrhunderte hindurch schweigendes Prophetenwort erwacht und geht in Erfüllung. Gott vergisst seine Verheißung nicht. In Bethlehem, der Stadt Davids, geschieht es: Gott, der Herr und Heiland, hat sein Volk nicht vergessen. Sein Tag ist angebrochen. Die Wende der Welt bahnt sich an – uns zu gut. In Gottes Ewigkeit wird diese Wende vollendet sein. Deshalb die Aufforderung:

> *Des sollt ihr billig alle fröhlich sein,*
> *daß Gott mit euch ist worden ein.*
> *Er ist geborn eu'r Fleisch und Blut,*
> *eu'r Bruder ist das ewig Gut.*

Die niedrige Geburt im Stall zeigt an, dass uns Gott nicht vergessen hat; sie sagt nur „Gott hat mich so lieb, dass er mir seinen Sohn zu eigen schenkt. Welch ein reicher Herr bin ich … . Da wird unser Herz zerspringen in tausend Stücke vor Freuden … . Im zukünftigem Leben … werden wir's erst recht erkennen.“[94] Darauf erfolgt die vergewissendere Frage, die das Wunder aufnimmt:

> *Was kann euch tun die Sünd und Tod?*
> *Ihr habt mit euch den wahren Gott;*
> *Laß zürnen Teufel und die Höll,*
> *Gotts Sohn ist worden eu'r Gesell.*

Das ganze Verhängnis, das durch menschliche Schuld über uns gekommen ist, verliert seine Macht; denn mit dem Kind ist mit uns der wahre Gott. Gott begegnet uns nicht mehr als stummes Schicksal, sucht mehr als tödliches Verhängnis, vielmehr erkennst du den wahren Gott auf dem Antlitz dieses Menschenkindes. Der Teufel und die Hölle, die versucherische Macht des Bösen und die höllische Verzweiflung können dir nichts mehr anhaben; denn „Gottes Sohn ist worden eu'r Gesell." Er geht mit dir deinen Menschenweg. Er geht ihn mit dir durch Tod und Gericht. Denn:

> *Er will und kann euch lassen nicht,*
> *setzt ihr auf ihn eu'r Zuversicht;*
> *es mögen euch viel fechten an:*
> *dem sei Trotz, ders nicht lassen kann.*

Ein Christenleben kann nie ohne Anfechtung und Versuchung sein. Der Versucher lässt nicht von uns ab. Doch der Glaubende kann dieser Macht Trotz bieten.

> *Zuletzt müsst ihr doch haben recht,*
> *ihr seid nun worden Gotts Geschlecht.*
> *Des danket Gott in Ewigkeit,*
> *geduldig, fröhlich allezeit.*

In der erwähnten Luther-Predigt von 1543 heißt es zu Recht, des Menschenherz „ist verschleimt, verstockt, verhext in Talern (von Besitz ergriffen); wenn aber das Kindlein ins Herz kommt, kanns nicht fehlen, es muß weich werden."[95] Durch das Kind werden wir „Gotts Geschlecht". Nicht nur, dass das Herz „weich" wird. „Wenns ins Herz kommt, ists eine ewige Freude und des ewigen Lebens Anfang."[96]

Die Herablassung Gottes in unsere verlorene Menschheit bewirkt die Aufnahme unseres Menschseins in Gottes ewiges Leben. So gipfelt das Lied in der Gewissheit: Wir sind „Gotts Geschlecht", mit Gott verwandt und seiner Ewigkeit teilhaftig. Das macht geduldig im Tragen aller Widrigkeiten des irdischen Daseins und lässt unbändige Freude aufkommen.

III.

Unter den im Jahre 1524 erschienenen Liedern nimmt das Weihnachtslied „Gelobet seist, Jesu Christ!" eine besondere Stellung ein. Schon 1523 nennt Luther bei der Herausgabe seiner „Formula missae", einer noch lateinischen Gottesdienstreform auch das Weihnachtslied „Ein Kindelein so löbelich" als ein für den evangelischen Gottesdienst geeignetes Lied. Daneben war im deutschen Sprachraum als Einzelstrophe auch „Gelobet seist du, Jesu Christ" weit verbreitet. Dieser Strophe fügt Luther 1524 noch sechs weitere Strophen hinzu, die sich „im sprachlichen Ausdruck freier und geschickter, reicher in den Gedanken und wärmer in der religiösen Stimmung als die gleichzeitig erschienenen Umdichtungen der altkirchlichen lateinischen Weihnachtshymnen" erweisen.[97] Wahrscheinlich entstand das Lied in der Weihnachtszeit 1523 und wurde dann 1524 im „Wittenbergischen Sangbüchlein" gedruckt. Dort trägt es den Titel „ein Lobgesang von der Geburt unseres Herrn Jesu Christi."[98] Die erste alte Strophe lautet:

> *Gelobet seist du, Jesu Christ,*
> *daß du Mensch geboren bist*
> *von einer Jungfrau, das ist wahr;*
> *des freuet sich der Engel Schar.*
> *Kyrieleis.*

Das Gotteslob ist ein Echo des Lobgesanges der himmlischen Heerscharen über Bethlehems Feld. Der Glaube fällt ein in das „Ehre sei Gott in der Höhe“ (Lk 2, 14), das die Engel über einer nächtlichen Welt anstimmen. Im Lob Gottes gibt die Kreatur ihrem Schöpfer alle Ehre; nicht in menschlicher Tat. Unser Werk kann immer nur ein Echo, nur eine unvollkommene Antwort auf die lebensspendende Herrlichkeit Gottes sein. Der Sinn unseres Lebens kann nie in unserer Selbstverwirklichung gesucht und gefunden werden, sondern im Lob Gottes. In IHM kommt der Mensch zu sich selbst. Er ist von Gott her geschaffen und zu IHM hin gestaltet. Beispielhaft macht dies das Neue Testament am Lobgesang Mariens deutlich (Lk 1, 46-55): „Meine Seele erhebt den Herrn und mein Geist freut sich Gottes, meines Heilandes.“ Nach den lateinischen Anfangsversen nennt man diesen Lobgesang auch das „Magnificat“ (magnificare = groß, erhaben machen). Luther hat in kritischer Zeit – nach Verhängung des päpstlichen Bannes, vor seiner Reise nach Worms und in der Einsamkeit der Wartburg – dieses Magnificat ausgelegt und vollendet.
„Das Wort geht daher aus großer Brunst und überschwänglicher Freud“, so heißt es in dieser Auslegung. „Maria sagt nicht ‚Ich erhebe Gott‘, sondern ‚meine Seele‘, als wollt sie sagen: ‚Es schwebt mein Leben und alle meine Sinne in Gottes Lieb, Lob und hohen Freuden, dass ich mein selbst nicht mächtig, mehr erhoben werde, denn mich selbst erhebe zu Gottes Lob ...‘. Denn es ist kein Menschenwerk, Gott mit Freuden loben.“[99]
Deshalb greift Luther ganz bewusst auf jene mittelalterliche Weihnachtsstrophe zurück, weil dieses „Gelobet seist du, Jesu Christ“ das Evangelium selbst zur Sprache bringt. Die Wendung „von einer Jungfrau, das ist wahr“ ist kein mittelalterlicher Überrest, sondern der Reformator hat die überkommene alte Strophe bewusst geändert. Hieß es einst „von

einer Magd, das ist wahr“, so betont der Reformator jetzt die Jungfräulichkeit der Mutter Jesu. Die „Beteuerungsformel“[100] „Das ist wahr“ unterstreicht die Jungfrauschaft Mariens noch in besonderer Weise; nicht weil hier einer Art von „Mariologie“ gehuldigt werden soll, sondern die Jungfrauschaft Mariens bestätigt die prophetische Verheißung (Jes 7, 14): „Siehe, eine Jungfrau ist schwanger und wird einen Sohn gebären, den wird sie heißen Immanuel (=Gott mit uns!).“
Es ist wahr geworden, dass in diesem Kind der „Gott mit uns“ für uns erschienen ist. Es handelt sich nicht um eine Aussage, die dem mittelalterlichen Marienkult das Wort redet. Das „von einer Jungfrau, das ist wahr“ unterstreicht gerade die Bedeutsamkeit, die Einmaligkeit Jesu Christi. „Nicht das ist zu bewundern, dass sie eine reine Jungfrau ist“, heißt es in einer Weihnachtspredigt aus dem Jahre 1523, „sondern dass die göttliche Majestät sich einer Frau bedient ... . Deshalb muss man auf das Werk schauen, das ER (Gott selbst) wirkt, nicht, was sie (ipsa = d.h. Maria) tut.“[101] Alle Marienfrömmigkeit muss hier der Christusfrömmigkeit weichen.
Auch die folgende, von Luther neu gedichtete Strophe unterstreicht das noch.

> *Des ewigen Vaters einig[102] Kind*
> *jetzt man in der Krippe find't;*
> *in unser armes Fleisch und Blut*
> *verkleidet sich das ewig Gut.*
> *Kyrieleis.*

Die Jungfrauengeburt Christi hat nichts mit heidnischen Mythen zu tun, wo sich irgendeine Gottheit lüstern mit einer Menschenfrau paart. Diese Mythen kennen nur einen flüch-

tigen, sehr oberflächlichen Besuch eines Gottes in der Menschenwelt. Das Evangelium dagegen kündet etwas grundsätzlich anderes: „Das ewige Gut“, Gott selbst „verkleidet sich in unser armes Fleisch und Blut.“ Diese Verkleidung ist kein Mummenschanz; sie ist endgültig! Das Johannesevangelium spricht: Das Wort, das Fleisch geworden ist, hat unter uns gewohnt (1, 14); d.i. ER hat unter den Menschen auf Erden gelebt wie ein anderer Mensch, obwohl ER Gott ist. Dennoch ist er ein Bürger zu Nazaret und Kapernaum geworden. „Er hat sich seiner göttlichen Form geäußert und ist gleich worden wie andere Leute ..., hat sich selbst gedemütigt und ist gehorsam worden bis in den Tod“, betont der Reformator in seiner 1522 auf der Wartburg verfassten sog. Kirchenportille.[103]
Das unserer Vernunft so anstößige Wunder einer Jungfrauengeburt will uns also keine biologische Absurdität aufschwätzen. Vielmehr ist sie (die Jungfrauengeburt) die sachgemäße Umschreibung dafür, dass Gott einen Menschenweg von der Geburt bis zum Grab mit uns geht. Deshalb singt die dritte Strophe:

> *Den aller Welt Kreis nie beschloß,*
> *der liegt in Marien Schoß;*
> *er ist ein Kindlein worden klein,*
> *der alle Ding erhält allein.*
> *Kyrieleis.*

Einer Mutter Schoß umschließt hier als kleines Kind den ewigen, unfassbaren Gott, den sonst kein Weltkreis, kein Universum umfassen kann. Die gesamte Schöpfung mit Sonnen und Planeten, mit Erde und Menschen ist das Universum, die Gesamtheit. Gott aber ist noch jenseits dieses Universums. Nie ist er ein Teil dieser Gesamtheit; vielmehr umschließt es auch dieses Gesamt noch durch sein ewiges Wort, „ohne das nichts gemacht ist, was gemacht ist“ (Joh 1, 3). Darin besteht das eigentliche Geheimnis der Jungfrauengeburt, ja des weihnachtlichen Geschehens überhaupt, dass der eine unfassbare Gott sich so tief erniedrigt und sich an unsere winzige Menschenwelt verliert, dass einer Mutter Schoß den Unfassbaren in sich einschließen kann und unsere Menschenhände den Unfassbaren fassen, greifen und festhalten können. Davon reden auch die folgende Strophen:

Das ewig Licht geht da herein,
gibt der Welt ein' neuen Schein;
es leucht' wohl mitten in der Nacht
und uns des Lichtes Kinder macht.
Kyrieleis.

Am Anfang sprach Gott „Es werde Licht!“ Sein Sprechen ist das Licht überhaupt, das alle Finsternis, den Tod und die ewige Nacht vertreibt und bannt. „In Ihm, in Gott, war das Leben, und das Leben war das Licht der Menschen“ (Joh 1, 4). Ohne dieses lebendige Licht wäre unser Leben nur ein zielloses Umherirren, ein ewiger Gang ins Dunkel. Doch mit der Geburt des Kindes „geht das ewig Licht da herein“. Die prophetische Verheißung ist erfüllt: Gott hat seinen Knecht „zum Licht der Heiden“, zum Licht aller Völker bestellt (Jes 49, 6). Das Christuslicht leuchtet auf in dieser Welt. Die Schatten des Todes müssen zurückweichen (Mt 4, 16; Lk 1, 79). Die Anklagen des Gesetzes in meinem Gewissen können schweigen und die Hölle muss verstummen. Denn:

Der Sohn des Vaters, Gott von Art,
ein Gast in der Welt hier ward
und führt uns aus dem Jammertal,
macht uns Erben in seim Saal.
Kyrieleis.

Ein Menschenkind ist „Gott von Art". Er ist „Gott von Gott, Licht vom Licht, wahrer Gott vom wahren Gott ... eines Wesens mit dem Vater", wie es das nicänische Bekenntnis formuliert;[104] „denn Gott war in Christo und versöhnte die Welt mit ihm selber und rechnete ihnen ihre Sünden nicht zu" (2. Kor 5, 19). So „führt er uns aus dem Jammertal", aus dem Kerker, bestehend aus für uns uneinnehmbaren Mauern, gefügt aus unserer Sünde, aus dem uns anklagenden Gesetz, aus der schwarzen Wand des Todes und satanischen Fesseln dauernder Verführung zu Unglauben und der nimmermüden Versuchung zum Bösen. Das Kind in der Krippe ist in all seiner Ohnmacht der Befreier zum ewigen Leben. „Er macht uns Erben in seinem Saal", zu Erben des ewigen Lebens. Das Jammertal bleibt hinter den Glaubenden zurück. Noch einmal wird uns diese frohe Botschaft zugerufen:

Er ist auf Erden kommen arm,
daß er unser sich erbarm
und in dem Himmel mache reich
und seinen lieben Engeln gleich.
Kyrieleis.

„Wir könnten Christum nicht so tief in die Natur und (im) Fleisch ziehen, es muss noch tröstlicher (werden) ... Wie hätte Gott seine Güte größlicher ... mocht erzeigen, denn das er sich so tief in Fleisch und Blut senkt, dass er auch die natürliche Heimlichkeit nicht veracht und die Natur an dem Ort (in Fleisch und Blut) auf's allerhöchste ehrt, da sie in Adam und Eva ist am allerhöchsten zu Schanden worden, dass hinfort auch das nun göttlich, ehrlich und rein ist, das in allen Menschen das ungöttlichste, schamlichste und unreinste ist."[105]
Der Armut des menschgewordenen Gottes entspricht der den Glaubenden geschenkten Reichtum des Himmels und des ewigen Lebens.

> *Das hat er alles uns getan,*
> *sein groß Lieb zu zeigen an.*
> *Des freu sich alle Christenheit*
> *und dank ihm des in Ewigkeit.*
> *Kyrieleis.*

Entsprechend dem Anfang dieses Weihnachtshymnus schließt das Lied wieder mit einem Gotteslob.
Entscheidend dabei ist, dass das weihnachtliche Geschehen keine nüchterne Tatsache ist, sondern es zielt alles auf unseren Glauben. Es ist „alles uns getan". Denn „was hülfe es mich, dass er tausendmal geboren wäre und nur das täglich würde gesungen aufs lieblichste, wenn ich nicht hören sollte, dass mir dasselbige gelte und mein eigen sein sollte", heißt es in der Kirchenpostille von 1522.[106] Die Geburt Christi will also ins Evangelium „gefasst" und unseren Herzen und Ohren dargeboten werden. Es ist alles an der Verkündigung gelegen.

Im Wort nur wird Christus „dargeboten und zugeeignet.“ „Das ist der recht gnadenreiche Glaube, den Gottes Werk und Wort fordert, dass du festiglich glaubest, Christus sei dir geboren und seine Geburt sei dir zugut geschehen.“ Der Engel der Weihnachtsgeschichte sagt nicht schlechthin: „Es sei Christus geboren“, sondern „Euch, Euch ist er geboren!“ Ebenso spricht er nicht: „Ich verkündige eine Freude“, sondern „Euch, Euch verkündige ich eine große Freude.“[107] Eine große Freude vollendet und erfüllt sich im Dank. Das Geschöpf kehrt zurück in seinen Ursprung.

IV.

Zu den 1524 erschienenen Weihnachtsliedern gehört auch (der heute als Adventslied gebrauchte) Choral „Nun komm, der Heiden Heiland“. Als Vorlage diente Luther ein dem Bischof Ambrosius von Mailand zugeschriebener lateinischer Hymnus[108] „Veni redemptor gentium“ – „Komm, Erlöser der Völker“. Luthers Nachdichtung schließt sich eng an das ambrosianische Gedicht an. Das erklärt auch die Schwerfälligkeit seiner Verse, die den „geheiligten Wortlaut“ des ambrosianischen Hymnus zu bewahren suchen.[109]
Es gab schon eine Nachdichtung aus dem 12. Jahrhundert und eine Thomas Münzer zugeschriebene Umdichtung, die mit dem Text freier umging und vor allem die Reihenfolge der Strophen 3 und 4 vertauschte, während sich Luther mehr an das lateinische Original anlehnte. Damit wollte Luther vor allem den schwärmerischen Zügen der münzerschen Übertragung entgegentreten. Luther geht es dabei um die Herausarbeitung des „stellvertretenden Für-uns-Sein“ der Person und des Werkes Christi.[110] Schwärmerische Sichtweise dagegen

betont die Geburt Christi in der Seele. Die Geschichtlichkeit der Person Christi verliert sich dabei in einem innerseelischen, stets sich wiederholenden Seelenvorgang.
Der ambrosianische Hymnus hebt an mit der Aufforderung: „Komm, Erlöser der Völker, lege dar die Jungfrauengeburt, dass alle Welt sich wundere, dass eine solche Geburt Gott geziemt, angemessen ist.“[111] Bei Luther heißt die Strophe:

> *Nun komm, der Heiden Heiland,*
> *der Jungfrauen Kind erkannt,*
> *daß sich wunder alle Welt,*
> *Gott solch Geburt ihm bestellt.*[112]

Weiter heißt es bei Ambrosius: „Nicht aus Mannessame, sondern aus geheimnisvollem Hauch, wurde das Wort Fleisch und die Leibesfrucht erblühte.“ Luther:

> *Nicht von Manns Blut noch von Fleisch,*
> *allein von dem Heiligen Geist*
> *ist Gotts Wort worden ein Mensch*
> *und blühet ein Frucht Weibes Fleisch.*

Das „Empfangen vom Heiligen Geist, geboren von der Jungfrau Maria“ findet so seine etwas schwierige Umschreibung. Ambrosius fährt fort: „Der Leib der Jungfrau wurde schwanger. Die Schlösser der Schamhaftigkeit blieben bestehen. Der Tugenden Siegeszeichen funkelten, sie verweilten im Tempel Gottes.“ Luther:

Der Jungfrau Leib schwanger ward,
doch blieb Keuschheit rein bewahrt,
leucht hervor manch Tugend schon,
Gott da war in seinem Thron.

Die immerwährende Jungfrauenschaft Mariens wird auch von Luther festgehalten. Davon spricht auch der folgende Absatz bei Ambrosius: „Aus seinem Gemach, dem schamvollen Königssaal, geht er hervor, des Helden doppelte Wesenheit (substantia), dass er freudig seinen Weg läuft." Luther:

Er ging aus der Kammer sein,
dem königlichen Saal so rein,
Gott von Art und Mensch, ein Held;
sein' Weg er zu laufen eilt.

Die immerwährende Jungfrauenschaft Mariens hat die Aufgabe, das Geheimnis der Person Jesu auszusagen. Er ist der Gigant, der Held, der Tod und Hölle besiegen kann, weil er Gott und Mensch zugleich ist (doppelte Substanzen in einer Person). Es ist nicht verwunderlich, dass diese drei voraufgehenden, theologisch so befrachteten Strophen in den heutigen Gesangbuchausgaben weggelassen werden.

Bei Ambrosius wird der Weg des Christus als Herkunft vom Vater und als Rückkehr zu ihm beschrieben: „Er ging vom Vater aus, er kehrte zurück zum Vater. Bis zur Hölle macht er einen Ausfall, zu Gottes Sitz kehrte er zurück (excursus, recursus)." Luther:

Sein Lauf kam vom Vater her
und kehrt wieder zum Vater,
fuhr hinunter zu der Höll
und wieder zu Gottes Stuhl.

Diese Bewegung des Gottessohnes vom Vater, hinab zur Hölle und Heimkehr in die Höhe ist zugleich ein Siegeszug. So heißt es bei Ambrosius: „Dem ewigen Vater gleich, umgürtet von des Fleisches Siegeszeichen (=Trophäen), hat er die Schwachheiten unseres Körpers durch Kraft (virtute) dauernd befestigt.“ Luther:

Der du bist dem Vater gleich,
fuhr hinaus den Sieg im Fleisch,
daß dein ewig Gottsgewalt
in uns das krank Fleisch erhalt.

Der Sieg über den Tod wird gerade in unserem sterblichen Fleisch erstritten. Alle neuplatonische Esoterik wird hier ausgeschlossen. Der Sieg Christi im Fleisch „enthält“ in sich zugleich auch die Auferstehung des Fleisches. Die Unsterblichkeit der Seele bliebe nur auf halbem Wege stehen. Der Weg der Erlösung mündet ein in die leibliche Auferstehung. Leiblichkeit als das Ende aller Wege Gottes (Oetinger).[113] Diese Strophe fehlt wiederum in den heutigen Gesangbüchern. Ambrosius fährt fort: „Schon blitzt deine Krippe auf und ein neues Licht beseelt (spirat) die Nacht, denn keine Nacht es verfälscht und im Glauben leuchtet es beständig.“ Luther:

Dein Krippen glänzt hell und klar,
die Nacht gibt ein neu Licht dar.
Dunkel muß nicht kommen drein,
der Glaub bleibt immer im Schein.

Folgerichtig schließt bei Ambrosius der Hymnus mit einem „Gloria“: „Ehre (Ruhm) sei dir, o Herr, der du aus der Jungfrau geboren bist, mit dem Vater und dem Heiligen Geist in immerwährender Herrlichkeit (gloria).“ Luther:

Lob sei Gott dem Vater g'tan;
lob sei Gott seim ein'gen Sohn,
lob sei Gott dem Heilgen Geist
immer und in Ewigkeit.

Der Kreis schließt sich. Eine Fülle von Hinweisen und tiefsinnigen Aussagen, die die Weihnachtsbotschaft entfalten sollen. Doch man spürt deutlich, dass die enge Anlehnung an den lateinischen „Urtext“ die deutsche Nachdichtung nicht recht zum Zuge kommen lässt.

V.

Auch das ebenfalls aus dem Jahre 1524 im „Wittenbergischen Sangbüchlein“ und im „Erfurter Enchiridion“ erschienene Lied: „Christum wir sollen loben schon“ lehnt sich eng an eine lateinische Vorlage an, die dem Bischof Cajus Caelius Sedulius von Achaia zugeschrieben wird, der vor allem das Leben und die Wunder Christi nach dem Matthäus-Evangeliums besungen hat. Er ist um 450 n. Chr. gestorben. In vorreformatorischer Zeit hat es schon verschiedene Verdeutschungen gegeben. In der Zeit Luthers gab es eine Nachdichtung, die dem Wiedertäufer Hans Hut(t) zugeschrieben wird. Aus den schon oben genannten Gründen wurde sie von Luther nicht übernommen. Luthers Lied ist wohl um die Weihnachtszeit 1523 entstanden.[114]

Der Hymnus des Sedulius setzt ein mit „Vom Aufgang der Sonne bis an die Grenzen der Erde, lasst uns besingen den Christus-Fürsten, geboren von der Jungfrau Maria." Luther nimmt eine Umstellung vor und stellt Christus bewusst an den Anfang des Liedes.

> *Christum wir sollen loben schon,*
> *der reinen Magd Marien Sohn,*
> *soweit die liebe Sonne leucht'*
> *und an aller Welt Ende reicht.*[115]

Sedulius preist den „seligen Urheber (auctor) der Weltzeit (saeculum), der den knechtischen Leib angezogen hat, damit er das Fleisch durchs Fleisch befreie und die, die er geschaffen hat, nicht zugrunde richte." Luther dichtet:

> *Der selig Schöpfer aller Ding*
> *zog an eins Knechtes Leib gering,*
> *daß er das Fleisch durch Fleisch erwürb*
> *und sein Geschöpf nicht ganz verdürb.*

Auch hier ist entscheidend, dass Gott in unserem Fleisch durch eben dieses Fleisch seine Erlösung und Befreiung bewirkt. Es geht um die leiblich-geistliche Erkenntnis des Christusgeschehens. Deshalb dichtet Sedulius: „Die himmlische Gnade trat ein in den Mutterleib. Der Leib des Mädchens schleppte die Geheimnisse, die unbekannt waren.“ Luther:

> *Die göttlich Gnad vom Himmel groß*
> *sich in die keusche Mutter goß.*
> *Ein Maidlein trug ein heimlich Pfand,*
> *das der Natur war unbekannt.*

Es ist unerfindlich, warum auch diese Strophe und die folgenden im Evang. Gesangbuch fehlen. „Das Haus des zuchtvollen Herzens“, so fährt Sedulius fort, „wird unversehens (repente) zu Gottes Tempel. Unberührt, sie keinen Mann erkannt hat, empfing sie durch das Wort (verbo) den Sohn.“ Die Empfängnis Mariens geschieht durch das schöpferische Wort Gottes. Alle sexuelle Vorstellung wurde ausgeschlossen. Die Empfängnis ist Gottes Neuschöpfung! Luther umschreibt das Geschehen:

> *Das züchtig Haus des Herzens zart*
> *gar bald ein Tempel Gottes ward.*
> *Die kein Mann rühret noch erkannt*
> *von Gotts Wort sie man schwanger fand.*

Sedulius nimmt dann Bezug auf Lukas 1, 39-45, den Besuch Mariens bei Elisabeth, der Mutter Johannes des Täufers. Bei der Begegnung der beiden Frauen hüpfte der noch ungeborene Johannes in seiner Mutter Leib, da der Täufer das Christuskind grüßt. „Getragen hat die Mutter, den Gabriel vorausgesagt hat, der sich im Mutterleib freute und den der noch ungeborene Johannes spürte." Bei Luther lautet das so:

> *Die edle Mutter hat geborn,*
> *den Gabriel verhieß zuvorn,*
> *den Sankt Johannes mit Springen zeigt,*
> *da er noch lag in Mutter Leib.*

Es folgt bei Sedulius der Hinweis auf die Armut und das Elend von Bethlehems Stall: „Er ertrug es, auf Heu zu liegen, die Krippe schreckte ihn nicht ab. Mit geringer Milch wurde er genährt, durch den kein Vogel hungerte." Luther nimmt dies auf:

> *Er lag in Heu mit Armut groß,*
> *die Krippen hart ihn nicht verdroß.*
> *Es ward ein wenig Milch sein Speis,*
> *der nie kein Vögelein hungern ließ.*

Der Armut im Stall hier auf Erden entspricht die Freude im Himmel. Der himmlische Chor freut sich und die Engel singen Gott, den Hirten wird öffentlich der Hirte bekannt gemacht, der Schöpfer aller Dinge. Luther schließt sich dem an:

Des Himmels Chör sich freuen drob,
die Engel singen Gott zu Lob,
den armen Hirten wird vermeldt
der Hirt und Schöpfer aller Welt.

Doch Luther fügt zum Abschluss noch hinzu:

Lob, Ehr und Dank sei dir gesagt,
Christe, gboren von reiner Magd,
mit Vater und dem Heilgen Geist,
von nun an bis in Ewigkeit.

Damit rundet sich der Kreis der Weihnachtsverkündigung des Reformators im Lied. Die Dichtungen vermitteln einen tiefgehenden Eindruck dessen, was Evangelium als frohe Botschaft eigentlich ist.
„Wir sehen mit welcher Ehre und Ruhm die göttliche Majestät unsere sündige Natur und Fleisch annimmt, in der nichts rein ist, sondern korrupt voll aller Art von Defekten. Christus nimmt unsere Natur an (freilich ohne Sünde), damit er unser unreines Fleisch reinige.“[116] Damit ist alles gesagt. Wie weit entfernt aber ist das von der „edlen“ bürgerlichen Weihnachtsfeier eines Schleiermacher bis heutigentags.

Mit Fried und Freud fahr ich dahin

Luthers nachweihnachtliches Lied „Mit Fried und Freud ich fahr dahin“

Der Evangelist Lukas hebt am Anfang seines Evangeliums hervor, er habe „alles von Anbeginn mit Fleiß erkundet“, die Fülle des Überlieferungsstoffes über das Leben Jesu also gesammelt und geordnet, „damit du gewissen Grund der Lehre erfahrest, in der du unterrichtet bist“ (Lk 1, 4). So schreibt der Evangelist im Vorwort seines Evangeliums an einen uns sonst unbekannten Theophilus. Unter den Kindheitsgeschichten Jesu erstattet Lukas auch Bericht über die Beschneidung Jesu. Damit eng verbunden ist die „Reinigung Mariens“ entsprechend dem mosaischen Gesetz, dass am Ende einer Schwangerschaft ein Brand- und Sühneopfer darzubringen sei (3. Mose 12, 6). Indem Lukas beides berichtet (Lk 2, 21-35), weist er darauf hin, dass beide, Mutter und Sohn, dem Gesetz Gottes unterstellt sind: „Als aber die Zeit erfüllt war, sandte Gott seinen Sohn, geboren von einer Frau und unter das Gesetz getan, auf dass er die, die unter dem Gesetz waren, erlöste, dass wir die Kindschaft empfingen“ (Gal 4, 4-5).

Die sogenannte „Reinigung Mariens“[117] ist zugleich auch identisch mit der Darstellung des Jesuskindes im Tempel. Auch dies geschieht in Erfüllung des Gesetzes: „Wie denn geschrieben steht in dem Gesetz des Herrn: Alles Männliche ... soll dem Herrn geheiligt heißen“ (Lk 2, 23). Jesu Weg – so will Lukas einschärfen – beginnt unter dem Gesetz und endet unter dem Fluchtod des Gesetzes, „denn verflucht ist jedermann, der am Holz hängt“ (5. Mose 21, 22ff). Da aber der Sohn Gottes (und in ihm Gott selbst) das Gesetz auf sich nimmt und es bis zum Tod am Kreuz erleidet, hat „er uns erlöst von dem Fluch des Gesetzes“ (Gal 3, 13).

Dies alles hat der Evangelist Lukas in dieser Erzählung „verdichtet“ und uns als Freudenbotschaft ausrichten lassen. Bewegend in der Szene der „Darstellung Jesu“ ist die Begegnung des greisen Simeon mit dem Erlöser, der das Christuskind in seine Arme nimmt und in den Lobpreis Gottes ausbricht: „Herr, nun lässest du deinen Diener in Frieden fahren, wie du gesagt hast; denn meine Augen haben deinen Heiland gesehen, welchen du bereitest hast vor allen Völkern, ein Licht, zu erleuchten die Heiden und zum Preis deines Volkes Israel“ (Lk 2, 29ff.). Als „Nunc dimitis“ (nach den lateinischen Anfangsworten) ist dieser Lobpreis in das Abendgebet der Kirche eingegangen. Wahrscheinlich angeregt durch dieses „Nunc dimittis“ verfasst Luther 1524 das Lied „Mit Fried und Freud ich fahr dahin“, dessen erste Strophe das Abendgebet aufnimmt:

> *Mit Fried und Freud ich fahr dahin*
> *in Gotts Wille;*
> *getrost ist mir mein Herz und Sinn,*
> *sanft und stille,*
> *wie Gott mir verheißen hat:*
> *Der Tod ist mein Schlaf worden.*[118]

In manchen Gesangbuchausgaben trägt das Lied die Überschrift „Der Lobgesang Simeonis des Altvaters; Nunc dimittis“.[119] Luther nennt jenen Simeon „Altvater“ nicht so sehr wegen seiner vielen Lebensjahre, sondern weil er uns zum Vater unseres Glaubens geworden ist. Er „wartete auf den Trost Israels“ (Lk 2, 25). Jetzt aber hält er den ersehnten Trost Israels, das Licht der Welt (V. 32) auf seinen Armen. Erfasst vom Heiligen Geist erfüllt ihn Freude, Jubel und ein getrostes Herz.

In dichterischer Freiheit und in großer Schönheit dichtet hier Luther das „Nunc dimittis“ um. „Simeons ist jung geworden“ hebt der Reformator in einer Predigt vom 2. Februar 1531 hervor.[120] Doch das Jungsein des „Altvaters“ ist keine Frage der Lebensjahre, sondern sein Herz ist erfüllt von „Fried und Freude“, weil die prophetischen Verheißungen, die Israel gegeben waren, nun in Erfüllung gegangen sind. „Sein (Simeons) Herz war also gesinnt: ich hab das verheißene Kind in den Armen .... Darum singt er den fröhlichen Lobgesang: ich will nun von Herzen gern sterben und der Tod wird mir süß sein; denn meine Augen haben deinen Heiland gesehen. Das ist der Schatz, der den Tod süß und lieblich macht.“[121]

> *Das macht Christus, wahr' Gottes Sohn,*
> *der treu Heiland,*
> *den du mich, Herr, hast sehen lan (lassen)*
> *und g'macht bekannt,*
> *daß er sei das Leben mein*
> *und Heil in Not und Sterben.*

Allein das Für-uns-Dasein dieses Kindes in Simeons Armen macht das zitternd-flatternde Menschenherz getrost und still. Es gehört zu unserem Sein zum Tode, dass das „Herz pocht und schlägt“. Der Tod ist zu mächtig .... „Das macht das Gesetz und die Sünde, dass man so zittert vor dem Tod.“ Simeon „hier aber rühmet, dass er sterben wolle, als wenn kein Tod wäre. Er nennt's nicht Tod, sondern: du lässest hinfahren. Er nennt es also ein sanft Wegfahren.“[122]

Simeon hält den Heiland in seinen Armen, den einen, der durch Kreuz und Tod hindurch die Anklage des Gesetzes zum

Schweigen bringt und den Stachel des Todes stumpf macht (1. Kor 15, 56f.). „Dazu gehört, dass der Heiland da ist und ich ihn sehe“. Dieses Sehen ist ein geistliches Sehen im Glauben. Auch Simeon sieht mit irdischen Augen nur ein schwaches Menschenkind. Aber er nimmt die Verheißungen, den Vätern gegeben, in sein Herz und „sieht“. „Es liegt alles am Sehen: die ihn sehen, die sind entronnen.“ So wird Christus „bekannt gemacht, dass er sei das Leben und Heil in Nöt und Sterben.“[123]

> ***Den hast du allen vorgestellt***
> ***mit groß’ Gnaden,***
> ***zu seinem Reich die ganze Welt***
> ***heißen laden***
> ***durch dein teuer heilsam Wort,***
> ***an allem Ort erschollen.***

Dieser Heiland wird als der Gekreuzigte und Auferstandene „allen“ Menschen „vorgestellt“, damit alle Welt ihn und seine Gnade, seinen Sieg über Sünde, Gesetz und Tod erkenne. Sie alle werden eingeladen, in sein Reich heimzukehren. „Jetzt noch wird er (Christus) auf Armen getragen.“ Dieses „Tragen“ geschieht durch die Verkündigung des Evangeliums, so Luther in der o.g. Predigt. „Er soll durch die Predigt ans Licht vor alle Völker kommen und man soll von keinem als allein von ihm singen und zu sagen wissen. Da rührt er (Simeon) daran, dass das Evangelium über „die ganze Welt“ gepredigt werden soll.[124] Das „teuer heilsame Wort“ soll „an allen Ort“ erschallen. Denn:

Er ist das Heil und selig Licht
für die Heiden,
zu 'rleuchten, die dich kennen nicht
und zu weiden.
Er ist deins Volks Israel
Preis, Ehre, Freud und Wonne.

Die einst den Vätern Israels gegebenen Verheißungen vom Heil und vom seligen Licht bleiben nicht auf Israel beschränkt. Sie gelten auch den Heiden, sie sollen auch die Völker der Welt erleuchten. Christus ist der „gute Hirte", der sie alle mit seinem Wort weiden soll (Joh 10, 11-18).
„Es ist alles darauf gerichtet, dass man ihn erkenne … . Er ist den Heiden geschenkt und gegeben, aber zugesagt ist er uns nicht. Verheißen ist er den Juden; Juden haben Christus zuerst aufgenommen und haben ihn hernach gepredigt. Sie sind die Ecksteine, darum heißt Christus ihr Preis."[125] „Das Heil kommt von den Juden" (Joh 4, 22). Das ist sein geschichtlicher Ort! „Doch Gott hat ihn „bereitet vor allen Völkern" (Lk 2, 31).

Ostern

Luthers Osterlieder

I.

Es ist offensichtlich, dass die neutestamentlichen Berichte von der leiblichen Auferstehung bei unserem Zeitgenossen auf eine tief eingewurzelte Skepsis stoßen; sei es, dass er die Osterberichte als Märchen und Lügen abtut, sei es, dass er die Berichte „symbolisch" versteht als Ausdruck, dass das Leben als Ganzes „unzerstörbar" sei, auch wenn der Einzelne sterbend „dahin" muss. In der Neuzeit war es ein Hermann Samuel Reimarus (1694-1768), der in seinen Wolfenbütteler Fragmenten (1777/78, herausgegeben von Gotthold Ephraim Lessing) in den Osterberichten nur einen Betrug der Jünger bzw. eine „freie Erfindung" der Einbildungskraft der Jünger zu erkennen meinte. Seitdem ließ dieses „Thema" die evangelische Theologie nicht mehr los. Ein Friedrich Schleiermacher (1768-1834) konnte die Tatsache von Auferstehung und Himmelfahrt Christi „nicht als eigentliche Bestandteile der Lehre von der Person Christi" auffassen. Diese Berichte vermittelten vielmehr einen „Totaleindruck" seiner gottbewegten Menschennatur (Schleiermacher: Der christliche Glaube, S. 99). David Friedrich Strauß (1808-1874) erkannte in den Ostererzählungen nur Mythen, Visionen oder Phantasieprodukte der christlichen Gemeinde. Rudolf Bultmann dagegen will diesen mythischen Phantasieprodukten entgehen und sieht in den Osterberichten vor allem den Ausdruck für die Bedeutsamkeit des Kreuzes Jesu. Die Botschaft vom Kreuz rufe den Hörer in die Entscheidung, damit er frei werden kann zu seiner „Eigentlichkeit" und aus Gott lebe.

Diese skizzenhafte Übersicht darf aber nicht übersehen lassen, dass diese sog. „modernen" Zweifel keineswegs neu sind.

Schon immer stieß die Osterbotschaft auf die Zweifel menschlicher Vernunft. Schon am Morgen nach der Auferstehung lässt der jüdische Hohe Rat verbreiten, die Jünger selbst hätten den Leichnam Jesu gestohlen (Mt 28, 11-15). Als die Frauen vom leeren Grab zurückkommen, „deuchten" den Jüngern „ihre Worte, als wären's Märlein, und sie glaubten ihnen nicht" (Lk 24, 11). Der Jünger Thomas will erst die Nägelmale des Gekreuzigten sehen und seinen Finger in seine Seite legen, ehe er an den Auferstandenen glauben will. Er argumentiert also ganz „vernünftig". Er verlangt nach sichtbarer und greifbarer Erfahrung (Joh 20, 25). Maria Magdalena traut ihren Augen nicht, als sie Ihn sieht und meint es sei der Gärtner. Erst als ER sie mit Namen ruft: „Maria", da erkennt sie Ihn: „Rabbuni" = Meister (Joh 20, 16). Die Jünger auf dem Weg nach Emmaus erkennen Ihn nicht, als sie entmutigt und niedergeschlagen nach Hause in ihren Alltag zurückkehren. Er aber legt ihnen die Schrift aus und bricht das Brot. Unter seinem Wort „brannte ihr Herz" und sie erkennen Ihn (Lk 24, 32). Selbst der Zweifler Thomas muss nicht mehr „begreifen", als er seinen Friedensgruß hört, und stammelt nur noch sein „Mein Herr und mein Gott!" (Joh 20, 28). Und der Auferstandene schließt mit dem: „Selig sind, die nicht sehen und doch glauben!" (Joh 20, 29).

Die Ostergeschichten wollen nicht nur als historische Tatsachenberichte verstanden werden. Die Tatsache, dass da vor den Toren Jerusalems ein Grab leer war, das war unbestreitbar, eine Tatsache! Dieses Faktum allein aber „überzeugt" noch nicht! Erfahrung und Vernunft widersprechen dem unbestreitbaren Faktum. Man kann es sehr unterschiedlich deuten: Mythos, Lüge, Märchen, Selbsttäuschung oder als „Bedeutsamkeit".

Die Auferstehung Christi ist nicht nur ein „brutum factum“, nicht nur eine nackte, stumpfsinnige, unvernünftige Tatsache! Das Geschehene ist von Anfang an mit einem Wort verbunden. Die Auferstehung ist sprechend. Das leere Grab richtet eine Botschaft aus. Allein im Hören dieser Osterbotschaft macht sie das Herz brennend, wird das leere Grab zu einer Botschaft für mich, wird sie mir, dem Hörer, zur überwältigenden Gewissheit, dass sein Friede auch mir gehört, dass wir, die Glaubenden, mit ihm leben werden ewiglich.

II.

Aus den genannten Gründen hat Luther in allen seinen Predigten nicht allein über das historische Faktum des leeren Grabes referiert, sondern das Faktum ist immer eingebunden in das Wort, in eine Botschaft, die der Welt verkündigt werden will. Erst durch das Wort wird das „brutum factum“, eine stumpfsinnig-brutale Tatsache, zu einer die Herzen und Gewissen überwindenden Macht. „Heute habt ihr gehört“ – so hebt er in einer Predigt am Osternachmittag dem 27.3.1524 hervor, „was die Auferstehung Christi sei und was sie gibt und auf welche Weise sie gepredigt werden muss, auf dass sie in uns wirksam sei. Das muss als Scopus (Ziel, Zweck, Absicht) beachtet werden.“[126]

Er kann in der Predigt sogar feststellen: „So ist es allezeit gewesen: Entweder wird Christus gemartert oder er stand auf durch die Predigt.“[127] Im verkündigten Wort erweist sich der Gekreuzigte als der Auferstandene und Lebendige. Wäre die Predigt lediglich ein historischer Tatsachenbericht, wäre sie nutzlos und tot. Da sich aber der Auferstandene ins Wort hinein begeben hat, werden diese Worte überhaupt lebendige und wirkkräftige Worte. Sie kommen nicht leer zurück, sondern sie wirken und schaffen den Glauben, überwinden die klugen Einwände unserer Vernunft, brechen die Widerstände unseres stolzen Menschenherzens und machen den Gekreuzigten für uns und in uns zum lebendigen Herrn! Ein historischer Tatsachenbericht bannt Christus ins Grab. Es ginge uns wie den Wächtern am Grab. Sie erleben Ungeheures und dennoch bleibt ihnen Christus „tot". „Hier siehst du, wie hart das Menschenherz ist, selbst wenn es von der Wahrheit besiegt worden ist."[128]

„Ihr habt oft gehört, dass alles, was von Christus gesagt wird, nichts sei, wenn es nicht in uns gefasst wird und wenn wir es nicht „für uns selber" haben .... Sein Tod will geschäftig und nicht nur kostbar sein, er will Kraft und Tat sein. So hat er seinen Jüngern dargeboten."[129] Dies aber geschieht durch das verkündigte Wort, in dem der Auferstandene selbst wirksam gegenwärtig ist. Die Auferstehung Christi ist „wortmächtig"! Eben diese untrennbare Zusammengehörigkeit von Wort und Faktum spiegelt sich nicht nur im Neuen Testament, nicht nur in Luthers Predigten wieder, sondern auch in den Osterliedern des Reformators.

III.

Zwei Osterlieder Luthers sind uns überliefert: „Christ lag in Todesbanden" und „Jesus Christus, unser Heiland, der den Tod überwand". Beide Lieder erscheinen 1524 im „Erfurter Enchiridion". Sie gehören aber ebenfalls dem Jahr an, in dem Luther etwa zwei Drittel seiner Lieder dichtete.[130] Das ausführlichste der beiden Osterlieder ist das siebenstrophige „Christ lag in Todesbanden". Ob die Siebenzahl dieser Strophen eine tiefere symbolische Bedeutung hat (die Sieben als heilige Zahl), lässt sich nicht nachweisen. Auffallend jedoch ist, dass dieses längere Lied in einigen Drucken die Überschrift trägt „Christ ist erstanden, gebessert".[131] Manche Forscher haben die Rechtmäßigkeit dieser Überschrift angezweifelt, andere wollten sie nur auf die Melodien einschränken. Wahrscheinlich jedoch weist diese Überschrift auf das seit dem 12. Jahrhundert bekannte und beliebte volkstümliche „Christ ist erstanden“ hin, das an manchen Orten sogar seinen Eingang in die Liturgie gefunden hatte, oft als Wallfahrtslied diente und in den Osterspielen seinen festen Platz hatte. 1410 diente es in der Schlacht bei Tannenburg den deutschen Ordensrittern als Schlachtgesang. Luther hat diese alte „Osterleise“ geschätzt und hebt sie mehrmals rühmend hervor.[132] Offensichtlich knüpft er mit seinem Lied 1524 daran an, um jene alte „Osterleise“ zu „bessern.“ „Bessern“ freilich im Sinne einer Verdeutlichung des bereits „Guten“ in jener alten Osterleise.[133] Diese nahm schon in „guter“ Weise auf das „für uns“ der Osterbotschaft Bezug: „Des sollen wir alle froh sein, Christ will unser Trost sein.“ Luther jedoch wollte entsprechend seinen fünf Osterpredigten von 1524 den inneren Zusammenhang von „factum“ und „usus facti“, von Ostergeschichte und Osterpredigt noch näher verdeutlichen. Schon in der ersten Strophe klingt dieses „Für uns“ deutlich auf.

> *Christ lag in Todesbanden,*
> *für unsre Sünd gegeben,*
> *der ist wieder erstanden*
> *und hat uns bracht das Leben.*
> *Des wir sollen fröhlich sein,*
> *Gott loben und dankbar sein*
> *und singen Halleluja,*
> *Halleluja.*[134]

Menschliche Erfahrung und unsere Vernunft vermag vordergründig im Tod oft nur das „Aus und Vorbei", den endgültigen Abschied vom Leben und beginnende Verwesung zu sehen. Doch die bildhafte Wendung „in Todesbanden" blickt tiefer! Der Tod wird als „Gefängnis" begriffen, das den Menschen nach Leib, Seele und Geist einschließt. Deshalb nennt der Apostel Paulus den Tod auch unseren „letzten Feind" (1. Kor 15, 26). Paulus hat dies „schärfer angesehen und diese Worte (Feind) weiter gedeutet, nämlich, dass die Feinde Christi oder der Christenheit heißen nicht allein der Teufel und die Welt, sondern auch der Tod, welchen er heißt den letzten Feind .... Der Tod aber begreift in sich alles, was den Tod verursacht; das ist beide: Die Sünde und das Gesetz, so die Sünde erregt und in das Gewissen treibt, das sie kräftig wird zu töten; wie St. Paulus daselbst auch sagt: „Der Stachel oder Spies des Todes ist die Sünde; die Kraft der Sünde ist das Gesetz."[135] Der Tod ist unendlich mehr als nur unser physisches Ende. Wir bleiben auch im Tod vor Gott. Da gibt es kein Entrinnen. Gottes Gesetz klagt uns an. Unser verfehltes Dasein wird aufgedeckt. Da bleibt uns nur Hölle oder Verzweiflung.

Das alles muss man bei der Wendung „in Todesbanden" mithören. Der Sohn Gottes gibt sich mit uns in dieses Todesgefängnis, wird selber Teil dieses Verhängnisses, das uns in Seele und Gewissen als richtendes Gesetz und anfechtende Verzweiflung (= Hölle) umringt und in die Enge treibt. Doch Christi Tod ist mehr als ein über ihn gekommenes Verhängnis, ist keineswegs das Scheitern eines politischen Märtyrers oder eines idealistischen Schwärmers. Er ist „für unser Sünd gegeben." Luther wird nie müde, auf das kleine Pronomen „für uns" hinzuweisen. Es ist der entscheidende Punkt in der gesamten evangelischen Botschaft. Christus musste nicht am Kreuzesholz hängen, weil er selber in seiner Person ein Gefan-

gener von Sünde, Schuld und Tod war. Er gibt sich vielmehr in der Freiheit Gottes für unsere Sünde dahin und trägt sie an seinem Leib hinauf auf das Holz. Dort werden unsere Sünden an Christus selbst gerichtet und für immer abgetan (1. Petr 2, 24). Er ward also „ein Fluch für uns“, damit er uns vom Fluch des Gesetzes erlöste (Gal 3, 13).[136]
In dem Sinne – so Luther in dem Zyklus von Osterpredigten von 1524 – „weil sein Tod geschäftig sein will und nicht nur kostbar, sondern will Kraft und Tat sein. So hat er es seinen Jüngern dargeboten.“[137] Christi Hingabe in den Tod zerreißt für uns alle Bande des Todes. Deshalb kann Karfreitag nicht ohne Ostern sein. Ostern ist die notwendige Kehrseite seiner Kreuzigung. „Deshalb muss seine Auferstehung wirkmächtig sein (efficax), doch in seiner Passion ist nur Tod und Anfechtung. In dem Sinne ist sein Leiden und Auferstehen nicht nur Wort, sondern Kraft. So soll es uns wirksam sein, damit ich ein neues Herz und Gewissen in mir fühle.“[138] Das Ostergeschehen schafft in unauflöslicher Verbundenheit mit der Osterpredigt die Gewissheit, dass Christus „hat uns bracht das Leben“. Daraus aber steigen Freude und Dank auf; gekrönt von jenem urchristlichen „Halleluja“, dem „Gelobt sei Gott.“
Die folgende zweite Strophe erinnert noch einmal an unser todverfallenes „Woher“:

> *Den Tod niemand zwingen konnt*
> *bei allen Menschenkindern;*
> *das macht alles unsre Sünd,*
> *kein Unschuld war zu finden.*
> *Davon kam der Tod so bald*
> *und nahm über uns Gewalt,*
> *hielt uns in seim Reich gefangen.*
> *Halleluja.*

Diese Zeilen scheinen ein Echo jener Predigtreihe über die Genesis, über das 1. Buch Mose, zu sein, die Luther 1523/24 in Wittenberg gehalten hat. In der Auslegung zu 1. Mose 3, der sog. Sündenfallgeschichte, charakterisiert Luther textgemäß den Abfall des Menschen von Gott als Abfall von dem Wort, durch das der Mensch von Gott ins Dasein gerufen wurde. Durch die versucherische Frage der Schlange, d.h. des Satans, „rückt und reißt er sie von dem Wort Gottes ...“. Denn wenn er den Glauben (als Vertrauen in Gottes Wort und Zusage) umgestoßen hat, so hat er gewonnen. Der Mensch muss Gottes Wort haben und daran hangen mit dem Glauben; sobald er ihm dasselbe entreißen lässt, so ist keine Hilfe mehr da. Denn also tut der Satan noch heutiger Tage, von Anfang der Welt her bis zum Ende.“[139]
Der Verlust des Wortes Gottes reißt Schöpfung und Menschheit hinab in das Verhängnis der Gottesferne. Jetzt gilt: „Den Tod niemand zwingen konnt ..., das macht alles unser Sünd, kein Unschuld war zu finden!“ Der Mensch wird ins Gericht gerufen: „Adam, wo bist du?“ „Die Worte alle sind kurz, aber fast reich!“[140] Ruft Gott uns ins Gericht, dann wird uns „die Welt zu enge“, wie Luther nicht müde wird zu bezeugen. „Kommt Gott zu laden, werden die Augen aufgetan, da wird er erst gewahr, wie gräuliche, große Sünde er getan hat ... . Denn das Adam da geladen wird, ist nichts anderes denn eine Predigt des Gesetzes, dadurch er erkenne, was er getan habe, und was er Gott schuldig ist.“[141]
Ein reines Gewissen lebt vertrauensvoll wie ein Sohn, wie eine Tochter aus dem Wort des Vaters. Geht aber das Wort und dieses Vertrauen verloren, dann ist „kein Unschuld“ mehr „zu finden“. Das anklagende Gesetz treibt uns in die Enge, deren Kennzeichen die Todesangst ist (Enge = Angst). Der Tod ist also alles andere als ein Schlusspunkt, hinter dem nichts

mehr kommt. Er ist das Signal, das mich zum Gericht vor Gottes Antlitz ruft: Verhaftet! Das 10fache „Du sollst nicht" sind gleichsam die Handschellen, die mich im Tod vor Gott festhalten.
In des Todes „Gewalt" und in „seinem Reich" bleibt uns gleichwohl von Uranfang her eine Hoffnung auf Rettung aus Angst und Enge, aus Gericht und Anklage, so dass die Fesseln, die Bande des Todes einmal dahinfallen! Denn:

> *Jesus Christus, Gottes Sohn,*
> *an unser Statt ist kommen*
> *und hat die Sünd abgetan,*
> *damit dem Tod genommen*
> *all sein Recht und sein Gewalt;*
> *da bleibt nichts denn Tods Gestalt,*
> *den Stachel hat er verloren.*
> *Halleluja.*

Die todesschwangere Gerichtsdrohung Gottes bleibt nicht ohne die Verheißung von Vergebung und Rettung aus dem Gericht. Mit den Kirchenvätern versteht Luther den Satz von dem Samen des Weibes, der der Schlange den Kopf zertreten soll, als Ankündigung eines Erretters, der uns aus dem Reich der Sünde und des Todesgerichtes herausführen wird. Zwar ist Gottes Gerichtsurteil und der über uns verhängte Fluch „hart geredet vor der Welt". Doch weil Gott mit dieser Verheißung den Menschen wieder ansieht, „so ist es doch eine rechte große Gnade."[142]

Der von Gott verheißene Weibessame „ist nun, wie gesagt, Jesus Christus; ein natürlich Kind, vom Weibe geboren (Gal 4, 4) … . Es sind finstere Worte (die Alttestamentler rätseln über diesen Worten bis heute), aber fast reich. Diesen Samen (des Weibes) hat nun Gott dem Teufel lassen unterwerfen, dass er meinte, er solle ihn fressen, also, dass er ihm nahm sein Leben, Ehre, gute Werke, und nichts von Christo blieb denn Tod, Schande und Unehre: so gar nahm er ihm alles. Was geschah aber? Der Same war Gott, darum konnte er nicht unterliegen. Der Teufel rang mit einer andern Kreatur, denn er meinte, versah sich nicht, dass Gott da wäre, der Herr (des) Teufels und aller Dinge; da vergriff er sich und lief an."[143]

Luther nimmt hier gemeinsam mit den Kirchenvätern bezeichnenderweise ein neutestamentliches Motiv auf, dass die „Obersten der Welt" (und damit auch Satan, der Fürst der Welt) die „heimliche verborgene Weisheit Gottes" nicht erkannt haben; „denn wo sie die erkannt hätten, hätten sie den Herrn der Herrlichkeit nicht gekreuzigt" (1. Kor 2, 7-8). Gott hat in diesem Geschehen den Teufel als den „Betrüger von Anfang an" selber hinters Licht geführt. Christus, der Sohn des Höchsten, kommt an „unser Statt", vertritt uns in diesem letzten Gerichtskampf. Als wahrhaftiger Mensch ist Christus wie wir dem Tod und dem Gericht verfallen. Deshalb stürmen Tod und Teufel gegen Christus ebenso an, wie sie gegen uns anrennen. Sie rauben Christus wie uns Leben, Ehre und gute Werke. Das alles wird ihm genommen. d.h. der so entkleidete und aller Dinge beraubte Christus enthüllt sich als wahrer Gott, an dem sich Tod und Teufel die Zähne ausbeißen. Der Satan meint zwar, den Menschen Jesus zu vertilgen, verschlingt aber mit dem Menschen zugleich auch die in dieser Menschheit verborgene ewige Gottheit. Deshalb wendet sich das Blatt. Satan „hat den Streit verloren", Christus ist in der

untrennbaren Einheit seiner göttlichen und menschlichen Naturen „ein ewiger König und der Herr des Lebens, der Gnade und aller Ehren, frisst Schande, Tod, Sünde, es muss gefangen und untertan sein …“.[144]
Christus hat so „dem Tod genommen all sein Recht und seine Gewalt.“ Da bleibt „nichts denn Tods Gestalt.“ Der Tod bleckt zwar immer noch die Zähne und erschreckt uns. Aber er hat seine Gewalt verloren, mit der er uns ewig ins Dunkel und in die Hölle hinabzerren wollte. Er gleicht nur noch einer leeren Hülse ohne Inhalt. Christus ist des Todes Tod. So ist „der zeitliche Tod nichts mehr gegenüber dem ewigen Leben. Es ist, als ob du ein Meer in ein kleines Plätzchen (loculus = Räumchen, Grabstätte, Kistchen) fassen wolltest … . Vor Gott war es, als ob ich einen Tropfen in loderndes Feuer schütte … . Christus aber steht auf und wird Herr aller Dinge. Hosea (sagt): ‚O Tod, ich will dein Tod sein.‘ Das ist ein feines Wort: ‚Ich werde des Todes Tod sein.‘“ So führt Luther in jener ersten Osterpredigt von 1524 aus.[145] Der Tod – so singt die Liedstrophe – hat „den Stachel verloren“. Der Stachel des Todes ist die Sünde (1. Kor 15, 56). Die Sünde treibt uns in die Enge des Todes (=Todesangst). Christus aber hat „an unserer Statt die Sünde abgetan“ – wie die Strophe weitersingt –, weil er sie für uns getragen und gesühnt hat. Dem Todesstachel ist die Spitze abgebrochen. Der Stachel ist stumpf geworden.
Luther hat mit diesen Ausführungen im Lied und in den Predigten von 1523 und 1524 das Motiv „de pugna mirabili“[146] – vom „wunderlichen Krieg“ – in aller Breite aufgenommen. Es klingt dann in der nächsten Strophe wieder:

> *Es war ein wunderlicher Krieg,*
> *da Tod und Leben ’rungen;*
> *das Leben behielt den Sieg,*

OSTERN

es hat den Tod verschlungen.
Die Schrift hat verkündet das,
wie ein Tod den andern fraß,
ein Spott aus dem Tod ist worden.
Halleluja.

Das überaus wichtige Bild vom „duellum mirabile", vom „wunderlichen Zweikampf" zwischen Christus und dem Tod, zwischen Gott und Hölle, durchzieht Luthers theologische Aussagen von Anfang bis Ende. Es erscheint in immer neuen Variationen. Sie alle hier auszubreiten, würde den Rahmen dieser Arbeit sprengen.[147] Die Metaphern, die Bilder, sind darüber hinaus in Altem und Neuem Testament vielschichtig. Doch immer soll die eine überwältigende Wahrheit und Wirklichkeit zur Sprache gebracht werden: „Der Herr ist wahrhaftig auferstanden (Lk 24, 34)."
So erscheint Christus auch als das „rechte Osterlamm" (5. Strophe) oder auch als der „rechte Osterfladen" bzw. als Ostersonne. In 1. Korinther 5, 7 schreibt der Apostel Paulus: „Denn auch wir haben ein Passalamm, das ist Christus, der geopfert ist." Im Anschluss daran dichtet Luther (Strophe 5):

Hier ist das recht(e) Osterlamm,
davon Gott hat geboten.
Das ist an des Kreuzes Stamm
in heißer Lieb gebroten (gegeben).
Des Blut zeichnet unsre Tür;
das hält der Glaub dem Tod für (vor),
der Würger kann uns nicht (an)rühren.
Halleluja.

Nach der Überlieferung des Johannesevangeliums stirbt Jesus am Rüsttag auf Ostern (Joh 19, 14). Johannes will wahrscheinlich damit dartun, dass Jesus zu der Stunde gekreuzigt wurde, da man nach jüdischer Sitte die Passa-Lämmer schlachtete. Jesus ist in dieser Sicht das wahre Passalamm, das für uns geschlachtet wird.
Zugleich nimmt Luther auch jene alttestamentliche Überlieferung auf, dass das geopferte Blut des Osterlammes die Tür kennzeichnet, an der Gottes Gerichtsengel vorübergeht (2. Mose 12, 12-13). Das Opferblut ist das Zeichen der Verschonung, wenn Gottes Gericht durchs Land geht. So hat es Gott „geboten". So hat er auch Christus geboten, sich zum Opferlamm hinzugeben. In einem verwegenen Bild lässt er Christus als Gotteslamm im Feuer des Gottesgerichtes für uns gebraten sein, um die Härte des Gerichtes zu verdeutlichen, die Christus für uns erleiden muss. Der Glaubende aber ist – durch die Taufe – mit Christi Blut versiegelt. Dieses Zeichen hält der Glaube dem Tod in der Stunde der Anfechtung entgegen. Dann kann uns der Würger Tod nicht „rühren" (anrühren). Diese Gewissheit mündet ein in Dank, Freude und Feier:

So feiern wir das hoh Fest
mit Herzensfreud und Wonne,
das uns der Herr scheinen läßt.
Er ist selber die Sonne,
der durch seiner Gnaden Glanz
erleucht unsre Herzen ganz;
der Sünden Nacht ist vergangen.
Halleluja.

Der Evangelist Matthäus berichtet von einem merkwürdigen und bedenkenswerten Erlebnis der Jünger „auf einem hohen Berg". (Es soll der Berg Tabor, südöstlich von Nazareth gewesen sein.) „Und er wurde verklärt vor ihnen" – so erzählt Matthäus weiter – „und sein Angesicht leuchtete wie die Sonne und seine Kleider wurden weiß wie das Licht" (Mt 17, 1-2; vgl. auch Mk 9, 1-2). In diesem Erlebnis erfahren die Jünger die für einen Augenblick vorweggenommene Auferstehung Christi, die deshalb im Johannes-Evangelium folgerichtig als „Verklärung" begriffen wird (Joh 7, 39).

In der zweiten oben erwähnten Osterpredigt von 1524 nimmt deshalb auch Luther Bezug auf die Engelerscheinung am leeren Grab mit einem weißen Kleid. „Das ist, dass das Evangelium eine frohe Botschaft ist … . Ein rechter Engel führt die lautere reine Schrift; d.h. die Lehre der Apostel, ist rein und voller Trost und leuchtet gleichwie die Sonne, weil man von dorther Christus erkannt hat. Dadurch zeigt Christus die Wirkkraft seiner Auferstehung."[148] Wieder werden hier die Wirklichkeit der Auferstehung und die Botschaft miteinander verknüpft. In und aus dem Wort der frohen Botschaft wird der Auferstandene und seine Macht erfahren. So wird aus den Begebenheiten am leeren Grab das „hohe Fest". Das Echo dieser Botschaft ist des „Herzens Freude und Wonne".

Im Wort, durch das Evangelium wird uns Christus zur Sonne. Die Schatten der Nacht – die Anklage des Gesetzes, Todes- und Gerichtsangst – müssen vor dieser Christus-Sonne, vor „seiner Gnaden Glanz" weichen. Es wird hell in unseren Herzen; denn der „Sünden Nacht ist vergangen." „Der Engel hat gesprochen: ER ist auferstanden, Er lebt! Das glaube! Nichts nützt es dir, es sei denn Christus lebt in dir; glaubst du das, dann hast du alles."[149]

Als ob der Reformator nicht aufhören könnte, immer neue Auferstehungsbilder aneinanderzureihen, fügt er noch eine weitere Strophe hinzu:

> *Wir essen und leben wohl*
> *in rechten Osterfladen.*
> *Der alte Sau'rteig nicht soll sein*
> *bei dem Wort der Gnaden.*
> *Christus will die Kost uns sein*
> *und speisen die Seel allein;*
> *der Glaub will keins andern leben.*
> *Halleluja.*

Die Wendung „Osterfladen" weist noch einmal hin auf den Auszug Israels aus Ägypten (2. Mose 12, 8ff.), da die Israeliten „ungesäuertes Brot" essen sollten (also keinen Sauerteig, sondern „Süßteig"). Das waren die Passa- oder Osterfladen. Beim Apostel Paulus steht das ungesäuerte Brot, im Gegensatz zum Sauerteig, für das neue Leben aus Glauben, das zugleich ein Leben unter der Macht des Auferstandenen ist. Deshalb werden die Christen ermahnt, den „alten Sauerteig", das Leben unter Gesetz, Sünde und Todesangst hinauszufegen. Das Alte hat kein Recht mehr auf die Glaubenden. Sie sind „ein neuer Teig". Die Speise des Christen ist vielmehr fortan Christus, das Osterlamm, das für uns geopfert wurde.

Daran knüpft auch Luther in seiner fünften Osterpredigt an. „Die Osterfladen, die man essen muss, ... ist das Hauptstück dieses Evangeliums. Christus musste sterben und auferstehen, damit in seinem Namen Vergebung der Sünden und Buße gepredigt werden. Alle drei Stücke muss man sich „notieren" (sich merken): „Die Vergebung der Sünden, die Buße und die Predigt in seinem Namen. Da ist der Sauerteig abgetan und uns ist der Süßteig vorgesetzt.“[150]

„Die Apostel ziehen‘s auf die Lehre: folglich ist es Menschenlehre, wenn auch das Gesetz (Gottes) hinzugefügt ist. Wird also gelehrt, dass die Seligkeit durch Werke erlangt wird, dann ist das Brot durchsäuert. Unser Passalamm aber ist Christus (1. Kor 5, 7). Lasst uns also in Lauterkeit essen; d.h., dass nichts anderes gepredigt wird als dieses Passalamm und der reine Glaube.“ Der alte Sauerteig der Werkgerechtigkeit muss ganz und gar aus den Gewissen hinausgefegt sein und nichts anderes ist zu handeln als das Wort Gottes. Das sind unsere „Osterfladen“.[151]

Soweit einige Grundgedanken jener lutherschen Osterpredigt. Es ist erkennbar, wie sehr sie auch jene 7. Strophe geprägt hat. Christus will allein die Kost, allein das Brot des Lebens und der Seele sein. Der Glaube lebt allein aus dem Wort, das uns zusagt, dass Christus um unserer Sünden willen dahingegeben und um unser Gerechtigkeit willen auferweckt ist (Röm 4, 25).

Das zweite Osterlied Luthers „Jesus Christus, unser Heiland, der den Tod überwand“ erschien ebenfalls 1524 im „Erfurter Enchiridion“ und im „Wittenbergischen Sangbüchlein“. Luther hat hier keine Vorlage benutzt. „Vielmehr finden sich die charakteristischen Gedanken des Liedes auch beinahe in jeder Osterpredigt Luthers.“[152] Die drei kurzen Strophen haben folgenden Wortlaut:

Jesus Christus, unser Heiland,
der den Tod überwand,
ist auferstanden.
Die Sünd hat er gefangen.
Kyrie eleison.

Der ohn Sünden war geboren,
trug für uns Gottes Zorn,
hat uns versöhnet,
daß Gott uns sein Huld gönnet.
Kyrie eleison.

Tod, Sünd, Leben und auch Gnad,
alls in Händen er hat;
er kann erretten,
alle, die zu ihm treten.
Kyrie eleison.[153]

Jesus Christus kann unser Heiland sein, der unseren tödlichen Schaden heilen kann, weil Er, der Sündlose, Gottes Zorn, das ewige Gericht, das über uns verhängt war, auf sich nahm, sich von unserer Schuld gefangen nehmen ließ. Das furchtbare Gericht Gottes über uns wird an Ihm vollstreckt. Damit haben Tod und Sünde ihr Recht an uns verloren.
Der Tod muss Christus und mit Ihm auch uns wieder freigeben. Trinitarisch gesehen nimmt Gott in Christus das ewige Gericht auf sich und vollstreckt das Todesurteil an sich selbst. Geht aber Gott selbst in den Tod, dann ist der Tod tot! So gönnt Gott uns seine Huld, d.h. die Fülle seines Lebens.[154]
Deshalb hält Christus alles in seinen Händen: Den besiegten und getöteten Tod, die gesühnte, bezahlte und vergebene Sünde und Gottes Gnade, weil Gott sich uns wieder zuneigt.[155] In diesen wenigen Zeilen ist gleichwohl die Fülle der Osterbotschaft ausgesagt und der Gemeinde dargeboten.

Pfingsten

Die Pfingstlieder Luthers

I.

In einer alten, zerlesenen Bibel im Moseldorf Andel[156] fand sich ein vergilbtes Blatt, beschrieben mit einer ausdrucksvollen Handschrift. Es war ein Gedicht, einfache Verse. Das Gedicht heißt:

„Meine Bibel!“

„Nimmer geb ich es vom Herzen
dieses heilge, teure Wort;
nimmer laß ich meine Bibel,
will sie halten fort und fort.

Viele Bücher gibt's auf Erden,
manches ist mir lieb und wert;
manches hat als Freund geredet,
hat mir Freud und Trost gewährt.

Aber jene Bücher alle
überragt dies eine weit;
in den süßen heilgen Worten
les' ich meine Seligkeit.

Lese von des Himmels Frieden,
wenn die Welt mich wild umsaust,
lese von des Heilands Gnade,
wenn's im eignen Herzen braust.

Und wenn Furcht mein Herz durchbebt
vor des Todes scharfem Weh'n,
steht im treuen Buch geschrieben:
‚Nimmer wirst den Tod du sehn'.

Drum will ich mein ganzes Leben
halten mit getreuer Hand
meine liebe heilge Bibel
unermüdet, unverwandt.

Und eh' ihr mich tragt zu Grabe,
o, erfüllt mir eine Bitt:
gebt als Licht mir meine Bibel
in des Sarges Dunkel mit."

Wir kennen diesen Mann nicht mehr von Angesicht zu Angesicht.[157] Wir würden heute so auch nicht mehr dichten und reden. Aber welch eine Tiefe an Erkenntnis und Erfahrung spricht aus diesen Zeilen. Als dieser Mann sich dieses Gedicht in seine Bibel schrieb, da war Bismarck als Reichskanzler vom Kaiser gerade neun Monate entlassen worden. Der Lotse verließ das Schiff. Es waren die sog. „Gründerjahre“! Die Städte wuchsen. Viel Geld wurde verdient. Doch in dem kleinen Moseldorf dürfte dieser Wohlstand wohl kaum eingezogen sein. Und doch, wie reich ist dieser Mann! Karg das äußere Leben, gewiß! Aber welch eine Tiefe des Gemütes! Reich in Gott! Da hat einer einen Schatz entdeckt, den weder Motten noch Rost verzehren. Da geht es um Bleibendes, um Ewiges. Da wird sogar im Tod noch Licht gesehen, das Licht aus Gott. Diesem Mann war die Bibel kein toter Buchstabe mehr, kein Dokument der Vergangenheit, kein altmodisch überholtes Ding. Diesem Mann war die Bibel auch kein Lesebuch mehr, sondern ein „Lebe-Buch“, ein Buch, mit dem man leben und sterben kann. Mitten im Alltag – eine Orientierung. Kraftströme gehen ihm von diesem Buch aus. Der Buchstabe war ihm zum Geist geworden! Der Sinn der alten Worte, der Zeilen und Geschichten hatte sich ihm erschlossen – und siehe: Die Wahrheit Gottes erfüllte ihn, machte ihn frei, tapfer und froh. Genau das aber ist Pfingsten! Dass da eines Mannes Herz aufgeschlossen, erfüllt und verwandelt wird, dass da einer nicht verzweifelt, seinem harten Geschick nicht flucht, dass da einer vertrauen kann und hoffen, das ist das Werk des Heiligen Geistes. Der Heilige Geist kommt nicht von irgendwo. Er fällt auch nicht wie ein Raubvogel über uns her. Der Heilige Geist spricht zu uns – und er benutzt dazu das Wort, den Buchstaben der Heiligen Schrift. Ohne den Geist bleibt der Buchstabe tot. Aber mit und durch den Heiligen Geist beginnen die Worte zu leben und zu leuchten. Die alten Geschichten sind dann nicht mehr von vorgestern: Ich, ich selbst komme ja darin vor. Ich bin der verlorene Sohn. Ich bin kleingläubig wie die Jünger; schwach wie Petrus, angefochten wie David und versucht wie Abraham. Aber immer wieder höre ich und erfahre ich auch, dass Gott mich trotzdem nicht aufgibt. Christus bleibt an meiner Seite. Sein Wort macht mich froh, seine Bruderschaft trägt und seine Wahrheit macht Mut. „Wir haben nicht empfangen den Geist der Welt“, schreibt deshalb Paulus, „sondern den Geist aus Gott, dass wir wissen können, was uns von Gott gegeben ist!“ (1. Kor 2, 12).

Jeder Prediger weiß, wie schwer es ist, Gottes Heiligen Geist anzusagen. Unsere Vernunft versteht unter Geist vor allem menschlichen Geist, Menschenvernunft. Sie ist schnell bereit, diese unsere Menschenvernunft als göttliche Gabe, als Beweis unserer Göttlichkeit auszugeben. Eine scheinbar einfache und großartige Bestätigung unseres „freien“ Selbst. Gerne sieht man deshalb den Unterschied von Mensch und Tier – bei aller Evolution der Lebewesen vom Einzeller zum Vielzeller bis hin zum Menschen – in der vernunftbegabten Menschennatur (Goethe). So hat man überall in der Menschheitsgeschichte gedacht – von Plato bis Nikolaus von Kues, von Aristoteles über I. Kant bis zu G. Fr. Hegel. Letzterer macht geltend, dass die Vernunft als Geist die Welt regiere und der Geist sich in einem Stufengang entfaltet, um schließlich im Menschen zum Bewusstsein seiner selbst, zur Freiheit zu gelangen. Der göttliche Weltgeist und menschlicher Geist umkreisen sich selbst. Der selbstherrliche Mensch entdeckt seine Göttlichkeit. Verherrlicht wird so jener Adam, der laut Sündenfallgeschichte wie Gott sein will (1. Mose 3, 5). Ohne Zweifel hat der Menschengeist Erstaunliches, ja Gewaltiges geleistet, von ägyptischen Pyramiden bis zur Weltraumfahrt, von der Erfindung von Fernrohr und Mikroskop bis zu großen Entdeckungen und zum Sieg über Krankheiten. Gleichwohl kommt der Menschengeist nie von sich selber los, bleibt in sich selbst verknotet, gerade auch da, wo er „transzendiert“, wo er über sich hinausschreiten will, um Gott zu finden, den er noch in sein System hineinzubannen versucht. Da bedarf es eines anderen, eines stärkeren Geistes, der den Menschen aus seiner Selbstumkreisung herausreisst. Der Menschengeist muss von sich selber frei werden, damit er wieder um das eigentliche Zentralgestirn alles Lebens kreisen kann. Das aber vermag nur der Geist Gottes selbst. Dieser Gottesgeist aber begegnet uns Selbstbezogenen allein durch den Christus Gottes, der sich selbst für uns dahingegeben hat, damit er uns wieder das ursprüngliche Leben aus Gott schenke (Röm 4, 25; 8, 32). Diese Hingabe vollzieht sich in Kreuz und Auferstehung Jesu Christi; ein Geschehen, das seinen Niederschlag in schriftlichen Dokumenten gefunden hat. Diese Geschichte „preist Gottes Liebe gegen uns, dass Christus für uns gestorben ist" (Röm 5, 8), dokumentiert dieses Erbarmen Gottes in den Verheißungen Gottes im „Alten Bund" und in den Zeugnissen der Evangelisten und Apostel, in den Überlieferungen des „Neuen Bundes". Jenes vergilbte Blatt aus einem Moseldorf hat dies scharf erkannt, dass aus den Bibelworten unser Heil erkannt wird, dass sie des Himmels Frieden verkündigen, dass Angst und Furcht, die immer wieder das Menschenherz durchbeben, durch diese Bibelworte gestillt werden und sich so die Gewissheit ewigen Lebens in uns eingraben kann. So ist das Bibelwort „theopneustos", geistgehaucht! Pfingsten ereignet sich immer wieder, wo das einfache, ja einfältige Bibelwort an unseren Herzen zu arbeiten beginnt, die nagenden Zweifel zum Schweigen bringt und Gewissheit in unserem Herzen einzieht. Nie gibt es den Heiligen Geist ohne das historische Bibelwort! Und jenes historische Wort wäre nur ein Dokument der Vergangenheit und tot, brächte nicht Gottes Geist das Bibelwort zum Singen, Klingen und Leuchten. In diesem Sinne hat es der Heilige Geist Gottes auch mit unserem Fühlen zu tun. Aber dieses „Fühlen" wird nicht von unseren, in sich selbst gefangenen Herzen gemacht, bewirkt, gewollt oder erworben. Dieses „Fühlen" des Heiligen Geistes wird zuerst durch das geschriebene und vor allem durch das gepredigte Bibelwort „gewirkt", das in uns zu reden und Gottes Liebe in Christus zu bezeugen beginnt.

Es ist geradezu das Zeichen von „Schwärmerei", wenn die „Schwärmer" (wie etwa Thomas Müntzer) geltend machen, dass Gott selbst direkt mit ihnen wie mit den Engeln rede.[158] Diese Direktheit ist gerade ein satanisches Zeichen falscher Selbstgewissheit, die wieder um sich selber kreist, also zurückgefallen ist in jene Ursünde des „Wie-Gott-sein-Wollens". Losgelöst vom Wort der Schrift hören wir wieder unseren eigenen trotzig-stolzen oder verzweifelt-verzagten Geist. In und durch die Schrift aber redet der Geist Gottes zu uns und bringt die Botschaft von der Liebe Gottes in Christus in uns zum Klingen. „Der Buchstabe tötet" zwar (2. Kor 3, 6a), weil das in Buchstaben verfasste Gesetz Gottes uns anklagt oder hochmütig macht und tötet. An Pfingsten aber „kam der Heilig Geist und gab ihnen (dem Volk Gottes) ein anderes Gesetz"[159], urteilt Luther 1523 in seiner sog. „Kirchenpostille". Dieses „andere Gesetz" ist geistlich. „Das schreibt sich mit keiner Feder noch Tinte", sondern „der Heilige Geist fällt vom Himmel und erfüllt sie alle miteinander", fährt Luther in jener Predigt von 1523 fort. So „aber macht der Geist lebendig" (2. Kor 3, 6b). „Da schreibt er eitel Feuerflammen ins Herz und macht es lebendig, dass es herausbricht mit feurigen Zungen und tätiger Hand und wird ein neuer Mensch. So ist es nun alles lebendig: Lebendiger Verstand, Licht, Mut und Herz, das da brennet und Lust hat zu allem, was Gott gefällt".[160]

II.

Jener „Sermon auf den Pfingsttag“ vom 24. Mai 1523 ist gleichsam der Auftakt für die drei Pfingstlieder, die Luther 1524 entweder im Deutschen nachgedichtet, umgeformt oder erweitert und ergänzt hat. Es ist dies der Hymnus „Komm, Gott Schöpfer, Heiliger Geist ...“, die Antiphon „Komm, Heiliger Geist, Herre Gott ...“ und der Lobgesang „Nun bitten wir den Heiligen Geist ...“.

Alle drei Entwürfe knüpfen an altkirchliche oder mittelalterliche Vorlagen an.

a) Der lateinische Hymnus „Komm, Gott Schöpfer, Heiliger Geist ...“ wird Gregor dem Großen zugeschrieben (ca. 540-604);[161] neuerlich auch dem fränkischen Theologen Hrabanus Maurus (ca. 776-856), der Abt in Fulda und Erzbischof in Mainz war.[162] Die müntzersche Übersetzung des Hymnus konnte Luther wegen der schon erwähnten mystisch-schwärmerischen Tendenzen nicht übernehmen. So versucht er eine eigene Übertragung:

> ***Komm, Gott Schöpfer, Heiliger Geist,***
> ***besuch das Herz der Menschen dein,***
> ***mit Gnaden sie füll, wie du weißt,***
> ***daß sie dein Geschöpfe vorhin sein.***

Gerade dieser Strophe merkt man noch deutlich an, wie Luther sich an die Vorlage herantastet. Noch ist der Versuch nicht ganz gelungen. Die Wendung „daß (sie) dein Geschöpf vorhin sein“ wird erst durch die lateinische Vorlage verständlicher[163]. Die lateinische Strophe singt: „Mit göttlicher Gnade erfülle die Herzen, die du geschaffen hast“[164]. „Dein Geschöpf vorhin

PFINGSTEN

sein" will also besagen, daß der Mensch schon „vorhin", d.h. von Schöpfungsbeginn an Gottes Geschöpf war und ist. Damit hat schon die frühmittelalterliche Kirche gnostischen und dualistisch-neuplatonischen Elementen eine deutliche Absage erteilt, die den Menschen in eine höhere göttliche Substanz und in eine niedere fleischliche und diabolische Region aufteilen. Der Mensch ist als Gottes Geschöpf mit Seele und Leib immer eine Ganzheit. Seele und Leib bedürfen der Erlösung von Sünde und Tod. Die Auferstehung von den Toten ist deshalb immer auch „Auferstehung des Fleisches" [165].

Gott, der Schöpfer, ist deshalb identisch mit dem Schöpfer Geist. Es handelt sich um eine trinitarische Aussage. Nach 1. Mose 1, 2 schwebt im Schöpfungsakt „der Geist Gottes" auf dem Wasser, Gottes Schöpfungsmacht aber erweist sich im Sprechen. Sechsmal wiederholt der Schöpfungsbericht das „Und Gott sprach ...". Gemeinsam mit den altkirchlichen Vätern, insbesondere mit Augustinus, betont Luther in Predigten über das 1. Buch Mose (Genesis) von 1523/24: „Hier habt ihr drei Personen, den Vater, den Sohn und den Heiligen Geist". Gott ist das Erste: Da sprach Gott. Da bricht eine andere Person hervor. Im Sprechen Gottes begegnet der Sohn. Die dritte Person, „der Heilige Geist", wenn es heißt: „Und Gott sah, dass das Licht gut war" (1. Mose 1, 4). „Auf verborgene Weise wird so der Heilige Geist dargestellt, der ja des einigen Vaters Wohlgefallen ist".[166]

Die Bitte „Komm, Gott Schöpfer, Heilger Geist" hebt also die Einheit und Unteilbarkeit Gottes und göttlichen Handelns hervor. Gott ist immer der eine Gott; der als Vater dem Nichtseienden ruft, dass es sei, der in und durch den Sohn Tod und Teufel überwindet und den Menschen zu neuem Leben beruft und der im Kommen des Heiligen Geistes den Menschen nach Leib und Seele heiligt, dass er vom alten, sündenverfallenen

Leben losgelöst und neue Kreatur werde (2. Kor 5, 17). Auch dies ist zugleich untrennbar mit der Sendung Christi verbunden. Das glaubende Sein in Christus ist identisch mit dem Erfüllt-werden des Heiligen Geistes. Gott, der Vater, sendet den Heiligen Geist im Namen des Sohnes (Joh 14, 26). Der Sohn aber sendet den Heiligen Geist vom Vater (Joh 15, 26). Die Vollmacht, den Heiligen Geist zu senden, ist also Gott, dem Vater, und Gott, dem Sohn, gemeinsam.[167]
Die zweite Strophe hält diese trinitarische Einheit bei:

> ***Denn du bist der Tröster genannt,***
> ***des Allerhöchsten Gabe teu'r,***
> ***ein geistlich Salb an uns gewandt,***
> ***ein lebend Brunn, Lieb und Feu'r.***

Der Heilige Geist wird als „der Tröster" eingeführt. Der Hymnus nimmt jene entschiedene Bezeichnung aus den Abschiedsreden Jesu auf: „Und ich will den Vater bitten, und er wird euch einen andern Tröster geben, dass er bei euch sei in Ewigkeit: den Geist der Wahrheit, den die Welt nicht empfangen kann; denn sie sieht ihn nicht und kennt ihn nicht. Ihr kennt ihn; denn er bleibt bei euch und wird in euch sein" (Joh 14, 16-17).
Auch hier handeln Vater und Sohn gemeinsam: Der Sohn bittet den Vater und der Vater entsendet den Tröster, den Geist. Der Geist geht also in der Tat vom Vater und dem Sohne aus. Das von der orthodoxen Kirche bestrittene „vom Vater und vom Sohne (filioque)" im nicaenischen Glaubensbekenntnis hat also guten biblischen Grund. Der Heilige Geist ist in der Einheit von Vater, Sohn und Geist die teure, die kostbare Gabe

des Allerhöchsten. In dieser Gabe schenkt sich uns Gott selbst. Zugleich wird der Heilige Geist „ein geistlich Salb" genannt. Das Bild von der geistlichen Salbe knüpft an die Salbung Davids zum König über ganz Israel (2. Sam 5, 3) an. David aber ist in der biblischen Tradition der prophetische Typos des Messias, des gesalbten Gottes, des Christus, der in seiner Jordantaufe mit Gottes Geist beschenkt wurde (Lk 3, 22) als Erfüllung der Weissagung des Jesajabuches: „Der Geist des Herrn ist bei mir, darum dssß er mich gesalbt hat ..." (Lk 4, 18). Mit der Salbung Christi beginnt sein Predigtamt. Er ist gesandt, den Elenden zu predigen, die zerbrochenen Herzen zu verbinden, den Gefangenen die Freiheit zu verkündigen und den Geschundenen, dass sie frei und ledig sein sollen (Jes 61, 1-2). Denn „drei Tyrannen plagen und ängsten das menschliche Herz auf das allerheftigste. Das Gesetz ist das Urteil des Richters. Die Sünde ist der Scharfrichter und das Kreuz ist der Tod selbst". Deshalb spricht Christus: „Ich bin nicht ein Richter ..., ich bin nicht ein Gesetzgeber; ich lehre vielmehr das Gegenteil; ich verbinde die zerbrochenen Herzen; ich gebe denen das Leben, die den Tod empfinden, die in dem Todeskampfe arbeiten .... Denen die unter dem Gesetz gebunden sind, predige ich das Wort der Gnade und erlöse sie so".[168] Dies aber ist nicht nur das Reich Christi, nicht nur sein Predigtamt, sondern nicht minder Werk und Dienst des Heiligen Geistes. Der Geist Gottes wirkt und schafft ebenfalls durch das mündliche Wort der Predigt. Was Christus in seinem Predigtamt angefangen hat, das muss auch „jetzt immer in Schwang gehen, dass er es je mehr und mehr treibe und ausrichte".[169] Eben „darum gibt Gott den Heiligen Geist dazu, der drückt solche Predigt ins Herz, dass sie darin haftet und lebt.[170]

Auf diese Weise wird der Heilige Geist „ein lebend Brunn", denn bei dem Herrn, dem Drei-einigen, ist die Quelle des Lebens (Ps 36, 10). Das Wasser, das Christus gibt, wird ein Wasserbrunnen sein, der ins ewige Leben quillt (Joh 4, 14)! „Die Frucht aber des Geistes ist die Liebe“ (Gal 5, 22a)!

> ***Zünd uns ein Licht an im Verstand,***
> ***gib uns ins Herz der Liebe (In-)Brunst,***[171]
> ***das schwach Fleisch in uns, dir bekannt,***
> ***erhalt fest dein Kraft und Gunst.***

Alle Evangelienberichte stimmen darin überein, dass das Kommen Christi immer auch Anstoß und Ärgernis erregte. Schon die Weisen aus dem Morgenland stoßen bei Herodes auf Misstrauen und List. Selbst die Jünger begegnen zunächst dem Auferstandenen mit zurückhaltender Skepsis. Menschliche Vernunft ist ein großes Licht. Alle Aufklärung beruft sich auf dieses Licht der Vernunft und vermag dennoch Gottes Fleischwerdung nicht zu fassen; will nicht begreifen, dass Gott selbst Fluch, Hölle und Tod durchleidet, um uns zu retten. Die Vernunft sträubt sich gegen diese Botschaft, da sie ihre Größe und Eigenständigkeit in Frage stellt. Da bedarf der Verstand eines Lichts, das des Verstandes Lichtes überstrahlt, ein Licht, dem gegenüber das Licht der Vernunft nur Finsternis oder Verblendung ist. Die Feuersbrunst der Liebe Gottes muss unser hartes Herz umschmelzen. „Der Geist ist willig, aber das Fleisch ist schwach“ (Mt 26, 41), erinnert Jesus seine versagenden Jünger im Garten Gethsemane. Da muss des Heiligen Geistes „Kraft und Gunst“, sein Wohlgefallen uns ewig-fest in Gott verwurzeln. Ohne des Geistes Hilfe wäre dies unmöglich, würde unser sterblich-schwaches Fleisch der Sünde und dem

Tod verfallen bleiben. Doch mit Christus im Geist „scheint das wahre Licht jetzt“ (1. Joh 2, 8).

> *Du bist mit Gaben siebenfalt*
> *der Finger an Gotts rechter Hand;*
> *des Vaters Wort gibst du gar bald*
> *mit Zungen in alle Land.*

In der messianischen Weissagung von Jesaja 11, 2 wird angesagt, dass auf dem Messias, auf dem Christus Gottes „der Geist des Herrn“ ruhe, „der Geist der Weisheit und des Verstandes, der Geist des Rates und der Stärke, der Geist der Erkenntnis und der Furcht des Herren“. Gottes Geist entspricht dem Schaft am siebenflammigen Leuchter und die drei Paare den von ihnen ausgehenden Armen. Der eine Geist Gottes schenkt sich in siebenfaltigen Gaben. Diese Siebenfaltigkeit begegnet uns als die sieben Leuchter oder Fackeln vor Gottes Thron (Offb 4, 5) und in den sieben Augen Gottes (Offb 5, 6).[172] Zusammenfassend exegisiert Luther seine o.g. Jesaja-Auslegung: „Der Geist der Weisheit und des Verstandes gehört zum Festhalten des Wortes des Glaubens; der Geist des Rates und der Stärke zum Kreuz; der Geist der Erkenntnis und der Furcht zum Umgang mit dem Bruder“.[173]
Mit seinem vollmächtigen Wort treibt Christus die Teufel aus, bricht Gottes Macht und Wahrheit, bricht Gottes Geist als der „Finger Gottes“ in das Reich der Finsternis ein (Lk 11, 20); kommt Gottes Reich zu uns. Deshalb gibt der Geist auch Gottes Wort „mit Zungen“ in alle Welt. Der Geist Gottes leibt Gottes Wort in alle Zungen, in alle Sprachen der Welt ein. Keine Sprache der Welt mehr, in der das Evangelium nicht gehört

und Gottes Wahrheit nicht in Vollmacht verkündigt wird oder in Zukunft noch verkündigt werden kann: „Wir hören sie in unseren Sprachen die großen Taten Gottes verkündigen" (Apg 2, 11). Gottes Reich bricht an, wo Gottes Geist in menschlichen Worten zu uns spricht.

> *Des Feindes List treib von uns fern,*
> *den Fried schaff bei uns deine Gnad,*
> *daß wir deim Leiten folgen gern*
> *und meiden der Seelen Schad.*

In jener tiefsinnigen Sündenfallgeschichte wird die Schlange „listiger als alle Tiere auf dem Felde" genannt (1. Mose 3, 1). Unter dem Schlangenbild aber verbirgt sich der alte Feind und Widersacher Gottes seit Beginn der Menschheitsgeschichte. Der Teufel „sündigt von Anfang" an (1. Joh 3, 8). Ständig versucht er, in nimmermüdem Kampf des Menschen Herz von Gott loszureißen, es mit hinabzuzerren ins ewige Verderben, in letzte Sinnlosigkeit und Verzweiflung. Der Teufel geht also „umher wie ein brüllender Löwe und sucht, welchen er verschlinge" (1. Petr 5, 8). In diesem Widerstand gegen die satanische Macht wären wir hoffnungslos unterlegen, wenn Christus nicht den Kampf für uns aufgenommen hätte. Das will z.B. die Versuchungsgeschichte Jesu verdeutlichen, der die Versuchungen des Satans durch das Wort der Schrift überwindet (Mt 4, 1-11; Lk 4, 1-13).
Satanische Macht reisst unser Herz auch in eine unselige Unruhe und Friedlosigkeit hinab. Es gehört deshalb zu den entscheidenden Hilfen des Heiligen Geistes, dass er uns der Gnade Gottes, die Christus am Kreuz erkämpft hat, versichert

und so die friedlosen Wellen (Jud 12.13) unseres Herzens stillt und Frieden bei uns einkehrt. Die Anklagen des Gesetzes in Herz und Gewissen verstummen. Glaubend darf ich der Liebe Gottes und seiner Versöhnung gewiss sein. Folgen wir diesem Leiten des Geistes, so meiden wir auch „der Seelen Schad", jene unselige friedlose Verlorenheit und Verzweiflung.

> *Lehr uns den Vater kennen wohl,*
> *dazu Jesus Christ, seinen Sohn,*
> *daß wir des Glaubens werden voll,*
> *dich, beider Geist, zu verstehn.*
>
> *Gott Vater sei Lob und dem Sohn,*
> *der von den Toten auferstand,*
> *dem Tröster sei dasselb getan*
> *in Ewigkeit alle Stund.*

Die beiden letzten Strophen dieses Pfingsthymnus fassen noch einmal das Wirken des Heiligen Geistes zusammen. Der Heilige Geist ist „beider Geist", der Geist des Vaters und des Sohnes. Sein Amt ist es, uns die innere Einheit von Vater, Sohn und Geist „kennen" zu geben und in ihrer alleinigen Wirksamkeit zu erkennen. In dieser Erkenntnis werden wir „des Glaubens voll", wird in uns das verlorene Vertrauen wiederhergestellt. Es geschieht „geistliche Auferstehung", die die leibliche Auferstehung im Gefolge hat, weil der Sohn „von den Toten auferstand". Alles aber klingt zusammen in dem Gotteslob, das Vater, Sohn und den Tröster Geist in gleicher Weise umfaßt „in Ewigkeit alle Stund".

b) Das wohl bekannteste Pfingstlied Luthers ist das Gebet: „Nun bitten wir den Heiligen Geist ...“. Auch dieses Lied geht auf eine schon im 12. Jahrhundert bekannte deutsche Strophe zurück, die uns u.a. von dem französischen Predigermönch Berthold von Regensburg († 1272) überliefert ist.

> *Nun bitten wir den Heiligen Geist*
> *um den rechten Glauben allermeist,*
> *daß er uns behüte an unserm Ende,*
> *wenn wir heimfahrn aus diesem Elende.*
> *Kyrieleis.*

Berthold nennt diese Strophe „gar ein nützlicher Gesang. Ihr sollt ihn immer mehr desto gerne singen, und sollt es alle mit ganzer Andacht und mit innigem Herzen hin zu Gott singen und rufen“[174] Das Jahrhundert Bertholds war vor allem durch die Herausforderung des Islam geprägt; eine Herausforderung, wie sie uns in diesem Ausmaß erst wieder im begonnenen 21. Jahrhundert begegnet. Die von aristotelischer Philosophie untermauerte Religiosität des Islam bestritt mit angeblich „vernünftigen“ Gründen die christliche Trinitätslehre. Den islamischen Einwänden wehrten Bertholds zeitgenössische Gelehrte mit ebenfalls vernünftigen Gegengründen. Man war sich aber immer bewusst, dass es des Beistandes des Heiligen Geistes bedurfte, um Gott in seiner dreifaltigen Einheit als Vater, Erlöser und parakletischer Tröster zu erkennen. Deshalb hier in dieser mittelalterlichen Strophe die Bitte an den Heiligen Geist, uns den „rechten Glauben“ zu lehren. Ohne den rechten Glauben an den dreieinigen Gott wird das Werk Christi als Erlöser von Sünde, Tod und Teufel in Frage gestellt.

Christus wird zum Lehrer frommer Sitten und zum Propheten herabgestuft, wie es bei Mohammed tatsächlich geschieht. Der „rechte Glaube“ steht gegen diese Herabsetzung auf und bekennt in der Kraft des Heiligen Geistes, dass das ewige Wort Fleisch geworden ist (Joh 1, 14). Dies alles macht auch diese mittelalterliche Strophe zum Bekenntnis der Reformation. Der „tiefste Abgrund“ der Weisheit Gottes und sein „väterliches Herz“ und seine „unaussprechliche Liebe“ begegnet uns in diesen „drei Artikeln“. „Denn er hat uns eben dazu geschaffen, dass er uns erlöste und heiligte und über (außerdem), dass er uns alles geben und eingetan (verliehen) hatte, was im Himmel und auf Erden ist … .“[175]

Bedenkt man darüber hinaus noch, dass es der Koran peinlichst vermeidet, Gott als Vater zu bekennen, wird einem der Abgrund deutlich, der den christlichen Glauben vom islamischen Gesetz trennt. Von der angeblichen Verwandtschaft der sog. abrahamitischen Religionen, Judentum, Christentum und Islam, kann schlechterdings keine Rede sein. „Darum scheiden und sondern diese Artikel (von Vater, Sohn und Heiligem Geist) des Glaubens uns Christen von allen anderen Leuten auf Erden. Denn was außer der Christenheit ist, es seien Heiden, Türken, Juden oder falsche Christen und Heuchler, ob sie gleich nur einen wahrhaftigen Gott gläuben und anbeten, so wissen sie doch nicht, was (wie) er gegen ihn gesinnt ist, können sich auch keiner Liebe noch Guts zu ihm versehen; darumb sie in ewigem Zorn und Verdammnis bleiben. Denn sie den HERREN Christum nicht haben, dazu mit keinen Gaben durch den Heiligen Geist erleuchtet und begnadet sind.“[176]

Diesem Sachverhalt entspricht auch die Bitte, dass der Heilige Geist „uns behüte an unserem Ende, wenn wir heimfahrn aus diesem Elende“. Das Elend, in dem wir uns befinden, ist etwas grundsätzlich anderes als materielle Armut und soziale Not –

das wäre eine sehr verkürzte und verfälschende marxistisch-sozialistische Sicht –, vielmehr umschreibt „Elend“ treffend des Menschen Gottverlorenheit, der – „ausgewiesen aus dem Frieden der Rechtsgemeinschaft“ mit Gott – ins „Elend“ von Sünde und Schuld verstrickt ist.[177]
Die folgenden drei Strophen wurden 1524 von Luther jener o.g. vorgegebenen Strophe hinzugedichtet:

Du wertes Licht, gib uns deinen Schein,
lehr uns Jesus Christ kennen allein,
daß wir an ihm bleiben, dem treuen Heiland,
der uns bracht hat zum rechten Vaterland.
Kyrieleis.

Die beiden eng zusammengehörenden Psalmen 42 und 43 sind Gebete des angefochtenen Gläubigen. Im „Elend“ dieser Welt ist der Glaube immer wieder bedrängt. Gott droht uns, dann verloren zu gehen. Der Horizont unseres Lebens will dann dunkel werden. In dieser Anfechtung betet der Psalmist: „Sende dein Licht und deine Wahrheit, dass sie mich leiten und bringen zu deinem heiligen Berg und zu deiner Wohnung“ (Ps 43, 3). In diese Bitte stimmt nun auch diese zweite Strophe ein. Wir brauchen Gottes Geist als Gottes Licht, in dessen Schein wir Christus als einzigen Erlöser erkennen. Da ist kein anderer Helfer und Heiland als der Gekreuzigte. Seine Treue bis zum Tod am Kreuz bringt uns wieder heim „zum rechten Vaterland“, gliedert uns wieder ein in die „Rechtsgemeinschaft“ mit dem Vater. Es bedarf nur eins, „dass wir an ihm bleiben“ durch den Glauben allein! Im Vertrauen auf das mit Blut besiegelte Wort Christi haben wir zugleich Frieden mit Gott!

Du süße Lieb, schenk uns deine Gunst,
laß uns empfinden der Lieb Inbrunst,
daß wir uns von Herzen einander lieben
und im Frieden auf einem Sinn bleiben.
Kyrieleis.

Unbeteiligte Zuschauer des Pfingstgeschehens „hatten ihren Spott und sprachen: Sie sind voll süßen Weines“ (Apg 2, 13). Jene Spötter begreifen nichts von der überwältigenden Größe der Liebe Gottes, die sich um meinetwillen ins Elend von Sünde und Tod verliert; eine Liebe, die durch den Heiligen Geist in uns wirken kann; denn die evangelische Botschaft ist von diesem Geist, ist von dieser Liebe durchglüht. Glut aber steckt an, lässt die Herzen und Gemüter selber erglühen. Der Liebe Inbrunst, ihr Feuer leuchtet auch in den Herzen der Glaubenden, „dass wir uns von Herzen einander lieben“. So entsteht „ein heiliges Häuflein und Gemeine“ – „durch den Heiligen Geist zusammenberufen, in einem Glauben, Sinne und Verstand, mit mancherlei Gaben, doch einträchtig in der Liebe … .“[178]

Dieses Pfingstlied schließt dann mit der Bitte:

Du höchster Tröster in aller Not,
hilf, daß wir nicht fürchten Schand noch Tod,
daß in uns die Sinne nicht verzagen,
wenn der Feind wird das Leben verklagen.
Kyrieleis.

Die Bitte kehrt noch einmal an den Anfang des Hymnus zurück. Alle Anfechtung verdichtet sich an unserem Ende, wenn der dunkle, unausweichliche Tod uns bedrängt. Nicht das schiere „Aus und Vorbei“ ist die eigentliche Not, sondern dass im Todesgeschehen unser Leben verklagt wird. Es wird alles gewogen und – zu leicht befunden (Dan 5, 27). Deshalb wollen die Sinne „gar verzagen“, drohen uns Angst und Verzweiflung zu verschlingen. Da vor allem bedürfen wir des Heiligen Geistes als unseres Trösters. In den Abschiedsreden Jesu verheißt dieser das Kommen des Trösters, der den zum Vater heimgekehrten Sohn vertritt (Joh 14, 15-26; 16, 7-11). „Paraklet“ wird der Geist im griechischen Wortlaut genannt. Paraklet kann beides heißen: „Anwalt“ und auch „Tröster“. In der letzten Anklage im Gericht des Todes bedürfen wir eines Anwaltes, der uns vor Gott, dem Richter vertritt. Das kann und tut der Geist Gottes, indem er uns als unser Anwalt vor Gott vertritt und den Vater auf den Sohn verweist, der um unserer Sünde willen dahingegeben und um unserer Gerechtigkeit willen auferweckt ist (Röm 4, 25). Die Verteidigung dieses Anwaltes tröstet in Not, Schand und Tod. Mit gutem Grund also hat Luther den Begriff „Paraklet“, Anwalt, mit „Tröster“ übersetzt. Es hat aber seinen tiefen Sinn, dass alle vier Strophen mit dem „Kyrieleis“, dem „Herr, erbarme dich“, schließen.

c) Auch das dritte Pfingstlied Luthers geht in der ersten Strophe auf eine mittelalterliche deutsche Übersetzung der lateinischen Antiphon zurück, die in Deutschland seit dem 11. Jahrhundert gesungen wurde: „Komm, Heiliger Geist, erfüll die Herzen deiner Gläubigen und entzünd in ihnen das Feuer deiner göttlichen Liebe, der du in Mannigfaltigkeit der Zungen die Völker der ganzen Welt versammelt hast in der Einigkeit des Glaubens. Halleluja, Halleluja“. Bis in unsere Zeit hinein wird diese Version in unseren Pfingstliturgien als Leitvers oder auch als Kollektengebet verwendet.[179]

> *Komm, Heiliger Geist, Herre Gott,*
> *erfüll mit deiner Gnaden Gut*
> *deiner Gläub'gen Herz, Mut und Sinn,*
> *dein brennend Lieb entzünd in ihn'!*
> *O Herr, durch deines Lichtes Glast[180]*
> *zum Glauben du versammelt hast*
> *das Volk aus aller Welt Zungen.*
> *Das sei dir, Herr, zu Lob gesungen.*
> *Halleluja, Halleluja.*

Auch hier erscheinen die schon erwähnten Metaphern für Wesen und Werk des Heiligen Geistes von neuem wie „deiner Gnaden Glut" und „brennend Lieb". Schon in einer Predigt am Pfingstfest 1520 macht Luther geltend: „Wo das Evangelium nicht gepredigt wird, da wird auch Christus nicht erkannt; wo Christus nicht gepredigt wird, da ist kein Glaube, wo kein Glaube ist, dort ist auch keine Liebe, d.h. der Heilige Geist".[181] Gottes Geist und Gottes Liebe sind identisch. Diese heilige Liebe schafft Glaube und bewirkt die Erkenntnis Christi. Stärker betont wird nun vor allem die Versammlung der Glaubenden aus aller Welt Zungen. Die Katholizität der Kirche, ihre Universalität ergibt sich nicht aus Mehrheiten, nicht aus umfassenden Organisationen, sondern entzündet sich an der alle Menschen suchenden und rufenden Liebe Gottes in dem Gekreuzigten. Diese Gottesliebe in Christus, dieser eine Geist erfüllt Herz, Mut und Sinn, durchdringt die Glaubenden, die in dieser Welt „in der Diaspora“, in der Zerstreuung wohnen und die dennoch quer durch Völker und Kontinente eins sind in dem einen, in der von der Liebe Christi entzündeten Glaubensbotschaft. Das ist die rechte Einheit im Glauben, die kein Gesetz, kein Gebot und keine ökumenische Bewegung wirken kann. Die zweite Strophe nimmt dies auf und bittet:

> *Du heiliges Licht, edler Hort,*[182]
> *laß leuchten uns des Lebens Wort*
> *und lehr uns Gott recht erkennen,*
> *von Herzen Vater ihn nennen.*
> *O Herr, behüt vor fremder Lehr,*
> *daß wir nicht Meister suchen mehr*
> *denn Jesus mit rechtem Glauben*
> *und ihm aus ganzer Macht vertrauen.*
> *Halleluja, Halleluja*

Wieder erscheint der Heilige Geist, der als heiliges Licht das Evangelium als „des Lebens Wort in uns aufleuchten lässt, damit wir Gott recht erkennen, von Herzen ihn Vater nennen“. Auch hier bleibt das Wirken des Geistes an das Lebenswort gebunden. Der Geist ist wortgebunden. Ohne das verkündigte Wort bleibt der Heilige Geist ferne von uns; und ohne den Geist bleibt das Wort stumm. Es bliebe dann nur tötendes Gesetz. Erst der im Wort verborgene Schatz (= Hort) setzt das tötende Gesetz außer Kraft und lässt das Evangelium als frohe Botschaft aufleuchten. Auffallend ist in dieser Strophe die betonte Bitte „O Herr, behüt vor fremder Lehr, dass wir nicht Meister suchen mehr“. Während im zweiten Pfingstlied die Bitte „um den rechten Glauben allermeist“ jüdische und moslemische Versuchungen abwehren will, da beide – obwohl monotheistische Religionen – aus rationalistischen Vorurteilen die Dreieinigkeit Gottes leugnen, so geht es hier um „fremde Lehr“. Es ist nämlich die Eigenart fremder Lehre, dass man zwar Christus kennt und ihn sogar im Credo benennt, ihn aber in Wahrheit nicht als Erlöser und Heiland gelten lässt. Aus Christus wird ein ethisches Vorbild, ein Anleiter zu „vertiefter“ Spiritualität, als Einweiser in gute Sitten, als Antreiber zu besseren Taten. Auf diese Weise wird Christus zum neuen Mose, zum Gesetzgeber. Auf diese Weise wird der Mensch bei sich selbst festgehalten. Er bleibt hineingebannt in sein altes ichbezogenes Wesen. Schon in seinen ersten Pfingstpredigten weist Luther darauf hin, dass nach jüdischer Überlieferung dem Volk am 50. Tage am Sinai die Gesetzestafeln gegeben wurden. Dasselbe Fest feiern auch wir Christen, aber aus anderem Grund. Die an das Gesetz Gebundenen feiern das Fest „in carne“, im Irdischen, wir Christen aber „in spiritu“, im Geist Gottes. In unsere Herzen werden die Liebe Gottes und die Achtung gegenüber dem Nächsten eingegraben. Das Gesetz macht zu Sündern und zu Kindern des Gotteszornes. Das Evangelium dagegen macht uns zu Kindern der Versöhnung. Das Gesetz befiehlt, was wir tun sollen und aus eigener Kraft nicht tun können. Das Evangelium dagegen bringt die Hilfe, dass wir das Gesetz, wenn auch anfangsweise, erfüllen können. Der Geist entflammt die Herzen mit himmlischen Feuerflammen.[183] Rechte Lehre besteht vor allem anderen in der Fundamentalunterscheidung von Gesetz und Evangelium. Sie war zu Luthers Zeiten in der Theologie der Scholastiker, der sog. Sophisten, und durch das päpstliche Kanonische Recht verdunkelt, ja „ver-fremdet“. Deshalb verbrannte Luther am 10.12.1520 das Kanonische Recht und warnt hier vor „fremder Lehr“; eine Warnung, die nie ihre Aktualität verliert – von

aufklärerischer natürlicher Theologie angefangen bis hin zu „modernen“ Emanzipations- oder Befreiungstheologien, die in Wirklichkeit nicht modern sind, sondern dem Gesetz, dem „Alten“ verhaftet bleiben.
1524, als Luther diese Zeilen dichtete, bahnte sich ein anderer, ebenfalls fremder Geist seinen Weg. Der seit Ostern 1523 im kursächsischen Allstedt amtierende Thomas Müntzer schürte gewalttätige Aktionen. So kam es – von Müntzer angeführt – im benachbaren Mallersbach zur Erstürmung einer Marienkapelle, die in Flammen aufging. Diesen „Geist“ nennt Luther einen schwärmenden oder Schwärmergeist. Die Schwärmer „hören Gott selbst mit ihnen reden wie mit den Engeln“.[184] Das schriftliche Bibelwort verwerfen sie und spotten wie etwa der erwähnte Müntzer „Bibel, Babel, Bubel“. Ihr Geist entstammt deshalb aus den Abgründen ihres eigenen stolzen Herzens. Diese vermeintliche Gesetzesfreiheit aber schlägt um in eine neue Gesetzlichkeit. Sie wollen „stracks mit Gewalt geglaubt haben“[185], warnt Luther 1524 in einem „Brief an die Fürsten zu Sachsen von dem aufrührerischen Geist“[186].
Das wahre Amt des Gesetzes dagegen ist das Predigtamt, das die Schrift auslegt. Gerade die Bindung an das Bibelwort bewahrt vor dem irrigen Geist der Schwärmer; denn „predigen und leiden ist unser Amt, nicht mit Fäusten schlagen und sich wehren“.[187] Der Heilige Geist kennt keine Theologie der Revolution! Die Vorkommnisse in Brüssel mit der Verbrennung der beiden evangelischen Märtyrer von 1523 und die aufkeimende Gewalt der Bilderstürmer und der sich abzeichnende Müntzer'sche Bauernkrieg sind in Wahrheit zwei Seiten einer und derselben falschen irrigen „Geistigkeit“, die mit dem Gesetz die Herzen zwingen will.
Durch diese Erfahrungen geprüft vergleicht Luther 1531 in der Vorrede zur Galaterbriefvorlesung die beiden Bewegungen

der päpstlichen Kirche und der Wiedertäufer und Schwärmer mit zwei Füchsen, deren Schwänze zusammengebunden, deren Köpfe aber verschieden sind. Die beiden Köpfe können sich zwar beißen, sie sind dennoch aneinander geknebelt. Im Grunde meinen sie dasselbe. Sie lehren nämlich beide gegen den einzigen Erlöser Christus, „der allein unsere Gerechtigkeit ist“.[188] Deshalb hebt Luther schon in jenem „Brief an die Fürsten in Sachsen“ hervor: „Das Glück hat allewege das heilig Gottes Wort, wenn's aufgeht, dass sich der Satan dawider setzt mit aller seiner Macht“.[189]

Die Bitte „behüt vor fremder Lehr“ ist also nicht einfach gewohnheitsmäßig oder nur polemisch dahergesagt. Sie hat einen schwerwiegenden Grund. Dasselbe gilt im Blick auf „Meister“, die wir „mehr“, d.h. neben Christus suchen sollen. Auch hier geht es um einen Sachverhalt, der die Erlösertätigkeit Christi einschränkt und – scheinbar gut christlich – die Verehrung der Heiligen und ihre Anrufung bzw. ihre Fürbitte mit dem Namen Christi verbindet.

Am 31. Mai 1523 hatte Papst Hadrian den Bischof Benno von Meißen „heilig gesprochen“. Seine Gebeine wurden am 16. Juni 1524 feierlich „erhoben“. Diese auf Betreiben Herzog Georgs von Sachsen erfolgte „Erhebung“ sollte vor allem eine Demonstration gegen die evangelische Bewegung sein. In einer scharfen Kampfschrift „Wider den neuen Abgott und alten Teufel, der zu Meißen soll erhoben werden“[190], geißelt Luther dieses Ansinnen vorab und nennt's ein „Gaukelspiel“, „Gott und seinem Wort zu Schanden“[191]. Die Kritik ist eindeutig und treffend: „Durch der Heiligen Erhebung die Zuversicht der Leute auf Gottes Gnaden und Christo sich abwendet und fällt auf die Verdienste und Fürbitte der Heiligen“[192]. Das Vertrauen gründet nicht mehr auf dem Felsengrund Christi, sondern baut auf den Flugsand menschlicher Werke. Eine Kritik, die in unserem

„ökumenischen Zeitalter“ nicht an Bedeutung verloren hat. Der rechte Glaube vertraut allein Christus „aus ganzer Macht“. Die dritte und letzte Strophe fasst alles vorher Gesagte noch einmal zusammen:

> *Du heilige Glut, süßer Trost,*
> *nun hilf uns, fröhlich und getrost*
> *in deim Dienst beständig bleiben,*
> *die Trübsal uns nicht wegtreiben.*
> *O Herr, durch dein Kraft uns bereit*
> *und wehr des Fleisches Ängstlichkeit,*
> *daß wir hier ritterlich ringen,*
> *durch Tod und Leben zu dir dringen.*
> *Halleluja, Halleluja.*

Die Glut des Heiligen Geistes, der unser Trost und Anwalt und allein unser Fürsprecher vor Gott ist, hilft fröhlich und getrost glauben, denn „welche der Geist Gottes treibt, sind Gottes Kinder“ (Röm 8, 14), „denn keine Macht der Welt, weder Tod noch Leben, kann uns von der Liebe Gottes trennen“ (Röm 8, 38f.). Der Heilige Geist ist ja die in unsere Herzen ausgegossene Liebe Gottes. Das macht willig zum Dienst; das kann uns keine Trübsal mehr stehlen. Deshalb wehren wir auch „des Fleisches Ängstlichkeit“, können tapfer und ritterlich mit Tod und Teufel streiten und behalten in des Geistes Kraft Anteil am Sieg Christi über Tod und Teufel, dringen durch Tod und Leben hindurch. Alle drei Strophen schließen deshalb voll Zuversicht und freudiger Hoffnung mit dem „Halleluja“, dem „Gelobt sei Gott“.

Trinitatiszeit

Luthers Trinitatislieder

Jeder genuin christliche Gottesdienst ist immer – direkt oder indirekt – eine Proklamation der „heiligen Dreifaltigkeit". Die Taufe als Eingliederung in die Kirche als dem Leib Christi geschieht „Im Namen des Vaters und des Sohnes und des Heiligen Geistes". In einer Predigt aus dem Jahre 1535 nennt Luther deshalb diesen „Artikel von der heiligen Dreifaltigkeit" den „höchsten in unserem heiligen Glauben und der heiligen christlichen Kirchen". Dieser Artikel sei „von keinem Menschen erdacht noch sein Lebtag je in eines Menschen Kopf kommen. Es muss ihn allein Gottes Wort und der Heilige Geist hineinbringen."[193] Damit umschreibt der Reformator genau die Schwierigkeiten, die unser Verstand mit den Aussagen über Gottes Dreieinigkeit hat. Unsere „ratio" räsoniert entweder auf primitive Weise: „Wie kann drei gleich eins sein" oder unser kluger Verstand versucht den Artikel „vernünftig zu erklären bzw. zu rechtfertigen". Diese „Klügeleien" hat es im Verlaufe der Kirchengeschichte immer wieder gegeben, angefangen von jenem unglücklichen Boethius, den der Gotenkönig Theoderich der Große 524 n. Chr. aus politischen Gründen hinrichten ließ, über den Moselaner und römischen Kardinal Nikolaus von Kues (gest. 1464) bis hin zum neuprotestantischen Theologen Friedrich Schleiermacher (gest. 1834).

Boethius, der als „letzter Römer" und „erster Scholastiker" gilt,[194] versucht, das Problem mit Hilfe aristotelischer und neuplatonischer Kategorien zu fassen. Vater, Sohn und Heiliger Geist ist Gott; also nicht drei Götter. „Die dreifache Aussage bemerkt keine Zahl". Diese Dreiheit ist ein Gott, wie Degen und Klinge ein Schwert, wie Sonne, Sonne, Sonne eine Sonne ist."[195] Zur Begründung bemüht Boethius den aristotelischen

Substanzbegriff. Ähnlich argumentiert auch der Cusaner. Auch er benutzt die Analogie von Sonne als Wesenheit, Glanz und Wärme oder die Analogie der Seele als Erinnerung, Einsicht und Wille und versucht in seiner ersten Hauptschrift „De docta ignorantia“, die Trinität in einem Tenar als „unitas, aequalitas und connexio“ (Einheit, Gleichheit und Verbindung) begreifbar zu machen. Weil die Einheit ewig ist, so ist auch die Gleichheit ewig, ähnlich auch die Verbindung.[196] M.a.W. die göttliche Dreifaltigkeit wird beim Cusaner – wie bei den meisten mittelalterlichen Scholastiker – zu einer „Vernunftwahrheit.“[197]

Auch Friedrich Schleiermacher – bei aller Distanz zur Scholastik – erliegt der Versuchung, hier zu räsonieren. Mit Luther betont Schleiermacher, „mit Recht“ sei die Trinitätslehre der „Schlussstein der christlichen Lehre.“[198] Da jedoch die christliche Trinitätslehre keine „unmittelbare Aussage über das christliche Selbstbewusstsein“ sein kann, erscheint sie bei ihm nur in einem Schlusskapitel – gleichsam als Anhang – seiner Glaubenslehre. Wir könnten die drei Personen in der Trinität nicht in gleichem göttlichen Wesen denken, „sondern wir können die Personen (uns) nur in einer Abstufung vorstellen“[199]; anders sei sie dem christlichen Selbstbewusstsein nicht einzuordnen. Deshalb fordert Schleiermacher, da diese Lehre nicht abgeschlossen sei, „so muss ihr noch eine auf ihre ersten Anfänge zurückgehende Umgestaltung bevorstehen.“[200]

Im Hinblick auf diese dogmengeschichtliche Erfahrung, die Luther – ausgenommen Schleiermachers Ausführungen – sehr wohl kannte, wird es verständlich, dass er den Begriff „Dreieinigkeit“ kritisieren kann. „Es ist wohl nicht ein köstlich Deutsch, lautet auch nicht fein, Gott also zu nennen mit dem Wort Dreifaltigkeit (wie auch das lateinische trinitas nicht köstlich lautet). Aber weil man es nicht besser hat, müssen wir reden, wie wir können. Denn (wie ich gesagt habe) dieser Artikel ist so hoch über menschlichem Verstand und Sprache, dass Gott als Vater seinen Kindern (es) muss zugute halten, dass wir stammeln und lallen, so gut wir können, so nur der Glaube rein und fest ist."[201] Hier wird die Vernunft nicht getadelt, weil sie in ihrem räsonieren das Geheimnis der Dreifaltigkeit nicht erfassen kann; auch die Sprache kann bestenfalls nur lallen; aber im Hören auf das Wort erschließt sich uns der Glaube „rein und fest". Denn „alle, die der Vernunft folgen und solches hören, meinen, die Leut', so solches glauben und lehren, sind wahnsinnig".

Deshalb ist dieser Artikel „von der Apostelzeit bis auf diesen heutigen Tag stets angefochten worden"; „denn Gott und Mensch reimt sich nicht zusammen, plaudert aus der Vernunft heraus und meint, wie er's könnte erdenken, so sollt's droben im Himmel zugehen."[202] So müssen alle noch so scharfsinnigen und noch so gut gemeinten philosophischen Versuche, dieses trinitarische Geheimnis zu erschließen, letzten Endes scheitern. Diese Vergeblichkeit zeigt sich – übrigens bis ins 21. Jahrhundert hinein – nicht nur in der Philosophie, sondern vor allem an „Juden und Türken (= Muslime), „die unser spotten, als setzen wir drei Brüder in Himmel."[203] In der Tat redet der Koran davon, die Christen gesellten der einen Gottheit noch andere Gestalten bei wie Jesus und Maria. Mit dem Begriff „beigesellen" bezeichnet Mohammed heidnischen Vielgötterglauben. Er kann in der christlichen Dreieinigkeit nur einen Rückfall in den Polytheismus sehen; zumal er Maria, die Mutter Jesu, fälschlicherweise als Gottesmutter der Trinität bezeichnet – eine völlige Verzeichnung des eigentlichen Trinitätsglaubens. Demgegenüber stellt Luther fest: „Wir machen nicht drei Männer oder drei Engel, sondern ein einigs göttliches Wesen und die einigste Einigkeit gegen alles (= gegenüber), das hienieden ist, dass Leib und Seel nicht so einlich beisammen sind, als Gott einig ist."[204] Der Philosophie kann Luther dabei insofern Gerechtigkeit widerfahren lassen, dass er ihr zugesteht, „menschliche Vernunft und Weisheit kann dennoch von ihr selbst soweit kommen, dass sie schließt (wiewohl schwächlich), dass da müsse ein einig, ewig göttlich Wesen sein, welches alle Dinge erschaffen, erhält und regiert".[205]

I.

Christen werden – sei es als Kinder, sei es als Erwachsene – „im Namen des Vaters und des Sohnes und des Heiligen Geistes" getauft. Das erinnert zunächst an jene alttestamentliche Überlieferung von der Offenbarung Gottes an Mose im brennenden Dornbusch am Sinai (2. Mose 3, 1-15). Mose fragt nach dem Namen der Gottheit, die ihm in dem Phänomen eines brennenden Dornstrauches entgegentritt. Wie in aller vorbiblischen, heidnischen Religiosität meint er, mit der beschwörenden Macht des Namens der Gottheit diese in seinen Dienst zwingen zu können. Doch entgegen aller heidnischen Beschwörung wird ihm zwar ein Name gegeben, der sich aber fundamental von allen Götternamen unterscheidet, denn „Gott sprach zu Mose: Ich werde sein, der ich sein werde!" (2. Mose 2, 14).[206] „Ich will mit dir sein" hatte Mose zuvor gehört (ebenda V. 12). Dieser redende Gott ist aber kein Willkürgott, kein die Menschen täuschender, trügerischer Götze, sondern in seinem Wort, in seinem „Ich will mit dir sein" gibt Gott sich selbst. Er ist also der zu seinem Wort stehende, in seinem Wort sich selbst dargebende und verbürgende Gott. Er ist also der „Ich werde sein (werde da sein), der ich sein werde." Diesem sich in seinem Namen verbürgenden

Gott kann sich Mose anvertrauen. Dem Namen Gottes „entspricht“ also ausschließlich das Vertrauen, allein der Glaube, der sich diesem sich uns versprechendem Gott anvertraut. Dieser Gott ist von Ewigkeit zu Ewigkeit der eine, sich gleich bleibende Gott: „Ich werde sein, der ich sein werde!“
Dennoch ist der eine Gott nicht eine zahlenmäßige, nüchtern und nackte Eins. Der eine Gott geht aus sich heraus, er verspricht sich und sein Dasein dem Menschen. In seinem Wort bleibt er nicht in sich eingeschlossen, sondern Er ist ganz bei dem auf Ihn hörenden Menschen. „Sein Da-sein ist immer auch sein Bei-uns-sein.“ „Das ist mein Name ewiglich, dabei soll man mein Gedenken für und für!“, wird einem Mose gesagt (2. Mose 2, 15b). Da wo Gottes Name an- und aufgerufen wird, da erfahre ich auch etwas vom innersten Sinn und Wesen dieses einen Gottes. Ich werde von seinem Geist und Sinn, von seiner Wahrheit und Treue berührt, erfasst und durchdrungen.
Von nichts anderem erzählt uns unsere Taufe „im Namen des Vaters und des Sohnes und des Heiligen Geistes“ (Mt 28, 19)! Der „Ich werde sein, der ich sein werde“ hat mich wie ein Vater sein Kind ins Da-sein gerufen, gibt sich mir in seinem Sohn als dem sich mir zusagenden Wort und will durch die Flüchtigkeit und Versuchlichkeit dieser Weltzeit zu mir kommen in seinem lebensspendenden Geist, der ER selber ist. Der Befehl Jesu, im Namen des Vaters und des Sohnes und des Heiligen Geistes zu taufen, ist keine Neuerung oder gar eine Verfälschung der alttestamentlichen Gottesoffenbarung, sondern eine sachgemäße Entfaltung des Namen Gottes, die sich durch die ganze Heilige Schrift hindurchzieht.
Es sei hier nur an das „Dreimalheilig“ des Gesangs der Engel erinnert, das in der Berufung des Propheten Jesaja die Grundfesten des Tempels erschüttert (Jes 6, 3) oder an die Erzählung

von der Taufe Jesu im Jordan. Das Taufgeschehen ist erfüllt von der Gegenwart des Heiligen Geistes und Gott bekennt: „Dies ist mein lieber Sohn, an welchem ich Wohlgefallen habe“ (Mt 3, 13-17; Mk 1, 9-11, Lk 3, 21-22, Joh 1, 31-34).
Jesus selbst preist nach einem Wehruf über die Unbußfertigen deshalb gerade den Vater und Herrn des Himmels und der Erden und bekennt, dass Ihm, dem Sohn, alle Dinge übergeben sind von seinem Vater; d.h. Gottes Macht und Herrschaft ist zugleich auch die Vollmacht des Sohnes und niemand kennt den Vater denn nur der Sohn. Vater und Sohn sind eins im gegenseitigen Sich-Erkennen. Ergänzt wird das durch den Hinweis „und wem es der Sohn will offenbaren“ (Mt 11, 25-27; Lk 10, 21-22). Dies aber ist das Werk des Geistes Gottes; denn „niemand weiß, was in Gott ist als der Geist Gottes“ (1. Kor 2, 11). Eben deshalb schließt der Apostel Paulus seinen uns überlieferten sog. 2. Brief an die Korinther mit dem apostolischen Gruß: „Die Gnade unseres Herrn Jesu Christi und die Liebe Gottes und die Gemeinschaft des Heiligen Geistes sei mit euch allen“ (2. Kor 13, 13). Immer wieder klingt überall diese Dreiheit von Vater, Sohn und Geist an. Christus bekennt von sich: „Mein Vater wirket bisher, und ich wirke auch“ (Joh 5, 17). Die Juden aber nehmen daran schweren Anstoß und wollen ihn töten, weil sie wähnten, er mache sich selber Gott gleich (Joh 5, 17-18). Jesus aber überbietet dieses Ärgernis noch mit der Feststellung, der Vater wecke die Toten auf und auch er selbst, der Sohn, mache lebendig, welche er will; ja, der Vater habe ihm das letzte Gericht übergeben. Er handelt also nicht nur als Stellvertreter unter Gott, sondern Gottes Handeln und das Seine sind ineinander ein Handeln. Dasselbe gilt auch vom Heiligen Geist, „welchen mein Vater senden wird in meinem Namen, der wird euch alles lehren und euch erinnern alles des, das ich euch gesagt habe“ (Joh 14, 26).

Immer wieder klingt also das Ineinander und Miteinander von Vater, Sohn und Geist an. Es kann nicht wegdisputiert werden. Die werdende junge Kirche stand deshalb vor der großen und schweren Aufgabe, dieses dreifache Verhältnis zu erfassen und lehrmäßig zu entfalten. Schwer war dies deshalb, weil sich immer wieder religionsgeschichtliche Parallelen dazwischen schoben als seien Vater, Sohn und Heiliger Geist drei über- oder untereinander gestaffelte Göttergestalten. Noch in Mohammeds Koran herrscht dieses verzerrte Bild vor, wenn er den Christen vorwirft, sie „gesellten" Gott Allah andere Götter bei.

Vor allem aber nimmt bis heute unsere klügelnde Vernunft an diesem dreifachen Ineinander von Vater, Sohn und Geist Anstoß. Für den alexandrinischer Presbyter Arius war es ein unerträglicher, weil widervernünftiger Gedanke, dass der ewige jenseitige Geist sich mit Materie, mit Fleisch beschmutzen sollte. Deshalb konnte er Christus nur als eine Art „Untergott" begreifen. Das ewige Sein steigt in Stufen herab und jede tiefere Stufe ist geringer als die vorherige höhere. Arius konnte sich nie frei machen vom Einfluss griechisch-alexandrinischer Philosophie. Er passt das Evangelium von der Menschwerdung Gottes der Philosophie und damit menschlichen Vernunftkategorien an. So entstand der arianische Streit (318-325 v. Chr.), der dann im Jahre 325 nach Christus auf der Synode von Nicäa entschieden wurde.

Die philosophierende Ansicht wurde zurückgewiesen. Das sogenannte Nicänische Bekenntnis (und 381 von Konstantinopel) hielt gegen Arius fest, dass unser Herr Jesus Christus der eingeborene Sohn des Vaters ist, „aus dem Vater geboren vor aller Zeit: Gott von Gott, Licht vom Licht, wahrer Gott vom wahren Gott, gezeugt, nicht geschaffen, eines Wesens mit dem Vater ...".[207]

Es würde in unserem Zusammenhang zu weit führen, die komplizierte dogmatische Auseinandersetzung von mehr als einem Jahrhundert darzustellen. Das Ergebnis dieses erbitterten Streites wird in den Sätzen von der „Dreieinigkeit" oder „Dreifaltigkeit" Gottes (lat. Trinität) zusammengefasst, „dass Gott Vater, Sohn und Heiliger Geist in einem göttlichen Wesen und Natur drei unterschiedliche Personen ein einiger Gott ist", formuliert Luther 1537 in seinen „Schmalkaldischen Artikeln".[208]
Alle übrigen Feste der Christenheit wie Weihnachten, Karfreitag und Ostern oder Pfingsten, sind dadurch charakterisiert, „dass sie von unserem Herrn Gott so predigen, wie er gekleidet ist, etwa in einem Werk". Das Trinitatisfest aber stellt dar, „wer er an ihm selbst sei außer allen Kleidern oder Werken, bloß in seinem göttlichen Wesen".[209]
Mit allen großen Lehrern der Christenheit ist sich der Reformator wohl bewusst, wie sehr die Vernunft immer wieder daran Anstoß nimmt. Doch das Wesen und Geheimnis Gottes kann man nicht einfach aus der Vernunft herausplaudern. „Ist das nicht eine Torheit über alle Torheit", fragt der Reformator in derselben Predigt, „dass ein Mensch, der nicht das geringste Werk, das er an seinem Leibe täglich sieht, kann aussprechen, sich noch untersteht, das zu wissen, das außer und über alle Vernunft ist, und da allein Gott selbst von kann reden".[210]
Unsere Menschenvernunft erliegt freilich nicht selten der Versuchung, sich in der „Gottesfrage" zu überheben. Sie will Gott „erklügeln", ihn unseren Maßstäben unterwerfen – einer Gefahr der gerade auch aufklärerischer Rationalismus erlegen ist, der Gott allenfalls noch als „Postulat" der Vernunft gelten lassen kann (so bei I. Kant) oder ihn ganz leugnet (Feuerbach, Marx u.a.).
Gleichwohl ist es erlaubt, Gottes Dreifaltigkeit in Metaphern, in Sinnbildern und Gleichnissen darzustellen, um sie dem

Glaubenden nahezubringen. Auch Luther wendet wie die alten Kirchenlehrer solche Bilder an. Um zu vermeiden, dass der dreifaltige Gott nicht in drei Götter aufgeteilt wird, vergleicht er den dreieinigen Gott mit „drei Fenstern".[211] Durch diese drei Fenster fällt das eine, unteilbare Tageslicht in unsere nachtdunkle Menschenbehausung. Die Dreiheit der Fenster widerspricht nicht dem einen alles erhellenden Licht.

Auch die beiden 1524 gedichteten Trinitatislieder des Reformators versuchen redlich der Komplexität der Dreifaltigkeit Gottes Rechnung zu tragen. Das erste dieser beiden Trinitatisliedern ist das dreifach gegliederte „Gott der Vater wohn' uns bei". Es scheint um die Pfingstzeit des Jahres 1524 entstanden zu sein und wurde noch im selben Jahr im Wittenbergischen Sangbüchlein veröffentlicht. Die Melodie des Liedes greift auf eine altkirchliche Singweise zurück, die Luther nur leicht verändert hat.[212]

Bereits in vorreformatorischer Zeit gab es ähnliche Strophen, die sich aber auf Heiligengestalten beziehen. So heißt es in der Crailsheimer Schulordnung von 1480 bezeichnenderweise: „Sancta Maria steh uns bei ... ." oder in einer Münchener Handschrift von 1422: „Sanctus Petrus wohn uns bei ... ."[213] Luther scheint ähnliche Strophen gekannt zu haben, nimmt sie auf, entfernt aber bewusst alle Anklänge an unbiblische Heiligenverehrung.

Jetzt wird in dreifacher Entfaltung der dreieinige Gott angebetet und angerufen. Die erste Strophe setzt ein mit dem „Gott der Vater wohn uns bei", die zweite Strophe fährt fort mit dem „Jesus Christus wohn uns bei" und klingt in der dritten Strophe aus mit dem Ruf: „Heilig Geist, der wohn uns bei". In allen drei Strophen wird der eine unteilbare und ewige Gott angerufen – keine drei Götter, weder drei Unter- oder Halbgötter noch irgendein philosophisches Einheitsprinzip. Immer geht es um den einen lebendigen Gott, der zu uns kommt und in uns und bei uns wohnt; denn „in ihm leben und sind wir", wie es Paulus den Athenern einprägt (Apg 17, 28).

II.

Bewusst sind deshalb auch alle drei Strophen inhaltlich identisch. Jene oben erwähnten drei Fenster sind zwar zu unterscheiden, doch durch alle drei Fenster flutet dasselbe eine alles erfüllende Licht zu uns herein. Deshalb singt der Reformator das dreifache Lied von dem einen Gott.

> *Gott der Vater wohn' uns bei*
> *und laß uns nicht verderben,*
> *mach uns aller Sünden frei*
> *und hilf uns selig sterben.*
> *Vor dem Teufel uns bewahr,*
> *halt uns bei festem Glauben*
> *und auf dich laß uns bauen,*
> *aus Herzensgrund vertrauen,*
> *dir uns lassen ganz und gar,*
> *mit allen rechten Christen*
> *entfliehen Teufels Listen,*
> *mit Waffen Gotts uns fristen.*
> *Amen, Amen, das sei wahr,*
> *so singen wir Halleluja.*[215]

Der Text wiederholt sich mit gleichlautenden Worten: Jesus Christus und Heilig Geist. Schon in dem betonten „auf dich ... bauen“ und „dir uns lassen ganu und gar“ setzt sich das Lied von allen vorreformatorischen Heiligenverehrungen ab; denn es ist das Kennzeichen eines „rechten Christen, dass er dem einen dreifaltigen Gott vertraut, auf Ihn allein baut und Ihm aus Herzensgrund sich anvertraut“. Eben dieses herzliche Vertrauen, das sich ganz und ungeteilt an Gott hält, ist die Erfüllung des ersten Gebotes, das ja von uns fordert, dass wir Gott „über alle Dinge fürchten, lieben und vertrauen“ (Kleiner Katechismus). Götzendienst ereignet sich da bei uns, wo wir Haus, Hof, Geld, Karriere, Sexus, Ehrgeiz, Machthunger, Wissen, Wissenschaft und Klugheit zum Lebensinhalt machen.
Aus diesem „Götzendienst“ wachsen „alle Sünden“, die uns ins Verderben reißen wollen. Sünde ist nicht nur diese oder jene moralische Verfehlung. Sünde ist das Kennzeichen dafür, dass der Mensch Gott verloren hat und dass er ohne Gott sich selbst verfehlt und im Nichts versinkt. Das Ergebnis ist allemal der Tod, das Hinabstürzen in die letzte ausweglose Sinnlosigkeit. Deshalb die dringende Bitte an Gott Vater, Sohn und Geist: „Lass uns nicht verderben.“ Die Bitte um ein seliges Sterben ist nicht der Wunsch nach einem schnellen oder schmerzlosen Tod – möglichst ohne Bewusstsein. Nur von allen Sünden frei kann man selig sterben – sterben in der Gewissheit, dass Gott im Sterben und Auferstehen Christi, im Bei-uns-Sein des Heiligen Geistes uns von allen Sünden freispricht.
Um so unverständlicher ist es, dass das jüngste evang. Gesangbuch von 1998 dieses Lied abschwächt in ein „Gott der Vater ... steh uns bei“ und uns somit auf eine vorreformatorische Wendung zurückwirft. Das „Uns-Beistehen“ bleibt im Nebeneinander hängen, so wie ein Freund dem Freund zu Hilfe eilt oder der Heilige als Fürbitter meine Gebete noch verstärkt. Dabei bleibe

ich doch noch bei mir selbst, den der Andere nur unterstützt. Doch maßgeblich bleibt dabei mein Wirken und Tun. Das aber verkennt vollends die Größe, Tiefe und Weite des trinitarischen Gottes. Wie könnte der angefochtene und vom Satan bedrängte Gläubige „stark werden am inwendigen Menschen" (Eph 3, 16), wenn nicht nur wir in Ihm, in Gott, leben, weben und sind, sondern Er auch in uns wohnt und wirkt und schafft. An entscheidender Stelle der johanneischen Abschiedsreden Jesu heißt es: Der Geist der Wahrheit „bleibt bei euch und wird in euch sein (Joh 14, 17); weiter sagt er vom Vater und von sich selbst: „wir werden zu ihm kommen (dem Glaubenden) und Wohnung bei ihm nehmen" (Joh 14, 23). Der Apostel Paulus bekennt im Galaterbrief: „Ich lebe, doch nun nicht ich, sondern Christus lebt in mir" (Gal 2, 20). Die späteren lutherischen Dogmatiker nannten dies Dimension evangelischen Glaubens die „unio mystica", die geistlich-reale Einigung des Glaubenden mit dem dreieinigen Gott (so bei Johannes Brenz, Martin Chemnitz, Johann Gerhard, Joh. Andreae und David Hollaz). Vollständig ausgebildet ist diese „Lehre" vor allem bei Philipp Nicolai in seinem „Freudenspiegel des ewigen Lebens" von 1598. Wir dürfen diese Glaubensdimension – aus welchen modernistischen Gründen auch immer – nicht unterschlagen!

Schließlich weist diese dreifaltige Strophe noch hin auf den heimlichen Widersacher Gottes und unseres Heiles, auf den Teufel und seine Listen, die darin bestehen, dass der Mensch sich der Verführung der Gottähnlichkeit, der Gottgleichheit oder seiner vermeintlichen freien Selbstbestimmung hingibt und gerade so sich an Sünde und Unfreiheit verliert. Gegen diese Hinterlist der vermeintlichen Selbstfindung hilft nur der feste Glaube, der widerstehen kann. Die Waffen Gottes in diesem Krieg sind das Gebet und das „Schwert des Geistes", welches ist das Wort Gottes (Eph 6, 17).

Alles dies wird dreifach ausgesagt, weil Gott der Vater und der Sohn und der Heilige Geist in allem Wirken, in der Schöpfung, der Erlösung und der Heiligung zugleich zusammenwirken. So wird in der Schöpfungsgeschichte dreifach ausgesagt: Gott wirkt durch sein Wort und Gottes Geist schwebt über den Wassern. Gottes Geist bändigt die Urflut und ordnet die Schöpfung. Gott sendet seinen Sohn, gibt ihn hin bis zum Tod am Kreuz und versöhnt so die Welt mit sich selbst (2. Kor 5, 19). Einerseits wird betont, dass Christus von Gott, dem Vater auferweckt ist (z.B. 1. Thess 1, 10) und zugleich wird bezeugt, dass er selbst auferstanden ist (Lk 24, 34; 1. Kor 15, 4; 15, 20 u.a.m.).

In diesem einen Geschehen wirken, mit- und ineinander und untrennbar eins, der Vater und der Sohn und der Heilige Geist; denn der HERR ist der Geist (2. Kor 3, 17). In diesem ganzen Geschehen ist immer der dreieinige Gott am Werk, in seiner Schöpfung ebenso wie in Kreuz und Auferstehung oder in der Sammlung seiner Gemeinde durch Wort und Taufe und Heiligem Abendmahl bis hin zur Vollendung in jüngstem Gericht und ewigem Leben. Das entspricht dem trinitätstheologischen Grundsatz, dass die „Opera“, die Werke des dreieinigen Gottes nach außen (ad extra) also Schöpfung, Erlösung und Heiligung unteilbar sind.[216] Durch drei inhaltlich gleiche Strophen hat also Luther auf einfachste Weise das scheinbar höchst abstrakte „Dogma“ von der Trinität anschaulich und lebendig gemacht.

III.

Etwas anders ist der Charakter des zweiten Trinitatisliedes, das uns vom Reformator überliefert ist. Es ist das Lied „Wir glauben all an einen Gott." Auch dieses Lied geht auf verschiedene vorreformatorische Fassungen zurück. Eine einstrophige Version aus dem 15. Jahrhundert wurde von Heinrich Hoffmann von Fallersleben in der Breslauer Universitätsbibliothek entdeckt.[217] Es finden sich noch andere deutsche Bearbeitungen aus Leipzig und Zwickau.

Die auf Luther zurückgehende Fassung wird ebenfalls 1524 im Wittenbergischen Sangbüchlein wiedergegeben und trägt den Namen „Das deutsche Patrem". Es gibt sich also als eine evangelische dichterische Fassung des nicänischen Bekenntnisses zu erkennen, das im evangelischen Gottesdienst unangefochten seine zentrale Stellung behaupten konnte. In seiner „Deutschen Messe und Ordnung des Gottesdienstes" von 1526 schlägt Luther selbst vor, das lateinische Nicänum durch ein Glaubenslied zu ersetzen, wohl in der Erkenntnis, dass es sich als Lied der Gemeinde leichter und besser einpräge.

Wieder wird entsprechend dem Nicänum das Geheimnis der Dreieinigkeit in drei Strophen wiedergegeben. Die erste Strophe setzt ein mit einem „Wir", nicht mit dem sonst üblichen „Ich glaube", dass die Unvertretbarkeit dessen, der bekennt, vor Gott aussagt. Das „Wir" hingegen schließt den betenden Bekenner mit der Gemeinschaft der Bekennenden zusammen. Der Beter ist Glied des Volkes Gottes. Diese Gliedschaft im Volk Gottes, am Leib der Kirche kommt in allen drei Strophen zum Ausdruck. Die erste Strophe lautet:

> *Wir glauben all an einen Gott,*
> *Schöpfer Himmels und der Erden,*
> *der sich zum Vater geben hat,*
> *daß wir seine Kinder werden.*
> *Er will uns allzeit ernähren,*
> *Leib und Seel auch wohl bewahren;*
> *allem Unfall will er wehren,*
> *kein Leid soll uns widerfahren.*
> *Er sorget für uns, hüt' und wacht;*
> *es steht alles in seiner Macht.*[218]

Gott bleibt nicht in einsamer Majestät selbstgenügsam bei sich. Er äußert sich als Schöpfer und schon darin gibt er sich seinen Menschenkindern als Vater zu erkennen, eine Bezeichnung, die islamischem Denken fremd ist. Dort ist der Mensch nie Kind des einen Vaters, sondern nur ein sich unterwerfender Knecht. Folglich fehlt dort auch das vertrauensvolle Verhältnis zu Gott, das „wir getrost und mit aller Zuversicht ihn bitten sollen, wie die lieben Kinder ihren lieben Vater" (Luther, Kleiner Katechismus, Zur Anrede des Vaterunsers).

Zum väterlichen Schöpfersein Gottes gehört gerade auch die leibseelische Einheit des Menschen, sein Bewahrtwerden in allem Leid, seine Fürsorge und sein Hüten und Wachen. Damit ist keineswegs ein leidfreies Leben verheißen. Doch Gottes Bewahren sorgt dafür, dass wir überhaupt leben und eine zeitlang überleben, da uns sonst „die Natur" schon längst verschlungen hätte. Im Leid aber gibt seine Nähe Kraft und bewahrt vor Verzweiflung. So stehen alle unsere Tage in seiner Macht, sind Ausdruck seines Hütens und Wachens.

Die 2. Strophe wendet sich der Person Jesu Christi zu:

> *Wir glauben auch an Jesus Christ,*
> *seinen Sohn und unsern Herren,*
> *der ewig bei dem Vater ist,*
> *gleicher Gott von Macht und Ehren,*
> *von Maria, der Jungfrauen,*
> *ist ein wahrer Mensch geboren*
> *durch den Heil'gen Geist im Glauben;*
> *für uns, die wir war'n verloren,*
> *am Kreuz gestorben und vom Tod*
> *wieder auferstanden durch Gott.*[219]

Mit stammelnden Worten versucht hier der Reformator das Geheimnis des Menschen Jesus Christus darzulegen. Er ist mehr als ein Philosoph oder Weltweiser, mehr auch als irgendeiner der alttestamentlichen Propheten, sondern von Ewigkeit her ist er bei dem Vater, Gott von Gott und Licht vom Licht.
So wenig wie wir Sonne und Sonnenlicht voneinander trennen können, so wenig können wir den Vater vom Sohn noch den Sohn vom Vater losreißen. Sie gehören in uns wie Licht vom Licht, gleicher Gott von Macht und Ehren. Doch dieser Sohn, Gott von Gott, ist als wahrer Mensch geboren und d.h. durch den Heiligen Geist. Gott selbst geht wiederum – wie bei der Schöpfung – aus sich heraus und senkt sich hinab in irdisches Fleisch und Blut, wird wahrer Mensch – keine Idee, kein Phantasma, kein Gespenst, sondern als Mensch unterwirft er sich allen menschlichen Bedingungen bis hin zu Not und Tod. Seine Geburt aus der Jungfrau erzählt kein biolo-

gisches Mirakel, sondern bestätigt, dass Christus aus Davids Stamm geboren wird, Träger und Erfüller aller geschichtlichen Verheißungen an die Väter Israels. Zudem will die Jungfrauengeburt darauf hinweisen, dass Christus nicht wie wir alle der Sünde unterworfen ist. Er ist als Mensch Gottes Neuschöpfung. Mit ihm beginnt auch unsere Neuschöpfung. Er freilich muss unsere Schuld durch seinen Fluchttod am Kreuz für uns sühnen und den Tod durch seine Auferstehung überwinden, damit wir, befreit von Sünde, Gericht und Tod, mit ihm leben können.

Dass von reformierter Seite Luther der Vorwurf gemacht wurde, er habe den Passus mit der Auferstehung und Himmelfahrt Christi weggelassen und habe so den Glauben verstümmelt,[220] verrät nur, dass man selbst den Glauben in einzelne „Stücke“ zerteilt, ohne zu bedenken, dass der Kreuzestod Christi bereits des Todes Tod ist und damit für Ihn und uns der Himmel offen steht. Auferstehung und Himmelfahrt sind überdies bereits in dem Passus „der ewig bei dem Vater ist“ miteingeschlossen; denn der Sohn, der ewig bei dem Vater ist, war auch durch Kreuz und Tod hindurch niemals fern vom Vater.

Die dritte Strophe setzt noch einmal mit dem „Wir“ des Volkes Gottes ein:

> *Wir glauben an den Heil’gen Geist,*
> *Gott mit Vater und dem Sohne,*
> *der aller Blöden[221] Tröster heißt*
> *und mit Gaben zieret schöne,*
> *die ganz Christenheit auf Erden*
> *hält in einem Sinn gar eben,*
> *hier all Sünd vergeben werden;*

TRINITATISZEIT

> *das Fleisch soll auch wieder leben.*
> *Nach diesem Elend ist bereit'*
> *uns ein Leben in Ewigkeit.*[222]

Der Heilige Geist wird mit dem Vater und dem Sohn zusammen als Gott bekannt. Der Geist ist keine unpersönliche Kraft, gleichsam ein Ausfluss der Gottheit. Vielmehr handelt es sich um eine Person, die uns anspricht, die uns ins Gewissen redet, die dem Sünder Vergebung zuspricht und die den Verzagten tröstet, aufrichtet und gegen alle Anklagen verteidigt. Diese Person aber ist ganz und ungeteilt mit Vater und Sohn die eine lebendige und Leben schaffende Gottheit. Er, der Geist Gottes, schließt alle Glaubenden in einem Sinn zusammen. Das darf nicht mit unserem heutigen Ökumene-Begriff verwechselt werden. Die Einheit der Christen (oder gar Kirchen) kann nie organisatorisch geschaffen werden. Das wäre eine allzu äußerliche Einheit, die wieder der Versuchung der Macht, des politischen Einflusses und des Ansehens erliegen würde. Die wahre Kirche entspringt keiner „theologia gloriae“, keiner Theologie der Herrlichkeit. Die wahre Kirche ist im Glauben verborgen und zugleich eine Wirklichkeit. Sie tritt uns da entgegen, wo Gottes Botschaft unverfälscht und ohne unsere selbstgefälligen Zutaten ausgerufen wird. In der Gegenwart dieses Wortes werden wir unseres Elendes überführt und zugleich wird „hier all Sünd vergeben.“ Mit dieser Vergebung wird uns auch die künftige Auferstehung des Fleisches – nicht nur der Seelen, sondern des ganzen Menschen – zugesichert. Hier leben wir noch „im Elend“, in der Fremde, in der Entfremdung von Gott. Doch bereits in der Vergebung wird die Entfremdung überwunden. Wir werden heimkehren in seine Ewigkeit.

IV.

Den beiden Trinitatisliedern Luthers könnte man im weiteren Sinne auch „Das deutsche Sanctus“ aus Luthers Feder zuordnen: „Jesaja, dem Propheten, das geschah.“ Es entstand 1526 im Zusammenhang mit Luthers Gottesdienstreform und sollte in der jetzt deutschen Messe an die Stelle des lateinischen Sanctus treten.[223] In diesem Lied versucht Luther die Berufungsvision des Propheten Jesaja in Jesaja 6, 1-8 in eigene Worte zu fassen.

Jesaja, dem Propheten, das geschah,
daß er im Geist den Herren sitzen sah
auf einem hohen Thron in hellem Glanz,
seines Kleides Saum den Chor füllet ganz.
Es stunden zween Seraph' bei ihm daran.
Sechs Flügel sah er einen jeden han,
mit zween verbargen sie ihr Antlitz klar,
mit zween bedeckten sie die Füße gar
und mit den andern zween sie flogen frei,
gen ander[224] rufen sie mit großem G'schrei:
Heilig ist Gott, der Herre Zebaoth.
Heilig ist Gott, der Herre Zebaoth.
Heilig ist Gott, der Herre Zebaoth.
Sein Ehr die ganze Welt erfüllet hat.
Von dem Gechrei zittert Schwell und Balken gar;
Das Haus auch ganz voll Rauchs
und Nebel war.[225]

Das dreimal Heilig der jesajanischen Berufung wurde schon in der alten Kirche auf die Dreifaltigkeit Gottes bezogen. Diese Stelle galt und gilt als Schriftbeweis für die göttliche Dreieinigkeit. Luther nimmt dies in seiner Nachdichtung dadurch auf, dass er dreimal das „Heilig ist Gott, der Herre Zebaoth“[226] mit den gleichen Worten wiederholt. Auf dieser Weise verleiht er der Einheit und Einzigkeit des einen Gottes und Herren Ausdruck. Insofern kann man dieses Messlied der deutschen Messe auch zu Luthers Trinitatisdichtungen zählen.

V.

Zu Luthers Trinitatisliedern im weiteren Sinn könnte auch noch der Hymnus „Der du bist drei in Einigkeit“ hinzugerechnet werden. Es gehört zu den spätesten Liedern Luthers. Es erschien erst 1543 im sog. Klug'schen Gesangbuch, und zwar ohne Melodie oder Melodienhinweis.[227] Dieses Lied, das in unseren heutigen Gesangbüchern unter den Abendliedern aufgeführt wird, ist eine Verdeutschung des lateinischen Hymnus: „O lux beata trinitas“ (O seliges Licht der Dreieinigkeit). Es wird Papst Gregor dem Großen (ca. 540-604) zugeschrieben. Es existierte auch bereits eine Übertragung durch einen „Mönch von Salzburg“.[228]
Im Klug'schen Gesangbuch erscheint Luthers Übertragung dieses Hymnus' unter der Rubrik „geistliche Lieder, von frommen Christen gemacht, so vor unserer Zeit gewest sind“.[229] Während sich der erwähnte „Mönch von Salzburg“ eng an die lateinische Vorlage hält und „O du selige Dreyfaltigkeit“ anhebt, dichtet Luther freier: [230]

Der du bist drei in Einigkeit,
ein wahrer Gott von Ewigkeit:
die Sonn mit dem Tag von uns weicht;
laß leuchten uns dein göttlich Licht.

Menschliches Leben gleicht dem weichenden Tag. Die Nacht bricht herein. Doch mitten im Niedergang bleibt das göttliche Licht, eben jener eine dreifaltige Gott. Deshalb:

Des Morgens, Gott, dich loben wir,
des Abends auch beten vor dir;
unser armes Lied rühmet dich,
jetz und immer und ewiglich.

Morgen und Abend sind umspannt vom Lobe Gottes. Immer sind wir und bleiben wir vor Ihm. Unseres Lebens Sinn und Ziel besteht in vertrauensvoller Anbetung; nicht in knechtischer Unterwerfung, sondern im freien dankbaren Lied – allen irdischen Widrigkeiten zum Trotz. Sie rufen uns erst recht zum Ruhme Gottes auf, „ohn' den nichts ist, was ist, von dem wir alles haben."[231] Unser Lied kann freilich nur ein „armes Lied" sein; zu sehr ist es immer wieder durchzogen von den Misstönen von Angst, Selbstsucht und Zweifeln. Dennoch ist die Grundmelodie des Lobes Gottes stärker und erreicht Gottes Herz. Deshalb schließt der Hymnus mit dem:

Gott Vater, dem sei ewig Ehr,
Gott Sohn, der ist der einig Herr,
und dem Tröster, Heiligen Geist,
von nun an bis in Ewigkeit. Amen.

Die „Ewigkeit“ ist hier keine endlose Zeit, keine philosophische Spekulation. Die Ewigkeit hat vielmehr ein lebendiges Herz als Vater, Sohn und Heiliger Geist. In dieser sich uns dreifach begegnenden Liebe ist unsere vergängliche Zeit „aufgehoben“ und nicht verloren, wird unsere Schuld im Meer dieser Liebe ertränkt, werden unsere Tränen gezählt und getrocknet. Deshalb kann unser „armes Lied“ Ihn „rühmen ewiglich“.

Lieder zum Gottesdienst

Luthers Psalmlieder

Das alttestamentliche Volk Gottes hat uns im sog. „Psalter“ 150 Lieder und Gebete überliefert, die zum Teil im Tempelgottesdienst, zum Teil in persönlicher Andacht, zum Teil auch im Synagogengottesdienst verwendet wurden. Ebenso fanden sie in der Gemeinde Jesu Christi ihren selbstverständlichen Eingang. Diese Psalmen haben Luther ein Leben lang begleitet. Deshalb nennt er den Psalter (d.i. die 150 Psalmen) „eine kleine Biblia, ... darinnen alles auf's schönste und kürzeste, so in der ganzen Biblia stehet, gefasst und zu einem feinen Enchiridion oder Handbuch gemacht und bereitet ist, so dass mich dünkt, der Heilige Geist habe selbst wollen die Mühe auf sich nehmen und eine kurze Bibel und Exempelbuch von der ganzen Christenheit oder allen Heiligen zusammenbringen.“ Es handelt sich also um eine „ganze Summa“, darin der Heilige Geist „nicht allein die Werke der Heiligen erzählt, sondern auch ihre Worte, wie sie mit Gott geredet und gebetet haben und noch reden und beten.“[232] Die Wendung „noch“ verrät, dass die Psalmen keineswegs nur von historischem Interesse sind, keine Dokumente einer toten Vergangenheit, dass sie vielmehr lebendige Gegenwart sind. Mit ihren Worten lebt und betet, kämpft und streitet, hofft und klagt, bekennt und überwindet die gegenwärtige Gemeinde Jesu Christi, die heilige christliche Gemeinde als Gottes Volk.

Es ist also nicht verwunderlich, dass der junge Wittenberger Professor Luther seine erste Vorlesung dem Psalter widmet.[233] Die erste Schrift aus Luthers Feder war eine Auslegung der sog. Sieben Bußpsalmen (Ps 6, 32, 38, 51; 102, 130 und 143) vom Frühjahr 1517,[234] die er 1525 in leicht überarbeiteter Form noch einmal ausgehen ließ. Jetzt heißt es in einer kurzen

Vorrede zur Begründung: „Nu aber das Evangelion auf den Mittag kommen helle leuchtet und ich auch sind (seit) der Zeit weiterkommen bin."[235] Luther ist sich bewusst, dass eine neue Zeit in der Geschichte der Kirche angebrochen ist. Es ist „heller Mittag". Die Morgendämmerung der Glaubensungewissheit ist dem hellen Licht der gewissmachenden frohen Botschaft gewichen. Zugleich ist er in all den bedrängenden Jahren des Kampfes weitergekommen. In Stichworten sei nur an die wichtigsten Stationen erinnert: Thesenanschlag, Leipziger Disputation, Bannandrohung, Verbrennung der Bannbulle, Reichstag in Worms, Reichsacht gegen Luther, Wartburg – Aufenthalt, Bildersturm in Wittenberg. Luther verlässt die Wartburg und nimmt Stellung gegen Bilderstürmer und Schwärmer.[236]

Schwere Jahre – nicht ohne Anfechtungen! Doch mitten in diesen bewegten Jahren legt Luther in einer zweiten wissenschaftlich gründlichen Auslegung die ersten 22 Psalmen aus.[237] Gerade in der Beschäftigung mit den Psalmen gewinnt Luther am Bibeltext selber seine entscheidenden reformatorischen Erkenntnisse. Der Reformator ist ohne die Psalmen nicht zu verstehen. Auch in den folgenden Jahrzehnten hat er immer wieder Psalmen ausgelegt, so vor allem unmittelbar vor und während des Reichstages in Augsburg, 1529/30.[238] Zwischen 1531 und 1533 folgen „Summarien über die Psalmen ..."[239], eine kurze inhaltliche Zusammenfassung aller 150 Psalmen. 1532/33 folgte eine ausführliche Erklärung der sog. Gradual- oder Stufenpsalmen (Ps 120-134),[240] unmittelbar gefolgt von der Auslegung des 90. Psalmes;[241] ganz zu schweigen von verschiedenen gelegentlichen Erläuterungen einzelner Psalmen in Schrift und Predigt.

I.

Deshalb ist es nicht verwunderlich, dass sich schon früh in den ersten Lieddichtungen Luthers auch Psalmlieder befinden, so schon 1524 das Lied „Aus tiefer Not schrei ich zu dir“, einer Nachdichtung des 130., des sog. 6. Bußpsalmes. Schon 1517 hieß es in der Auslegung der erwähnten Bußpsalmen im Blick auf Psalm 130, dass zwei gegensätzliche Menschen in uns miteinander streiten, „der alte und der neue.“ Der alte muss fürchten und verzagen und untergehen, der neue muss hoffen, bestehen und erhoben werden.“[242] In den erwähnten „Summarien“ über die Psalmen (1531-1533) ist es dem Reformator zur Gewissheit geworden, dass jener 130. Psalm ein „Betpsalm“ ist, in dem betend die „Rechtfertigung allein aus Glauben“ bekannt wird. Ausführlich wird dies dann in der Vorlesung über die Stufenpsalmen dargelegt; denn „dieser Artikel ist die Sonne, der Tag, das Licht der Kirche und aller Zuversicht … .“[243]

Diese Glaubensgewissheit und Zuversicht durchzieht und prägt auch jenes 1524 entstandene „Aus tiefer Not schrei ich zu dir!“ Allerdings ist das Lied in einer fünfstrophigen Form und in einer kürzeren Version mit nur vier Strophen überliefert. Die breite Diskussion, welches wohl die ursprünglichere Form sei, kann hier vernachlässigt werden. Als Ergebnis dieser Debatte kann festgehalten werden, „dass die fünfstrophige Fassung, und nur diese, von Wittenberg aus schon seit 1524 als die einzig maßgebende hingestellt worden ist.“[244]

Ebenso wie der hebräische Psalm setzt auch Luthers Lied mit dem Schrei des angefochtenen und verzweifelten Menschenherzens ein.

> *Aus tiefer Not schrei ich zu dir,*
> *Herr Gott, erhör mein Rufen.*
> *Dein gnädig' Ohren kehr zu mir*
> *und meiner Bitt sie öffen;*
> *denn so du willst das sehen an,*
> *was Sünd und Unrecht ist getan,*
> *wer kann, Herr, vor dir bleiben?*[245]

Seid Menschengedenken bis hinein in unsere „solidarischen" Zeiten werden wir von tausendfachen Anfechtungen heimgesucht; sei es selbstverschuldete Not, seien es Nöte, die aus der „conditio humana", aus der Grundverfassung des Menschseins, aus unserer Vergänglichkeit erwachsen. Diese Nöte reichen von banalen Zahnschmerzen bis hin zu bedrohlichen Krankheiten, von Geburtsschmerzen bis zu den Gebrechen des Alters, von Neid und Geldsorgen bis hin zu Hass und Feindschaften, vom Geschlechterkampf, über Eheproblematik hin zu Lug und Trug, Enttäuschung und Mord und Totschlag. Seit Jahrtausenden sind diese Nöte begleitet von Seufzen und Murren, von Stöhnen und Aufbegehren, von Weinen und Schreien. Die größte Not ist jedoch die Sterbensnot. Unser Dasein ist immer schon ein Dasein auf den Tod hin. Über unserem Leben liegt immer schon der stumme Schatten des Todes. Wohin wir uns auch wenden, wohin immer wir zu fliehen versuchen, der Schatten wandert mit und ängstet. Selbst überschäumende Lebensfreude vermag den Schatten nicht zu vertreiben. Immer schon lauert die Angst im Hintergrund und wartet auf ihre

Stunde. Sie gewinnt ihre dunkle Macht aus dem ahnungsvollen Wissen – wenn auch uneingestanden –, dass im Tod Rechenschaft von uns gefordert werden wird. Der Tod ist eine Art Rechnungslegung. Es geht um Gewinn und Verlust, um Sinnhaftigkeit oder Sinnlosigkeit, um Schuld und Sühne. Der „Gewissenswurm" in uns beginnt zu nagen. Das macht den Tod so ernst und so schwer. Wäre er nur ein Naturvorgang wie das Fallen der Blätter im Herbst, dann wäre der Tod nur ein lautloses Davon. Doch tief in uns wissen wir, dass Gericht gehalten wird. Und das Facit? Gewonnen? Oder alles verspielt und vertan? Da wird die Not am tiefsten und Verzweiflung will sich in unserer Seele einnisten.

Der Beter des 130. Psalmes zeigt die „wahre Gewissenskrankheit und Todesängste" auf.[246] Das sind die „hohen Anfechtungen"; nicht Geldgier und Geiz, nicht nur Hurerei und Hass. Hier geht es um die letzte und tiefste Not, um meine Hölle, die in der unendlichen „Gottverlassenheit" besteht.[247] Von hier aus muss auch der Schrei Jesu am Kreuz „Mein Gott, mein Gott, warum hast du mich verlassen?" in seiner ganzen Tiefe erahnt werden. Der alttestamentliche Beter des 130. Psalmes ist gleichsam die prophetische Figur des künftigen Christus und Erlösers aus all dieser höllischen Gottverlassenheit.

Der Beter des 130. Psalmes verzettelt sein Schreien nicht an hunderte von Adressaten. Er beschwört weder die Götter noch das Schicksal, noch die Natur, noch sucht er Trost in den verschiedensten Philosophien,[248] weder in der Politik, noch in dem sehr vagen „Prinzip Hoffnung".[249] Er sammelt alles Seufzen, Stöhnen und Klagen in dem einen Schrei aus der Tiefe und trägt ihn hin „zu DIR", zu dem Herrn, der sich uns in seinem Wort zugesagt hat. Dieser Gott ist keine Vermutung, kein „Postulat der Vernunft", wie ein Kant wähnte. Der alttestamentliche Beter weiß gewiss, dass Gott sich durch sein

Wort gebunden hat an den Berg Zion und an den Tempel in Jerusalem. Deshalb heißt es im 121. Psalm: „Ich hebe meine Augen auf zu den Bergen“ (V. 1); und der 128. Psalm singt: „Der Herr wird mich segnen aus Zion“ (V. 5).[250] In seinen Worten und Verheißungen wird der unendliche, verborgene und unbegreifliche Gott für uns „eingehüllt, endlich und fassbar.“[251] „Nach der Zerstörung dieses Tempels freilich errichtete Gott einen anderen Tempel, der Christus ist, in dem ER (Gott) gesucht, angebetet und verehrt werden will“.[252] In Christus sind alle Verheißungen Gottes Mensch geworden, eingegangen in unsere bedrohte Geschichte. Gottes Ohr ist deshalb ein „geneigtes“ Ohr, unserem Schreien zugewandt, gewillt uns zu hören und zu erhören. Unser Schreien und Stöhnen verhallt nicht im Nichts, findet mehr als ein Echo. Ein Echo kann narren, es ist nur der tote Widerhall unserer eigenen angefochtenen Stimme. Unser Gebetsschrei trifft vielmehr auf Gottes Erbarmen. Er hat uns bis in den Tod Christi hinein zugesagt, dass er mir – trotz all meines Versagens – „geneigt“ bleibt, mir „zugeneigt“ in seiner Vergebung. Gleichwohl kann der Beter nicht davon absehen, dass bei uns „Sünd und Unrecht“ zu finden ist, wir also niemals vor dem HERRN „bleiben“ können. Deshalb gilt um so mehr:

> *Bei Dir gilt nichts denn Gnad und Gunst,*
> *die Sünde zu vergeben;*
> *es ist doch unser Tun umsonst*
> *auch in dem besten Leben.*
> *Vor Dir niemand sich rühmen kann,*
> *des muß dich fürchten jedermann*
> *und deiner Gnade leben.*

Unser sog. „anständiges Leben“, so hilfreich und wichtig es auch für den Bestand der „Gesellschaft“, von Familie, Volk und Staat sein mag, ist vor Gott, wohlgemerkt „vor Gott“, nicht vor der Welt, „umsonst“. Selbst unser freier, guter Wille, alle unsere Verdienste für die Gesellschaft, ja sogar unsere Frömmigkeit und „Spiritualität“ zerstieben vor Gott im letzten Gericht wie Spreu vor dem Wind. All unser Tun verbrennt im Feuer des Gerichtes wie Heu, Stroh und Stoppeln (1. Kor 3, 13). Es bleibt dabei: „Vor Dir niemand sich rühmen kann ...“. Alles menschliche Rühmen – so sehr es uns auch am Herzen liegt – verrät doch nur, wie tief wir immer noch unserem Ich verhaftet sind. Immer wieder versucht das Ich, sich auf sich selbst und auf sein eigenes Tun zu gründen, verfehlt damit aber Gott zutiefst, dem wir alles verdanken; denn nie verdanken wir uns selbst und unserem Tun, auch nicht unseren sog. gnadengewirkten Werken.[253]

„Deshalb ist dies die Summe, dass wir alle (David, Petrus, Paulus usw.) als Sünder geboren werden, als solche leben, sind und sterben. Das aber ist unser Ruhm und unser Heil, dass wir, vom Evangelium über das Erbarmen Gottes und das Verdienst Christi belehrt, aus dem (uns verklagenden) Gesetz und unseren Werken herausspringen in einen anderen Lehrkreis und in ein anderes Licht und mit Zuversicht (fiducia) zu Gott hintreten und sprechen: O Herr, im Gericht können wir nicht mit dir streiten; wir können nicht mit dir über unsere Gerechtigkeit und unsere Sünde disputieren.“ „Deshalb appellieren wir von diesem Gericht an den Thron der Barmherzigkeit.“ „Siehe uns deshalb mit den Augen Deiner Barmherzigkeit an, nicht mit den Augen der Gerechtigkeit deines Gerichtes.“[254]

So bleibt einerseits die Furcht vor Gott. Andererseits bleibt nur der „Schrei aus der Tiefe“, der im Richter den gnädigen Herrn und Vater sucht. „Des muss dich fürchten jedermann und deiner Gnade leben." Die Gewissheit, dass Gott uns gnädig sei, gibt uns allein Christi Opfertod, sein Leiden „für uns". „Deshalb ist die Vergebung der Sünden jener Himmel, unter dem wir wohnen in der Zuversicht auf das Verdienst Christi",[255] nicht unseres.

Darum auf Gott will hoffen ich,
auf mein Verdienst nicht bauen;
auf ihn mein Herz soll lassen sich
und seiner Güte trauen,
die mir zusagt sein wertes Wort;
das ist mein Trost und treuer Hort,
des will ich allzeit harren.

Verdienste tragen nicht; sie gleichen einem Haus, das auf Sand gebaut ist (Mt 7, 26). Auf Verdienste pochen, ist die Haltung jedweden Pharisäismus. Seine Verdienste mit Gott verrechnen, entpuppt sich als Götzendienst des frommen Ich. Mein Ich, soll es wieder Gott „recht" sein, muss sich von sich selbst „los-lassen" und der unaussprechlichen Güte Gottes trauen. Der Ursprüngliche, von Gott ins Dasein Gerufene, lebte hörend und vertrauend aus dem Wort: „Du bist mein Kind!" Dieses Ursprungsvertrauen ging verloren. Christus ruft uns durch sein Kreuz und Auferstehen wieder zurück in dieses verlorene Vertrauen. Sein Wort – am Kreuz bewährt – sagt mir seine Güte unverbrüchlich zu und schafft so in der Vollmacht dieses Wortes das durch unsere Schuld verspielte Vertrauen von neuem. Deshalb wird meine Rettung, wird das Heil der Welt allein aus Glauben gewonnen. Im Vertrauen auf das mir zuge-

sagte Christuswort finde ich „Trost“ in allen Anfechtungen, habe ich einen „Hort“, einen Schatz[256] wider alle Anklagen des Gesetzes in meinem Gewissen.
Das „Allein aus Glauben“ steht im diametralen Gegensatz zum „Glauben, der durch die Liebe geformt“, gestaltet wird, also erst durch die Liebe wertvoll wird, wie die römische Kirche es seit Jahrhunderten lehrt. „Die Gnade vereint uns in „tätiger Liebe mit Christus“, heißt es da, „und gewährleistet so den übernatürlichen Charakter unserer Taten und folglich ihren Verdienst vor Gott und den Menschen.“[257] Unter der Hand wird die Gnade, wird die Liebe Christi zur tätigen Liebe des Menschen; sie wird ein Mittel zum Zweck, zur Gewährleistung von Verdiensten. Damit wird die Gnade verfehlt, weil sie auch in die Hand des Menschen gelegt ist. Gnade ist dann nicht mehr Gnade! So tief sitzt in uns die Versuchung zur frommen Selbststilisierung. Darum

> *Und ob es währt bis in die Nacht*
> *und wieder an den Morgen,*
> *doch soll mein Herz an Gottes Macht*
> *verzweifeln nicht noch sorgen.*
> *So tu Israel rechter Art,*
> *der aus dem Geist erzeuget ward,*
> *und seines Gotts erharre.*

Da die Versuchung, da der Satan ständig darauf lauert, wie er den Glaubenden wieder zu Fall bringen kann, gleicht der Christ einem Wachsoldaten, der „von einer Morgenwache bis zur anderen“ (Ps 130, 5-6) ausharrt und Ausschau hält, vom

Einbruch der Dunkelheit bis zum Morgen. Versuchung folgt auf Versuchung, eine Häresie folgt der anderen. Dieser satanischen Beharrlichkeit müssen wir gewärtig sein, damit wir nicht sicher werden. „Es genügt nicht einmal gesiegt zu haben, sondern ein Kampf folgt dem anderen und ein Sieg dem anderen.“[258]

Der Versucher schläft noch schlummert nicht, doch auch Gott selbst schläft noch schlummert nicht (Ps 121, 4). Er wirft den Satan, diesen dunklen Angreifer und Treiber, diesen Verführer und Rosstäuscher zurück. Deshalb braucht mein angefochtenes Herz an Gottes Macht weder zu verzweifeln noch sich zu zersorgen. Der Glaubende, der aus Gottes Wort und Geist „gezeuget“ ward, ist in diesem Kampf der „Israel rechter Art“, der allein auf Gott sieht und seine Hilfe erbittet und erwartet. Ausdrücklich nimmt auch der 130. Psalm auf jenen Kampf des Erzvaters Jakob am Jabbok bezug, „da ein Mann mit ihm rang bis in die Morgenröte“ (1. Mose 32, 27). In diesem nächtlichen Kampf mit dem verborgenen Gott siegt Jakob: „Ich lasse dich nicht, du segnest mich denn“ (V. 27). Als der Gotteskämpfer soll Jakob fortan Israel heißen; „denn du hast mit Gott und mit Menschen gekämpft und bist oblegen“ (1. Mose 32, 29). Dieser Jakobs- oder Israelkampf erreicht seinen Höhepunkt, als Christus am Kreuz, von Gott verlassen, für mich und dich mit seinem Vater ringt und schließlich „obsiegt“, als er seinen Geist in seines und unseres Vaters Hände befiehlt (Lk 23, 46).

Wir müssen uns also davon freimachen, mit dem Namen Israel das historische Israel zu identifizieren (geschweige denn mit dem heutigen Nationalstaat Israel). Das historische Israel der Bibel findet in Jesus Christus aus dem Stamm David seinen Tief- und Höhepunkt und damit auch in Christus seine Vollendung. Im Glauben an Christus wird jeder Glaubende ein Israel! Nun nicht im blutsmäßigen Sinn, sondern im geistlichen

Sinn – und das ist unendlich mehr als völkisches Herkommen; denn „Das ist die Frucht des Glaubens, dass das Herz fühlt, dass der Tod durch den Tod Christi (victam esse mortem morte Christi) überwunden ist, die Sünde andererseits gesühnt und das Gesetz durch die Gnade und durch die Versöhnung abgetan ist. Das sind per se (an sich) ganz große Gewissheiten, aber unsere Schwachheiten sind so groß, dass wir es nie gewiss ergreifen können, daher werden wir bis hierher noch durch die Gedanken an Tod und Sünde erschreckt.[259]
Über das Israel-Sein im Glauben kommt keiner hinaus. Wir sind und bleiben zum geistlichen Kampf berufen. Bestehen können wir nur in der Gewissheit: Ich bin getauft, berufen zur Gemeinschaft mit Christus, dem ewigen Erlöser und wahren Israel.[260] Es bleibt die befreiende Gewissheit:

> *Ob bei uns ist der Sünde viel,*
> *bei Gott ist vielmehr Gnade;*
> *sein Hand zu helfen hat kein Ziel,*
> *wie groß auch sei der Schade.*
> *Er ist allein der gute Hirt,*
> *der Israel erlösen wird*
> *aus seinen Sünden allen.*

Die Güte Gottes, die sich in Kreuz und Auferstehung Christi manifestiert hat, macht deutlich, dass Gott größer ist als unser verzweifelt-verlorenes Herz, dass diese Güte alle Sünde bei weitem übersteigt. Sie hat kein Ziel, kein Ende. In der Vaterliebe Gottes wird aller „Schade“ geheilt und verschlungen. So erweist sich der „rechte Israel“ zugleich als der gute Hirte, der uns aus dem tödlichen Dornengestrüpp der Sünde herausreißt und hinausführt in eine ewige Erlösung.[261]

II.

Das Psalmlied „Ach Gott, vom Himmel sieh darein" ist eine Nachdichtung des 12. Psalmes, der mit der prophetischen Klage einsetzt: „Hilf, Herr! Die Heiligen haben abgenommen." Luthers Lied erscheint 1524 im Nürnberger „Achtliederbuch", ebenso im Wittenbergischen „Sangbüchlein". Es steht dem voraufgegangenen Lied „Aus tiefer Not schrei ich zu dir" thematisch „näher als den übrigen Psalmliedern Luthers".[262] Schon in seinen „Operationes in Psalmos" (1519-1521) hatte Luther das Thema des Psalmes in einer gründlichen Exegese erarbeitet. In „erzürnter Liebe", d.h. im „Eifer um Gott" wende sich der Psalm gegen die, die „im Volk Gottes dem Amt des Wortes Gottes vorstehen und zum großen Verderben der Seelen das Ihre als Gottes Wort lehren. Unter Missbrauch der Lehrgewalt entstellen sie ... die reine und lautere Lehre des göttlichen Gesetzes.[263]

In dieser bedeutenden Psalmenauslegung vergewissert sich Luther noch einmal seiner neuen biblischen Erkenntnisse, die als „Rechtfertigung allein aus Glauben um Christi willen" zusammengefasst werden und vertieft diese noch weiter. Zur gleichen Zeit steht er in schwersten Auseinandersetzungen mit den päpstlichen Amtsträgern und Universitätskollegen. Die damit verbundenen Anfeindungen stürzen ihn auch in schwerste Anfechtungen. Es ging dabei nicht nur um Leben und Tod, sondern vor allem um das ewige Heil, um Seligkeit und Verdammnis. Auf dem Spiel stand die im Wort Gottes gegründete Glaubensgewissheit!

Ohne diese Kämpfe in allen einzelnen Wendungen darzulegen, sei nur an Luthers Verhör durch den päpstlichen Legaten Cajetan in Augsburg erinnert (12.-14. Okt. 1518), an die Leipziger Disputation zwischen Johann Eck einerseits und Andreas Karlstadt und Luther andererseits (4.-7. Juli 1519) und an die Gutachten der Universitäten Löwen und Köln, die Luther feierlich verurteilen. Sie galten als die bedeutendsten päpstlichen Hochschulen der damaligen Zeit. Währenddessen betrieb Johann Eck die Ausfertigung einer Bannandrohungsbulle gegen Luther, um den es einsam zu werden schien. Was also einst ein David „zu seiner Zeit erlitt und zur Zeit der Ankunft Christi vorausgesehen hat“,[264] das schien sich zu bewahrheiten. Diese Sicht der Zeitereignisse macht einsichtig, warum Luther 1523/24 gerade den 12. Psalm auswählt, der seine eigenen Erfahrungen wiedergibt und zugleich den angefochtenen Gläubigen mit allen „Heiligen“, zusammen mit der christlichen Gemeinde, zu trösten, aufzurichten, zu stärken und zum Widerstand zu ermutigen versucht. Deshalb nimmt auch das vorliegende Lied den Hilferuf des Psalmisten auf. Das „Hilf Herr (Ps 12, 2)“ wird verdeutlicht.

Ach Gott, vom Himmel sieh darein
und laß dich des erbarmen,
wie wenig sind der Heilgen dein,
verlassen sind wir Armen.
Dein Wort man läßt nicht haben wahr,
der Glaub ist auch verloschen gar
bei allen Menschenkindern.[265]

Die Bitte wendet sich an den einen Herrn, der vom Himmel her, der in seiner Allgegenwart niemand und nichts übersieht, sondern alle Menschen, sonderlich seine Heiligen nicht vergisst. Wir leben in seiner Gegenwart. Es gilt sich freizumachen von der landläufig-katholischen Vorstellung, bei den Heiligen handele es sich um besondere, verdienstvolle und hervorragende Männer und Frauen, vielmehr verstehen sowohl Psalm als auch Lied unter „den Heiligen" diejenigen, „die Barmherzigkeit erlangt haben oder durch die Gnade Gottes gerechtfertigt sind, die im Glauben bewahrt werden, nicht (aber) durch Werke oder ihre Kräfte noch durch irgendwelche Menschen."[266]
Die Zahl der Gläubigen ist immer wieder bedroht. Sie haben „abgenommen". Nie stellen sie die Mehrheit. In den Augen der Mehrheit ist's ein verlorener und verlassener Haufe, eine schwindende Minderheit, die die Macht dieser Welt nicht ernst nehmen zu müssen meint. Der Anfechtung der glaubenden Gemeinde als Minderheit entspricht die Selbstsicherheit der Welt, die Gottes Wort nicht wahrhaben will, die das Wort verlacht, verspottet und sich viel lieber auf eigene Kräfte, eigene Verdienste und Leistungen, auf die eigene Bedeutsamkeit und Gerechtigkeit stützt. Deshalb ist der Glaube bei allen Menschenkindern „verloschen". Wer unter uns erliegt nicht immer wieder der Versuchung, sich in sich selbst zu finden, anstatt sich in Gott zu finden? „Wer kann einen glaubenden Mann finden, d.i. einen, der durch den Glauben und in Wahrheit gerecht und barmherzig ist?"[267]
Bezeichnend ist, wie Luther hier Wort und Glaube, Glaube und Gerechtigkeit vor Gott zusammenfügt. Das Wort wirkt den Glauben. Das Wort ist als Gottes Wort mehr als nur eine Mitteilung, mehr als nur ein Bescheidsagen, vielmehr gibt Gott in seinem Wort sich selbst und bindet sich an sein Wort! Dieses Wort schafft aus dem Nichts den Glauben. Der Glaube

ist Neuschöpfung, keine Entscheidung aus Verstand und Willen des Menschen. Vielmehr kann ich nur glauben, weil sein Wort in mir die vertrauende Antwort hervorruft, wie mein Ruf das Echo an einer Felswand weckt. Ist es aber das Wort, das in mir das Vertrauen, d.h. den Glauben weckt, so ist der von Gott gewirkte Glaube eben die Gerechtigkeit, die vor Gott gilt – vor all meinem Tun und Wirken und Hoffen und Entscheiden.

Das entscheidend Neue ist, dass Luther schon in seiner Psalmenvorlesung von 1519/21 und vollends in diesem Lied „ein Bewusstsein vom theologischen Stellenwert des Wortes gewonnen hat."[268] Folgerichtig wenden sich Psalm und Lied gegen alle jene, die dem Wort seine Kraft nehmen, indem sie Gottes Ruf und Anrede mit Menschenkommentaren und Zusätzen versehen und es so verfälschen und die Hörer betrügen.

Sie[269] lehren eitel falsche List,
was eigen Witz erfindet;
ihr Herz nicht eines Sinnes ist
in Gottes Wort gegründet;
der wählet dies, der andre das,
sie trennen uns ohn alle Maß
und gleißen schön von außen.

Gott woll ausrotten alle gar,[270]
die falschen Schein uns lehren,
dazu ihr Zung stolz offenbar spricht:
„Trotz! Wer will's uns wehren?

PSALMLIEDER

> *Wir haben Recht und Macht allein,*
> *was wir setzen, das gilt gemein;*
> *wer ist, der uns sollt meistern?"*[271]

Die Lage der Kirche Jesu Christi ist deshalb „des Erbarmens" würdig, weil die verantwortlichen Lehrer der Kirche Menschenworte als Gottes Wort ausgeben. Solche Leute sind – entsprechend den Erfahrungen Luthers – zu seiner Zeit „die Rechtsgelehrten, die Theologen, die Mönche, die päpstlichen Bischöfe (pontifices), die durch menschliche Weisheiten und Menschentraditionen, d.h. sowohl durch das, was wie ein Schauspiel vor Augen ist, als auch durch ihre Sittenlehre verdorben sind und uns ins Verderben stürzen."[272]
Luther ist sich dessen bewusst, dass der augenblickliche Zustand der Kirche von den Anfängen der Geschichte schon immer gegeben war und bis zum Ende aller Tage bleiben wird.[273] Auch die alte Kirche war nie von jener Geschlossenheit, die gerne behauptet wird. Luther zählt als Sekten aus der Zeit Jesu Pharisäer, Sadduzäer und Essener auf. Später waren u.a. Arianer, Donatisten oder Maximinianisten zu nennen. Und heute (zu Luthers Zeiten) Aristoteliker, Scotisten, Thomisten und Occamisten. Später nennt Luther vor allem noch Bilderstürmer und Schwärmer, Sakramentierer und die Erfinder neuer Gesetze. Diese Reihe lässt sich mühelos bis in unsere Tage fortführen: sog. Ökumeniker und Erweckte, Entmythologisierer, politisierende Theologen, sog. „Deutsche Christen" und sozialistische Pfarrer, Feministinnen und aufgeklärte Huldiger einer „offenen Kirche", angepasst an die sog. „Erfordernisse" der Neuzeit. So widersprüchlich alle diese Gruppen auch sein mögen, so erbittert sie sich einander auch bekämpfen mögen, sie gleichen dennoch Füchsen, die einander beißen mögen,

aber sie sind doch an ihren Schwänzen aneinander gebunden (vgl. Ri 15, 14). Bei allem Streit untereinander entstammen sie einer Wurzel, der Selbstherrlichkeit des Menschengeistes, der sein will wie Gott. Menschliche Subjektivität zerlegt sich in unzählige Einzelsubjekte, aber ohne das verbindende Gotteswort stehen sie einander feindlich und isoliert gegenüber. Auch die Zersplitterung in zahlreiche Sekten, Denominationen und Konfessionen erwächst aus der Subjektivität, die „etwas" sein will und sich selbst Bedeutung beimisst. Deshalb ihr „Trotz! Wer will's uns wehren?" Deshalb auch „Wir haben Recht und Macht allein, was wir setzen (bestimmen, festsetzen), das gilt gemein." Diesem Verhängnis kann auch keine Ökumene wehren. Gott muss vielmehr eingreifen.

Darum spricht Gott: „Ich muß auf sein,
die Armen sind verstöret;
ihr Seufzen dringt zu mir herein,
ich hab ihr Klag erhöret.
Mein heilsam Wort soll auf den Plan,
getrost und frisch sie greifen an
und sein die Kraft der Armen."

Die Reformation, die Erneuerung der Kirche beginnt mit dem Seufzen, mit der Klage um Gottes Eingreifen. Dieses Gebet findet bei Gott nicht nur Gehör, sondern vor allem Erhörung. Die Irrlehre und die Irrlehrer werden angegriffen. Doch dieser Angriff geschieht nicht durch ein Aufgebot mit Feuer und

Schwert. Gott führt nicht Allah's Dschihad, nicht Allahs „heilige Kriege". Der wahre Gott erweist sich darin, das sein „heilsam Wort auf dem Plan", auf dem Kampfplatz ist. Allein Gottes vollmächtiges Wort führt die wahren und rechten „Kriege Gottes". Dieses Wort ist heilsam, weil es „zweigestaltig" ist – das kann nicht genug betont werden. Diese Zweigestaltigkeit ist sogar der Schlüssel zum sachgemäßen Verständnis der ganzen Heiligen Schrift und fügt ihre verschiedenen Teile und Traditionen zu heilend-rettender Einheit zusammen. Das Wort wirkt heilsam und den Schaden der Menschen heilend, weil es unsere Selbstgerechtigkeit, weil es unser Selbstsein-Wollen als Verfehlung und heimliche Verzweiflung aufdeckt und zugleich die heilende Salbe auf diese Wunde streicht, indem das Wort uns Gottes Verheißung, Gottes Vergebung und Gottes Mit-uns-Sein zusagt und versichert. In dieser Zweigestaltigkeit des Wortes nur kann die Selbstbezogenheit des Menschen aufgebrochen werden, kann er für Gott und Gottes Heil geöffnet werden. Das wird durch die folgenden beiden Strophen noch weiter ausgeführt.

Das Silber, durchs Feu'r siebenmal
bewährt, wird lauter funden;
von Gotts Wort man erwarten soll,
desgleichen alle Stunden.
Es will durchs Kreuz bewähret sein,
da wird sein Kraft erkannt und Schein
und leucht stark in die Lande.

> *Das wollst du, Gott, bewahren rein*
> *vor diesem argen G'schlechte,*
> *und laß uns dir befohlen sein,*
> *daß sich's in uns nicht flechte.*[274]
> *Der gottlos Hauf sich umher findt,*
> *wo diese losen Leute sind*
> *in dein Volk erhaben.*[275]

Der Psalmist nennt das Wort Gottes ein „aufdeckendes, richtendes Wort, eine zurechtbringende, gerechtmachende Zusage der Vergebung, im Feuer siebenfach geprüft und geläutert." Luther folgt auch darin dem Psalm. Die Versicherungen der Welt und der falschen Lehrer sind „eitel", schmeichlerisch und wetterwendisch. Sie verderben die Barmherzigkeit und Wahrheit."[276] Gottes Rede dagegen ist „keusch, rein oder lauter, dann auch rauh, aber bewährt, treu und fest (solida); durch Gottes Wort werden Menschen gereinigt ..."[277]
Um allen biblizistischen Missverständnissen vorzubeugen – die Bibel ist kein koranisches Gesetz – betont der Reformator, unter den Reden des Herrn seien nicht die gemeint, die in Büchern geschrieben sind, sondern die mündlich (voce) vorgetragen werden.[278] Der Gegensatz ist also nicht Buchstabe oder freies Gefühl. Vielmehr will die Schrift in mündlicher Anrede vorgetragen werden. Das Wort spricht das menschliche Du direkt an. Deshalb ist die Predigt als gesprochenes Bibelwort so entscheidend wichtig; denn „die Stimme (vox) ist die Seele des Wortes."[279] Deshalb soll der Prediger des Wortes „walten"; es „alle Stunden" in die Menschenherzen hineinrufen. So wird seine Kraft erkannt und erhellt die Welt. Das ist die allein wahre Aufklärung![280]

Psalm und Lied schließen deshalb mit der Bitte um Bewahrung vor allen falschen Lehrern, vor allen trügerischen Propheten und allen falschen Brüdern (Gal 2, 4). Die Masse, der „gottlose Hauf“, findet sich überall. Sie dünken sich in ihrer falschen Aufgeklärtheit dem Volk Gottes haushoch überlegen; und sind doch nur „lose Leute“. Von Gott, der wahren Sonne losgelöst, gleichen sie doch nur ruhelosen, friedlosen Irrlichtern. Darum steht am Anfang die dringende Bitte, Gott möge sich des erbarmen, damit wir nicht in die Ruhe- und Friedlosigkeit hineingeflochten werden.

III.

Ebenfalls in das Jahr 1524 gehört auch Luthers Lied: „Es spricht der unweisen Mund ...“. Es befand sich im wittenbergischen Sangbüchlein, ebenso im Erfurter Enchiridion. Es handelt sich um eine Nachdichtung des 14. Psalmes und schließt sich eng an die Thematik des 12. Psalmes an.[281] Während der 14. Psalm mit den Worten einsetzt „Die Toren sprechen in ihrem Herzen: Es ist kein Gott“, umschreibt Luther die Toren mit „der unweisen Mund“; und statt des „Es ist kein Gott“ lässt er jetzt die Toren sich rühmen: „den rechten Gott wir meinen!“ Eine scheinbar kleine Änderung, gleichwohl ist sie sehr charakteristisch. Der Atheismus äußert sich nicht nur in dem brutalen „Es ist kein Gott.“ Atheismus versteckt sich sehr oft hinter dem Anspruch „den wahren Gott wir meinen“. Oft ist es der Anspruch des menschlichen Geistes, der sich ein Gottesbild so entwirft, wie es seiner Selbstmächtigkeit entspricht: Wir meinen! Aber gerade dies ist die subtilste Form von Atheismus. Er gibt sich anspruchvoll „fromm“ und ist doch ein verborgenes Nein zu dem richtenden und freisprechenden Gott der Bibel.

„Dies Lied gehört zu den schwächeren Luthers.“[282] Deshalb wohl ist es in den neueren Kirchengesangbüchern kaum zu finden. Der 14. Psalm selbst wird vom Apostel Paulus an entscheidender Stelle in Römer 3, 10-12 zitiert, um die unentrinnbare Verfallenheit von Juden und Griechen, d.h. aller Menschen zu erweisen, „auf dass aller Mund gestopft werde und alle Welt Gott schuldig sei“ (Röm 3, 20).

Es spricht der Unweisen Mund wohl:
„Den rechten Gott wir meinen.“
Doch ist ihr Herz Unglaubens voll,
mit Tat sie ihn (Gott) verneinen.
Ihr Wesen ist verderbet zwar,
vor Gott ist es ein Greuel gar;
es tut ihr keiner kein gut.

Gott selbst vom Himmel sah herab
auf aller Menschen Kinden.
Zu schauen sie, er sich begab,
ob er jemand würd' finden,
der sein Verstand gerichtet hätt',
mit Ernst nach Gottes Worten tät'
und fragt nach seinem Willen.

Da war niemand auf rechter Bahn,
sie waren all ausgeschritten.
Ein jeder ging nach seinem Wahn
und hielt verlor'ne Sitten.
Es tät ihr keiner doch kein gut,
wiewohl gar viel' betrog der Mut,
ihr Tun müßt' Gott gefallen.

Wie lang wollen unwissend sein,
die solche Müh aufladen
und fressen dafür das Volk mein
und nährn sich mit seim Schaden?
Es steht ihr Trauen nicht auf Gott,
sie rufen ihm nicht in der Not;
sie woll'n sich selbst versorgen.

Darum ist ihr Herze nimmer still
und steht allzeit in Fürchten.
Gott bei den Frommen bleiben will,
dem sie mit Glauben g'horchen.
Ihr aber schmäht des Armen Rat
und höhnet alles, was er sagt,
dass Gott sein Trost ist worden.

Wer soll Israel, dem Armen
zu Zion Heil erlangen?
Gott wird sich sein's Volk's erbarmen
und lösen, die gefangen.
Das wird er tun durch seinen Sohn.
Davon wird Jakob Wonne han
und Israel sich freuen.[283]
Amen.

„Der Atheismus wird in Deutschland immer selbstverständlicher", gab jüngst der Berliner Theologe Professor Richard Schröder sorgenvoll zu Protokoll.[284] Eine sich über mehr als 200 Jahre erstreckende Kampagne, die den Gottesglauben als „wissenschaftlich" überholt, als unsozial, weil nicht revolutionär, als dem modernen Bewusstsein nicht mehr angemessen, diffamierte, sie hat ihre giftigen Früchte getragen.
Gewiss hat es schon durch Jahrtausende hindurch theoretischen und praktischen Atheismus gegeben. Auch das alte Israel – umgeben von einer Welt der Vielgötterei – hat dies erfahren und wurde davon angefochten. Auch wusste man um das stolze Gefühl der Überlegenheit der Heidenwelt. Deshalb setzt ja der 14. Psalm – keinem Geringeren als dem königlichen Sänger David zugeschrieben – mit der Klage ein: „Die Toren sprechen in ihrem Herzen: Es ist kein Gott." Im Verlauf der Menschheitsgeschichte hat dieser arrogante Atheismus immer neue Blüten getrieben. In unseren Zeiten reckt er sein Haupt besonderes hoch empor. In seinen atheistischen Augen sind die eigentlich Glaubenden so etwas wie „Toren", Narren, unwissenschaftliche Kinder. Doch der Psalm kehrt das

Unterste zu oberst. Nicht der Glaube ist Dummheit und Torheit, sondern gerade der stolze Hochmut des Unglaubens wird in seiner Nichtigkeit und Hohlheit durchschaut. „Das erste Übel“ der Gottlosen, „die Quelle aller Übel“ besteht in der Unkenntnis Gottes (ignorantia); wer nämlich gegen das erste Gebot sündigt, der wird auch ein anderes Gebot verletzen. Vom ersten Gebot sind ja alle übrigen abhängig, sie sind im 1. Gebot mit enthalten.[285] So Luther in den „Operationes in Psalmos“, seiner Psalmenvorlesung von 1519/21, in der die Grundgedanken dieses Liedes bereits erarbeitet wurden.

„Allerdings ist das nicht so zu verstehen, als dass sie (die Gottlosen) nichts von Gott wüssten. Paulus lehrt im Römerbrief, Kap. 1, 19, dass allen Menschen eine Kenntnis Gottes (notum Dei) manifest, offenkundig sei. Wäre nicht allen Menschen eine Kenntnis der Gottheit (notitia divinitatis) unauslöschlich eingeprägt, wäre niemals die Abgötterei erfunden worden.[286]

Dass uns in der menschlichen Geschichte „Gottheiten“ in den verschiedensten Ausprägungen begegnen – angefangen vom primitivsten „Animismus“, der Allbeseelung, bis hin zu modernen „höchsten Ideen“ wie Liberalismus, Nationalismus und Sozialismus – ist gerade kein Beweis, dass Gott nichts ist, höchstens eine menschliche Erfindung, sondern im Gegenteil: Der Mensch muss Götter erfinden! Das Verlangen nach einem letzten Wert oder festen Halt verrät nur, dass er auf 1000 Wegen unterwegs ist zum verlorenen Gott. Das Verlorene soll wiedergefunden werden. So verrät das vermeintlich kluge „Es gibt keinen Gott“ nur, dass auch der Atheist sich seine Götter machen muss. Er kann nicht anders! Da muss es doch etwas „Letztes“ oder „Höchstes“ oder „Unvergängliches“ geben, sonst wäre alles sinnlos. So setzt der Mensch an die Stelle des verlorenen Gottes seine selbstentworfenen alten und modernen Götter.[287]

Diese Selbstentwürfe, seien sie idealistisch oder materialistisch, sind auch Grund und Ursache, dass man sich gegenseitig „auszustechen“ versucht und jeder sich über den anderen erhebt: „Den rechten Gott wir meinen.“ In Wirklichkeit ist diese Haltung Ausdruck eines Herzens voller Unglaube. Der rechte Glaube richtet sich „mit Ernst nach Gottes Worten“ (Strophe 2), lebt allein in der Zusage Gottes, aus seinem „Du bist mein Kind.“ Der Unglaube dagegen will sich selbst in sich selbst finden und verleugnet so den wahren Gott, der uns ins Dasein ruft.

Es gehört zum Verhängnis der Menschheit von Anfang an, dass wir alle „waren ausgeschritten“, „ein jeder ging nach seinem Wahn“ oder Wähnen. Der Mut des Menschen, der aus sich selbst sein will und meint, er könne Gott ins Wort fallen, ist nichts als Selbstbetrug („wie wohl gar viel betrog der Mut“). Das Sich-selbst-versorgen, das Gottes nicht zu bedürfen meint, stürzt in endlose Unruhe, Furcht und Angst. Da erschrickt des Menschenherz schon vor einem fallenden, rauschenden Baumblatt (3. Mose 26, 36); ein Beispiel, das Luther immer wieder verwendet hat.

Die vermeintliche Klugheit der Ungläubigen stürzt Volk und Land auf lange Sicht ins „Fressen“ hinein. Der Unglaube verzehrt sich auf, weil er auf nichts anderes gegründet ist als auf unsere flüchtig-unruhigen Gedanken. Man „nähret sich mit Schaden.“ Doch mitten in der Angst und der Unruhe eines glaubenslosen Herzens bleibt die Zuversicht des Glaubens, dass „Gott bei den Frommen bleiben will“, weil „Gott sein Trost ist worden“. Der Glaube gründet in der unvergänglichen Zusage Gottes. Das Wesen des Trostes besteht im Vertrauen auf Gottes[288] nie widerrufene Zusage: „Ich bin der Herr, dein Gott!“ Das erste Gebot wird im Vertrauen auf dieses „Ich bin dein Gott“ erfüllt. Allein dieser Glaube kann „trotzen“. Mag die

Welt auch „des Armen Rat schmähen“ und ihn verhöhnen. Die sich aus Gottes Zusage ergebende Zuversicht bewährt sich mitten im Widerspruch des Unglaubens. So schließt das Lied mit der Glaubensgewissheit, dass Gott sich allem Hohn und Spott zum Trotz seines Volkes erbarmen wird. Das Unterpfand ist Christus selbst in seinem Leiden, Sterben und Auferstehen. Von dieser Gottesgeschichte wird „Jakob wonne han und Israel sich freuen.“ Gerade die Christenheit gehört zu Jakob bzw. Israel, ist zusammen mit allen alttestamentlichen Vätern – mit Noah, Abraham, Isaak und Jakob, mit David, Salomo und den Propheten – Gottes Volk! Schon in dieser letzten Strophe wird die immer wieder behauptete Version widerlegt, als habe die Christenheit Israel als Gottes Volk verdrängt und sich widerrechtlich an Israels Stelle gesetzt. Hier geht es weder um ein „Verdrängen“ noch um eine Usurpation. Sowohl die alttestamentlichen Väter als auch die an Christus Glaubenden sind untrennbar Gottes Volk, sind in eins, „Israel“.
Jene alttestamentlichen Väter erwarteten im Vertrauen auf Gottes Zusage den kommenden Christus und Erlöser. Die Christenheit vertraut dem gekommenen Christus und Erlöser, in dem Gottes Zusagen Fleisch geworden sind. Hier und dort ist allein der Glaube das verbindende Element. Wird dagegen Christus verworfen, so wird Gott in seiner Zusage verworfen. Der Unglaube trennt dort (im alten Bund) und hier bei uns von Gott und seinem Heil. Die Zugehörigkeit zu Gottes Volk entscheidet sich nicht an blutsmäßiger Zugehörigkeit, sondern allein am Glauben, der Gottes Zusagen – vor und nach Christus – vertraut. Den ungläubigen Juden ebenso wie den ungläubigen Christen wird gesagt: „Siehe, euer Haus soll euch wüste gelassen werden. Denn ich sage euch: Ihr werdet mich von jetzt an nicht sehen, bis ihr sprecht: Gelobt sei, der da kommt im Namen des Herrn!“ (Mt 23, 38f.).

IV.

Das Lied „Es wolle Gott uns gnädig sein“ lässt sich in seiner Entstehungszeit genau datieren. Es erschien 1524 im „Wittenbergischen Sangbüchlein“ und im Erfurter Enchiridion. Es dürfte wohl im Dezember 1523 entstanden sein, um dann 1524 im Druck zu erscheinen. Es handelt sich um eine Nachdichtung des 67. Psalms. Ferner ist zu beachten, dass Luther in seiner ersten größeren Gottesdienstreform zum Ende des Gottesdienstes den Schlussvers des 67. Psalmes zu singen empfiehlt: „Es segne uns Gott und alle Welt fürchte ihn (Ps 67, 8).[289]

Jahre später, in den „Summarien über die Psalmen“, fasst Luther 1533 den Inhalt dieses Psalmes wie folgt zusammen: Es „ist eine Weissagung von Christus, wie er König werden soll, so weit die Welt ist, und die Leute recht richten, d.h. m i t d e m E v a n g e l i u m r e g i e r e n soll,[290] so dass sie von Sünden los vor ihm gerecht leben und mit Freuden danken. Das ist, wie oft gesagt, der neue und rechte Gottesdienst. Denn er sagt nicht, dass die Heiden sich beschneiden und nach Jerusalem laufen, sondern in der Heidenschaft bleiben und gleichwohl Gott danken, fröhlich sein und ihn fürchten, d.h. ihm dienen sollen.“[291]

Die grundlegenden Einsichten über den 67. Psalm finden sich schon in der o.g. Psalmnachdichtung von 1524; ein Zeichen, wie lange Luther schon die alttestamentlichen Psalmen bedacht und durchdacht hat, als dass es später noch erheblicher Korrekturen bedurft hätte. Die Nachdichtung setzt – wie der Psalm selbst – mit der Bitte ein:

Es wolle uns Gott gnädig sein
und seinen Segen geben,
sein Antlitz uns mit hellem Schein
erleucht zum ewgen Leben,
daß wir erkennen seine Werk
und was ihm liebt[292] *auf Erden,*
und Jesus Christus, Heil und Stärk,
bekannt den Heiden werden
und sie zu Gott bekehren.[293]

Da das Lied offensichtlich als Segenslied liturgischen Charakter hat, ist der Segen Gottes das Hauptthema dieses Psalmliedes. 1527 hat Luther den sog. Aaronitischen Segen (4. Mose 6, 24-26) ausgelegt.[294] Der biblische Befund macht deutlich, dass Gottes Segen zweierlei umschließt. Zunächst betrifft Gottes Segen das „leibliche Leben und Güter“, gemäß seinem Segenswort „Seid fruchtbar und mehret euch und füllet die Erde und macht sie euch untertan“ (1. Mose 1, 28). Deshalb umfasst dieser leibliche Segen „treu ehelich Gemahl, Nahrung, Kleider und alles, was Not ist zu diesem leiblichen Leben wie „Haus, Hof, Acker, Vieh, Gesinde“, ebenso auch die leibliche Bewahrung vor „Krankheit und Plagen“, Bewahrung vor „Feuer, Wasser, Ungewitter und allerlei Schaden.“
Doch Gottes Segen reicht weiter; er betrifft auch das „geistliche Wesen und die Seele, denn solcher Segen ist das Vieh und Güter nicht empfänglich“. Diese „geistliche“ Seite des Segens

macht die ebenfalls auf biblische Aussagen zurückgehende Wendung von seinem „Antlitz“ und dem „hellen Schein“ dieses Antlitzes deutlich. Denn „wenn Gott sein Wort gibt, so lässt er sein Antlitz fröhlich und helle scheinen über alle Gewissen und macht sie damit fröhlich, keck, licht und als gar neue Herzen und neue Menschen. Denn es bringt Vergebung der Sünden und zeigt uns Gott als einen gnädigen, barmherzigen Vater, welchen unser Leid und Betrübnis jammert und erbarmt.“ Dieser Segensteil ist der eigentliche evangelische Teil des Gottessegens, der sich in Christi Leben und Werk verdichtet. Dies gilt es vor allem zu erkennen, ohne die irdisch-leibliche Seite des Segens zurückzudrängen. Christus ist „Heil und Stärk“. Das gilt nicht nur dem Volk Israel. Das „Heil“ soll und muss auch den Heiden „bekannt werden“, damit „sie sich zu Gott bekehren.“[295] Deshalb schließt sich unmittelbar daran an:

> *So danken Gott und loben dich*
> *die Heiden überalle.*
> *Und alle Welt, die freue sich*
> *und sing mit großem Schalle,*
> *daß du auf Erden Richter bist*
> *und läßt die Sünd nicht walten;*
> *dein Wort die Hut und Weide ist,*
> *die alles Volk erhalten,*
> *in rechter Bahn zu wallen.*

Gott übt sein Richteramt auf Erden durch Christus aus. An Christus vollstreckt Gott das Fluch- und Todesgericht, das das Gesetz über uns verhängt. Es wird an Christus vollstreckt; ja Gott selbst nimmt es durch Christus auf sich selbst und spricht uns frei und los durch die Vergebung der Sünden! Gottes Richteramt gipfelt in Christus und seiner Vergebung. Durch die Predigt seines Wortes wird der Sünde gewehrt. Sie behält nicht das letzte Wort. Durch die Predigt des Evangeliums wird das Volk „erhalten". Sein Wort ist uns so „Hut und Weide." Zum Erhalt eines Volkes ist nicht nur eine gute und vernünftige Politik von Nöten, sondern es bedarf vor allem auch der Gottesfurcht, dass wir auf „rechter Bahn", d.h. in Ehrfurcht vor Gott und in der Liebe zum Nächsten „wallen", d.h. zum ewigen Ziel hinwandern.

Es danke Gott und lobe dich
das Volk in guten Taten;
das Land bringt Frucht und bessert sich,
dein Wort ist wohlgeraten.
Uns segne[296] *Vater und der Sohn,*
uns segne[297] *Gott der Heilig Geist,*
dem alle Welt die Ehre tu,
vor ihm sich fürchte allermeist.
Nun sprecht von Herzen: Amen!

Die letzte Strophe schließt mit den Aussagen des letzten Verses des 67. Psalmes ab. Noch einmal wird die Größe des allumfassenden Segens Gottes hervorgehoben. Alle Frucht eines Landes – im weitesten Sinn – ist nicht Ergebnis politischer Tätigkeit, nicht Errungenschaft von Naturwissenschaft und ärztlicher Kunst. Das alles – so wichtig es ist, so verantwortlich es gehandhabt wird – ist vor allem anderen die Frucht des Segens Gottes, weil all unser Tun und Lassen hier auf Erden eingebettet sein muss in Glauben und Gottesfurcht, im Hören auf Gottes richtendes und rettendes Wort.

V.

Die Nachdichtung des 124. Psalmes gehört sehr wahrscheinlich zu den ersten Dichtungen Luthers. Verfasst wurde es wohl vor Pfingsten 1524.[298] Wiederum vermitteln uns Luthers „Summarien über die Psalmen“ von 1533 einen guten Einblick in die reformatorische Psalmenexegese. Es heißt dort: „Der 124. Psalm ist ein Dankpsalm, der Gott dankt, dass er das arme Häuflein wider die Tyrannen und Wüteriche schützt und aus dem Strick der giftigen Lästerer und Verleumder rettet. Dieser beiden ist so viel, und sie sind so groß gegen das kleine Häuflein wie große tiefe Wasser und eine Sintflut. Aber wenn auch ihre Zähne noch so böse und zornig und ihre Stricke noch so listig und giftig sind, so ist doch Gott noch größer, schlägt Zähne aus, zerreißt Stricke und hilft den Seinen heraus, wie wir das noch täglich bei uns erfahren.“[299]
In Übereinstimmung mit dem 124. Psalm setzt auch Luthers Nachdichtung ein:

> *Wär Gott nicht mit uns diese Zeit,*
> *so soll Israel sagen,*
> *wär Gott nicht mit uns diese Zeit,*
> *wir hätten müss'n verzagen,*
> *die so ein armes Häuflein sind,*
> *veracht' von so viel Menschenkind,*
> *die an uns setzen alle.*[300]

Dieser Psalm gehört zu den sog. „Stufenpsalmen“ (Ps 120-134), denen Luther 9 Jahre später eine gründliche Vorlesung gewidmet hat.[301] Luther nennt sie auch „Lied im höhern Chor“ und umschreibt so den Begriff „Stufenpsalm“. Oft haben diese Psalmen die Überschrift „Ein Lied Davids im höhern Chor.“ David, der prophetische Sänger, redet und dichtet hier also als Prophet des kommenden Christus. „Wie ihr alle wisst, haben diese davidischen Psalmen vor allem“ – so führt er in der erwähnten Vorlesung aus – „erstlich den hohen Sinn des Glaubens in ihrer Theologie“ ... „Wir aber wollen diesen Psalm Christus singen, weil er uns und unsere Kirche immerfort bewahrt und errettet von so vielen Feinden“.[302]

Bezeichnend an dieser Sicht ist die In-eins-schau der Bedrängnisse des alttestamentlichen Gottesvolkes und der Kirche Jesu Christi. Beide Male wird Gottes Volk verfolgt und geängstet. Aber dort und hier bei uns waltet und wacht derselbe treue Gott über diesem „armen Häuflein“. „Wir sollen es als ein gewaltiges Wunder ansehen, dass die Kirche, ja auch dass ein einziger Christ und Pfarrer bestehen und am Leben bleiben kann vor soviel Feinden, die er in seinem eigenen Fleisch, in der Welt und bei falschen Brüdern leiden muss ...“. Darum „unterweist“ uns David durch „seine Danksagung“.[303]

Aber die Feinde Gottes und seines Wortes ruhen nicht:

> *Auf uns ist so zornig ihr Sinn,*
> *wo Gott hätt das zugeben,*[304]
> *verschlungen hätten sie uns hin*
> *mit ganzem Leib und Leben;*
> *wir wärn als wie ein Flut ersäuft*
> *und über groß Wasser läuft*
> *und mit Gewalt verschwemmet.*[305]

Gott hat den glaubenden Noah und die Seinen durch die alles verschlingenden Wogen der Sintflut hindurchgerettet. So wird der Herr auch seine Kirche nie untergehen lassen. Hass, Verfolgung, Feindschaft und verführerische Irrlehre werden sich immer wieder zusammenballen. Doch Christus rettet die Seinen wie einst den sinkenden Petrus (Mt 14, 30f.). „Die Kirche befindet sich im Kreis der Nachbarvölker und der Heiden in aller Welt gleichsam in einer großen Sintflut. Und es sind nicht nur gewöhnliche Wasser, sondern reißende Wasser, die mit Ungestüm daherstürzen." Dagegen ist unsere Kraft „wie ein Strohhalm gegen die Elbe und wie ein dürres Blatt gegen einen Sturmwind."[306] Dagegen hilft allein der Glaube, dessen Kraft nicht aus unserem Werk, nicht aus unserer Vernunft erwächst, sondern aus dem Vertrauen auf Gottes verheißendes Wort; d.h.: „Nur das erste Gebot tuts: Ich bin der Herr, dein Gott!"[307] Deshalb:

> *Gott Lob und Dank, der nicht zugab,*
> *daß ihr Schlund uns möcht fangen.*
> *Wie ein Vogel des Stricks kommt ab,*
> *ist unser Seel entgangen.*
> *Strick ist entzwei, und wir sind frei;*
> *des Herren Namen steht uns bei*
> *des Gotts Himmels und der Erden.*

Zum Abschluss nimmt Luther noch einmal die befreiende Gewissheit dieses Psalmes auf: „Unsere Seele ist entronnen dem Stricke des Voglers. Der Strick ist zerrissen und wir sind los (Ps 124, 7). Der Vogelsteller ist der Teufel. Seine Stricke sind das verlockende „Ihr werdet sein wie Gott (1. Mose 3, 5)!“ Hat uns diese Verlockung verführt, dann nehmen uns das anklagende Gesetz, der Zorn Gottes und die Qualen des Gewissens gefangen. Doch der Sohn Gottes hat am Kreuz diese uns bindenden Stricke für immer zerrissen. Durch den Glauben sind wir frei, los und ledig durch seine Vergebung in „des Herren Namen.“

VI.

Luther nennt den 128. Psalm, den 9. der Stufenpsalmen, „ein Trostpsalm, in dem der eheliche Stand herrlich gepriesen wird.“[308] Damit scheinen sowohl der Psalm als auch Luther hoffnungslos überholt zu sein. Die sog. Emanzipation der Frau, freie Liebe und selbst gewählte Partnerschaft auf Zeit, wachsende Scheidungszahlen, rückläufige Geburten, Abtreibungen und schließlich auch noch die Bejahung der Homosexualität lassen das Lob des ehelichen Standes „obsolet“, d.h. veraltet und nicht mehr üblich sein. Die aufklärerischen Ideen einer im Wohlstand aufgewachsenen Generation tragen ihre auf lange Sicht verhängnisvollen Früchte. Schon bringt die sinkende Geburtenzahl die staatlichen Sozialsysteme ins Wanken. Die Sozialgebühren werden unbezahlbar und der Wohlfahrtsstaat droht zu einem Zwangsmittel zu werden, mit dem man die Bevölkerung zu disziplinieren trachtet. Es vollzieht sich still und schier unbemerkt ein Gottesgericht an einer Gesellschaft, in der Lust und Spaß, Bequemlichkeit und fehlende Gottesfurcht Vorrang haben. Es ist schon erschreckend, dass die vom Volk gewählten politisch Verantwortlichen es ablehnen – aus angeblicher Toleranz und Freiheit –, ihren Eid unter Anrufung Gottes abzulegen. Damit werden gerade die Fundamente des Staates, ja aller gesellschaftlichen Ordnung unterhöhlt.

Nicht, dass jener 128. Psalm und Luther als Nachdichter dieses Psalmes nur einem idealen Bild von Ehe und Familie gehuldigt hätten. Luther weiß durchaus, dass „Eheleute getröstet werden, dass sie die Mühe, Arbeit, Unlust und anderes Ungemach, welches sie in demselben fühlen und erfahren müssen, nicht ansehen sollen, sondern den gnädigen Willen Gottes über sie, nach dem ihr Stand im Wesen sein gnädiges Geschöpf und von ihm gesegnet ist."[309] Die Nachdichtung des 128. Psalmes datiert ebenfalls aus dem Jahr 1524. Sie hat folgenden Wortlaut und schließt sich eng an den Psalm selbst an.[310]

Wohl dem, der in Gottes Furcht steht
und auf seinen Wegen geht.
Dein eigen Hand dich nähren soll,
so lebst du recht und geht dir wohl.

Dein Weib wird in deim Hause sein
wie ein Reben voll Trauben fein
und deine Kinder um deinen Tisch
wie Ölpflanzen, gesund und frisch.

Sieh', so reich Segen hangt dem an,
wo in Gottes Furcht lebt ein Mann.
Von ihm läßt der alte Fluch und Zorn,
den Menschenkindern angeborn.

Aus Zion wird Gott segen dich,
daß du wirst schauen stetiglich
das Glück der Stadt Jerusalem,
vor Gott in Gnaden angenehm.

Fristen wird er das Leben dein
und mit Güte stets bei dir sein,
daß du sehen wirst Kindeskind
und daß Israel Frieden find.[311]

Luther ist sich dessen bewusst, dass dieser Lob und Preis des ehelichen Lebens, aber ebenso auch des politischen Lebens in Antithese steht zu allem, was Gottes Geist in Psalm und Lied besingt. „Denn die Welt begreift nicht, was des Geistes ist, darum sieht sie nichts Gutes im politischen und häuslichen Leben und kann sich des Schöpfers, seines Segens und seiner Gaben nicht freuen. Darum ist der Heilige Geist hier ein so großer Dichter, der das Beste im ehelichen Leben herausstreicht … ."[312] Alles in allem geht es darum, dass man „bei der ersten Tafel" anfängt: „Wohl dem, der den Herrn fürchtet."[313] Gerade im Blick auf Ehe und Familie dürfen Mann und Frau „sich nicht vermessen, sondern Gott anrufen, ihn fürchten und vertrauen." So nur geschieht es, dass du „auf seinen Wegen gehst" (V. 1). Vertrauen und Gottesfurcht schließen ja nicht aus, dass „dein Hand dich nähren soll" (V. 1). Doch zum rechten Leben gehört gerade auch „nichts in Vermessenheit nach seinem Rat beginnen." „Denn es geht gerade in der Ehe „nicht nach den Gedanken der Menschen."[314] „Seine Wege sind also, dass du Gott recht ehrst und die Sünden meidest, also Mord, Hurerei, Ehebruch usw., und ein gottesfürchtiges Leben beginnt."[315]

Die 2. Liedstrophe nimmt dann das großartige und heute oft verkannte und verlachte Bild von der Frau als einem fruchtbaren Weinstock und den Kindern als Ölzweigen auf (Ps 128, 3). Provozierend heißt es in Luthers großer Genesisvorlesung: „Die Zeugung ist nicht nur ein Stück Natur, sondern eine Gabe Gottes." „Darum soll ein frommer Mensch wissen, dass es das allergrößte Geschenk und göttliche Schöpfung ist, Söhne und Töchter zu zeugen und zu gebären: Darum nennen wir Gott unseren Schöpfer und Vater."[316] Der Mensch wird so zum auserwählten Gehilfen in Gottes Schaffen und Welt-Erhalten. „Gott hat dich erschaffen und dir Gunst und Segen verheißen. Zum zweiten gibt er dir die Bestimmung, dass du nicht faul sein, sondern etwas schaffen sollst. Studiere also und lerne eine Kunst, dass du dein Brot verdienen kannst." „Einem Doktor verschafft nicht seine Predigt, einem Bauer nicht sein säen den Lebensunterhalt, aber Gott gibt durch solche Arbeit den Unterhalt." „Denn die Faulen sind des Teufels, sie leben nicht nach der göttlichen Ordnung und zehren vom Fleiß anderer Leute." „Wohl dir du hast es gut!" „Über allen Arbeitsschweiß" legt Gott „diesen starken göttlichen Segen." „Ein Gottloser sieht freilich im ehelichen Leben nichts als Sorge, Last und Mühe". „Wenn aber der Heilige Geist vorhanden ist, dann spricht er: ich finde hier zwei sehr große Güter. Erstlich gibt nur Gott durch meine Arbeit, Lebensunterhalt und Kleidung ... und ich erwerke mir ein Vermögen, das göttlicher Segen ist und ihm wohlgefällt."[317]

Davon redet die 3. und 4. Strophe unseres Liedes. Besonders wird allerdings betont, dass in diesem leiblichen und geist-

lichen Segen „der alte Fluch und Zorn“ über den gefallenen Menschen „ihm nachgelassen“ wird. Gott lässt uns eine Gnadenfrist. Deshalb ist auch in Vers 4 und 5 von Zion, Jerusalem und Israel die Rede. Damit werden die prophetischen Verheißungen an die alttestamentlichen Väter aufgenommen, die beides beinhalten, den irdischen leiblichen Frieden sowie vor allem das Kommen des Erlösers Christus. Die Verheißungen gelten also nicht nur dem geschichtlichen Israel des alten Bundes. Vielmehr umgreifen sie auch die Kirche Jesu Christi. „Denn die christliche Weisheit besteht darin, dass wir unsere Gedanken niemals außerhalb Christi sammeln.“ „So soll man zu Gott ohne alle Umschweife allein in und durch Christum kommen ... In ihm ergreift man den Vater .... Sonst schweifen wir in die Irre.“[318]
Das Gebet der Christen erbittet also beides: Den irdischen Frieden, irdische Wohlfährt und rechtes Regiment und das alles weit umgreifend den Frieden Christi, Vergebung und ewiges Leben. Da betet er „um den politischen Frieden und lehrt, dass derselbe um ihretwillen (der Ehe u. Familie willen) geschenkt werde. Der Staat ist also um der Ehe willen da, nicht das Haus um des Staates willen.“[319] Damit wird der immer neu drohenden Staatsallmacht und allen totalitären Tendenzen eine eindeutige Absage erteilt. Die Gesellschaft wird allein dadurch „offen“ gehalten, vor unmenschlichen Tendenzen bewahrt, wenn „ich das Wort Gottes habe!“[320] Das ist die bestürzende und doch zu beherzigende Einsicht des 128. Psalmes und dieses Liedes.

Ein feste Burg ist unser Gott

Ein feste Burg ist unser Gott

I.

Kein Geringerer als der Dichter Heinrich Heine nennt Luthers Lied „Ein feste Burg“ „die Marseiller Hymne der Reformation“. Überhaupt seien Luthers Lieder „in Kampf und Not aus seinem Gemüt entsprossen“. Heinrich Heine nennt Luther deswegen den „Schwan von Eisleben“, „kein milder Schwan freilich, sondern ein Schwan, der zur wilden Kampflust begeistert“. Jenes Lied von der „festen Burg“ habe deshalb „bis auf unsere Tage seine begeisternde Kraft bewahrt“. Es seien „geharnischte Worte“.[321]

Gewiss verraten Luthers Lieder bis heute, dass sie auch aus „Kampf und Not“ geboren sind. Doch ob sein genial-reiches Gemüt der Wurzelboden sein soll, aus dem sie emporgewachsen sind, das muss entschieden in Frage gestellt werden; ebenso die angeblich „wilde Kampfeslust“ seiner Lieder. Unbestritten ist, dass zur Zeit eines Heine bis hin ins 20. Jahrhundert Luthers Anliegen als „trotziger Widerstand“, als „deutsche Art“ oder gar als „revolutionärer“ Aufstand (deshalb „die Marseiller Hymne der Reformation“) gegen alles „welsche Wesen“, gegen alle undeutsche Überfremdung verherrlicht wurde. Doch alle diese bürgerlichen oder nachbürgerlichen Deutungen der Reformation verfehlen bei weitem das Anliegen und die Beweggründe der Reformation. Hier äußert sich nicht der kühne Trotz eines „Gottesbarbaren“ (wie ihn ein Thomas Mann als Humanist tadeln zu müssen meinte), noch entfaltet sich hier die Tiefe „eines tiefreligiösen Gemütes“, noch äußert sich hier eine „wurzelhafte Subjektivität (wie der römisch-katholische Kirchenhistoriker Joseph Lortz Luther deutete). Alle diese Deutungskategorien blieben zwar dem

„modernen" Zeitgeist verbunden, der zumindest seit Erasmus von Rotterdam Europa zu beherrschen trachtet, doch von dem eigentlichen Wurzelgrund der Reformation sind sie meilenweit entfernt. Luther selbst verrät die eigentliche Antriebskraft seines Widerstandes gegen alle Mächte seiner Zeit (Papst und Kaiser und subjektivistisches Schwärmertum), als er in der Bedrängnis eines kaiserlichen Verhöres seinen Befragern entgegenhielt: „Mein Gewissen ist gefangen in Gottes Wort; ich kann und will nicht widerrufen, weil es unsicher ist und die Seligkeit bedroht, etwas gegen das Gewissen zu tun."[322]
So redet weder „wildeste Kampfeslust", vielleicht von Hass geschürt, noch beruft sich Luther auf seine subjektive Überzeugung. Er weiß sich vielmehr getragen und gehalten durch einen ihm im Bibelwort begegnenden Anruf, der nicht aus den Tiefen seines Gemütes emporsteigt. Dieser Ruf kommt aus den unergründlichen Tiefen der Gottheit, die den Hörer richtet und zugleich aufrichtet. Das sind auch keine geharnischten Worte, sondern tröstende, stärkende und Mut stiftende Worte. Dieser Mann birgt sich in die ihm „von außen", aus der Geschichte des Jesus von Nazareth entgegenkommende Botschaft. Diese Botschaft ist ihm zur „festen Burg" geworden, zu einem Wort, in das man sich bergen kann. Diese bergende Macht des Evangeliums als befreiende Botschaft entbindet im glaubend-vertrauenden Hörer Zuversicht und Mut und eine nie versiegende Hoffnung. Daraus allein bewahrte sich das Lied „seine begeisternde Kraft"!

II.

Ein Blick in die Entstehungsgeschichte hätte das 19. und 20. Jahrhundert davor bewahren können, das Lied als „Marseillaise", als protestantisches Kampf- und Trutzlied zu deuten.

Allerdings ist die Deutungsgeschichte dieses Liedes ein Indiz, auch ein Hinweis auf das protestantische Selbstverständnis im aufgeklärten und im bürgerlichen Deutschland, in dem mit den antinapoleonischen Freiheitskriegen von 1813/1815 sich auch ein nationales Selbstbewusstsein formiert. Luther wurde zur „markigen" Gestalt eines aufrechten Deutschen umstilisiert. Auf 44 Seiten gibt die kritische „Weimarer Ausgabe der Werke Luthers" (WA) Rechenschaft über die verwirrende Vielfalt der Deutungen der Entstehungsgeschichte dieses Liedes. Schon die Angaben über die Entstehungszeit des Liedes widersprechen sich erheblich. Man suchte nach besonderen Brennpunkten im Wirken und Schaffen des Reformators oder nach Abschnitten, in denen sich Luthers revolutionärer Geist besonders deutlich regte.[323]

Die erste Liedzeile von der „festen Burg" legte Luthers Wartburgaufenthalt als Entstehungszeit nahe. Andere erinnerten daran, dass schon Franz von Sickingen Luther auf der Reise nach Worms die Ebernburg als Zufluchtsort angeboten habe. Vergessen wurde allerdings, dass Luther dieses Angebot abgelehnt hat. Wieder andere erinnerten daran, dass Luther während des Reichstags in Augsburg auf der Veste Coburg untergebracht war. Die Liedzeile „und wenn die Welt voll Teufel wär" scheint auf die Zeit der Reise nach Worms hinzuweisen, hatte doch Luther mehrmals betont, er werde – allen wohlmeinenden Ratschlägen zum Trotz – dennoch in Worms vor Kaiser und Reich erscheinen: „Wenn noch so viele Teufel zu Worms wären, als Ziegel auf den Dächern, ich wollte doch hinein."[324] Auch das Jahr1524 schien sich als möglicher Termin anzubieten, zumal Anfang 1524 das Wittenbergische Sangbüchlein herauskam, zudem bahnten sich in Orlamünde neue Unruhen durch Andreas Karlstadt an; ebenso schürte Thomas Müntzer in Allstedt und Mühlhausen den gewaltsamen Aufruhr, um das Reich Gottes heraufzuführen; Erasmus von Rotterdam verfasst seine Streitschrift gegen Luther: „Vom freien Willen“. Ein Reichstagsabschied in Nürnberg fordert die energische Durchführung des antilutherischen Edikts von Worms. Der Bauernkrieg von 1525 und Luthers Heirat schienen ebenso für einen möglichen Termin zu sprechen; auch der Reichstag von Speyer mit dem feierlichen Protest der evangelischen Fürsten könnte Ursache für dieses Lutherlied gewesen sein. Da während des Aufenthaltes Luthers auf der Coburg 1530 nach allen zeitgenössischen Zeugnissen das Lied schon bekannt war, fällt seine Entstehungszeit wohl in die turbulenten Jahre zwischen 1527-1529.

Im Jahr 1527 sieht sich Luther in schwere Auseinandersetzungen mit der Abendmahlslehre des Zürichers Ulrich Zwingli verwickelt. Mit dem ungebrochenen „Est“ („Das ist mein Leib“ gegen das „bedeutet“) steht und fällt für ihn das ganze Evangelium. Auch wird er in diesen Monaten von Herzattacken und Schwindelanfällen heimgesucht, und er rechnete mit seinem baldigen Tod. Er ruft den zuständigen Stadtpfarrer Johannes Bugenhagen, um diesem zu beichten. Wider Erwarten erholt er sich von diesen Heimsuchungen, doch es bedrückt ihn die Nachricht von der Ermordung des hallischen evangelischen Predigers Georg Winkler und das Todesurteil gegen Leonhard Keiser in Bayern, der im August 1527 in Schärding als Ketzer auf dem Scheiterhaufen verbrannt wurde. Im Nov./Dez. 1527 wütet in Wittenberg die Pest. Während die Universität nach auswärts verlegt wird, bleibt Luther mit seiner Familie in der Stadt (ebenso Bugenhagen). In Luthers Haus werden sogar Pestkranke gepflegt. „Die Pest habe ich dreimal im Hause gehabt. Mein Söhnchen war länger als acht Tage krank ..., bereits viele Monate werde ich nun durch Unruhe und Kleinmütigkeit geängstigt.“

Auch die beiden kommenden Jahre kennen mancherlei Anfechtungen, Todesfälle, theologische Anfeindungen und Kriegsgefahren. Unter Einsatz seiner ganzen Autorität kann Luther einen drohenden Religionskrieg zwischen evangelischen und katholischen Fürsten abwenden (sog. Pack'sche Händel). Die Tochter Elisabeth stirbt. „Mein Herz ist davon krank" schreibt er.[325] 1529 droht vom südöstlichen Europa Kriegsgefahr durch die Türken. Auf dem schon erwähnten Speyerer Reichstag lässt Erzherzog Ferdinand, der Bruder des Kaisers, Sanktionen gegen alle die androhen, die einem „unrechten und fremden Glauben ... oder neuen Sekten" anhängen. Luther dagegen veröffentlicht seine beiden Katechismen, den kleinen und den großen. Vom 2. bis 4. Oktober 1529 kommt es in Marburg/Lahn zu einem Gespräch zwischen Luther und Ulrich Zwingli. Zwar kann man sich in 14 Artikeln verständigen, doch in der Abendmahlslehre bleibt eine nicht zu überbrückende Differenz.

In diesen unruhigen Zeiten, in Jahren voller Krankheiten und voller Sterben, voll geistlicher Anfechtungen und im Ringen um die verbindliche biblische Wahrheit ist dieses evangelische Bekenntnislied entstanden. Beachtet man diesen zeitgeschichtlichen Hintergrund, dann kann man dieses Lied unmöglich als „Marseillaise" der Reformation und „voll wilder Kampfeslust" deuten. Zugegebenermaßen wurde es und wird es oft auch heute noch missbraucht. In Wahrheit ist dieses „Bekenntnislied" ein Gesang voller Glaubensgewissheit. Der Dichter und Sänger sucht seine „Zuversicht und Stärke" in Gott, wie es der 46. Psalm ausdrückt (Ps 46, 2). Luther knüpft an diesen Psalm an. Das wird schon durch die ursprüngliche Überschrift deutlich, die der Reformator über sein Lied setzt: „Der XLVI. Psalm. Deus noster refugium et virtus", das entspricht dem lateinischen Vulgatatext dieses Psalmes[326], d. h.

„Gott ist unsere Zuversicht und Stärke in den großen Nöten, die uns getroffen haben". Das lateinische „refugium", das Luther mit „Zuversicht" übersetzt, kann auch Zuflucht oder Zufluchtsort bedeuten. Da Luther bei dem „refugium" nicht nur „Zuversicht, sondern auch „Zuflucht" und Zufluchtsort mit bedachte, lag es nahe, Gott auch als „feste Burg", als bergenden Zufluchtsort zu begreifen, zumal „Burg" und „bergen" demselben Wortstamm entspringen. So nimmt der Reformator den 46. Psalm auf und hat ihn in seinem Lied „sehr frei behandelt".[327]
So setzt das Lied mit der Vergewisserung ein:

> *Ein feste Burg ist unser Gott,*
> *ein gute Wehr und Waffen.*[328]
> *Er hilft uns frei aus aller Not,*
> *die uns jetzt hat betroffen.*
> *Der alt böse Feind*
> *mit Ernst er's jetzt meint;*
> *groß Macht und viel List*
> *sein grausam Rüstung ist,*
> *auf Erd ist nicht seinsgleichen.*

Der angefochtene, bedrängte Mensch und Christ bedarf Gottes, in den er sich wie in eine Burg hineinflüchten soll und kann, weil er nicht nur von Sünde, nicht nur von Schuld, Krankheit, Krieg und Tod bedroht ist. Vielmehr verbirgt sich hinter all diesen Gefahren und Bedrängnissen der „alt böse Feind", die teuflische Verderbensmacht schlechthin, die Gottes Schöpfung und damit den Menschen selbst hinabstürzen will ins chaotische Nichts. Handelte es sich nur um irdische menschliche Nöte und Bedrängnisse, könnte sie der Mensch aus eigener Kraft, durch eigene Klugheit, Berechnung, Geschicklichkeit und Umsicht in den Griff bekommen. Es bedürfte keines Gottes als bergendem schützendem Zufluchtsort. Doch der Teufel ist listig; gegen seine „listigen Anläufe“ (Eph 6, 11) vermag keines Menschen Macht und Stärke etwas auszurichten. Gegenüber dieser teuflischen List ist Menschenkraft Ohnmacht, Menschenklugheit Dummheit, Menschenweisheit Lüge und Menschenzuversicht nichts als Enttäuschung und Illusion. Die List des Satans besteht darin, dass er den Menschen vom Wort Gottes wegzieht: „Ja, sollte Gott gesagt haben: ... ?“ (1. Mose 3, 1). Aus dem Zweifel aber wächst der Gott verneinende Unglaube, jener Ur-Atheismus: „Mitnichten“ seid ihr Kinder des Todes (1. Mose 3, 4). Meisterhaft erzählt die alte Geschichte vom Sündenfall, das die ganze Menschenwelt bis heute durchdringende Verhängnis.

Gegenüber dieser widergöttlichen Verderbensmacht hilft kein Werk, kein Engagement, keine Philosophie, kein freier Wille; der würde uns nur noch tiefer ins Verhängnis hinabreißen, weil der freie Wille des Menschen immer nur das will, was des Menschen Wollen entspricht, nicht aber dessen, was Gottes ist.[329]

So bleibt dem so bedrohten und bedrängten Menschen nur eine Zuflucht: sich hineinzubergen in das befreiende, Vergebung und Leben zusagende Wort Gottes. Das Wort „Ich bin der Herr, dein Gott“ ist die allein rettende Burg. Dieses erste Gebot ruft den Menschen hinein in das Vertrauen, in den Glauben allein, der sich auf Gott verlässt, Ihn Grund und Ursache seines Lebens sein lässt. Nur so wird die „grausame Rüstung“ des „alt bösen Feindes“ machtlos. Dessen Waffen zersplittern an Gottes Wort und Zusage.

Deshalb zunächst das Eingeständnis menschlicher Ohnmacht:

> *Mit unsrer Macht ist nichts getan,*
> *wir sind gar bald verloren;*

Doch dann die Gewissheit:

> *es streit' für uns der rechte Mann,*
> *den Gott hat selbst erkoren.*
> *Fragst du, wer der ist?*
> *Er heißt Jesus Christ,*
> *der Herr Zebaoth,*
> *und ist kein andrer Gott,*
> *das Feld muß er behalten.*

Es geht in diesem Geschehen um einen „heilsgeschichtlichen Kampf"[330] zwischen Gott und Satan, der die ganze Heilige Schrift durchzieht. Am eindrucksvollsten wird das im Hiobbuch dargestellt. Der Satan erscheint vor Gott als Ankläger des Frommen, seine Gewalt aber bleibt „unter" Gottes Macht begrenzt (Hiob 1, 6-2, 7). Obwohl der Teufel einem brüllenden Löwen gleicht, kann der Glaube ihm widerstehen (1. Petr 5, 8f.); denn im vom Wort Gottes gewirkten Glauben ist Gott selbst siegend auf dem Plan (1. Joh 5, 4). In diesem Streit ist der Mensch der Kampfplatz, in dem Gottes Wort zu Felde liegt, um dem Satan das in sich hineinverkrümmte Menschenherz (so Luther) abzutrotzen, damit es wieder zurechtgerückt werde.
Das Wissen um einen heilsgeschichtlichen Endkampf beschäftigte schon viele der altkirchlichen Väter und wird in Luthers Schriften und Liedern neu und kräftig zur Geltung gebracht.

Luther redet in diesem Zusammenhang in verschiedenen Wendungen von „duellum mirabile“, von einem erstaunlichen oder verwunderlichen Duell oder Zweikampf[331]; ein Motiv, das schon 1524 in dem o. g. „Christ lag in Todesbanden“ verwendet wird: „Es war ein wunderlich Krieg, da Tod und Leben rungen.“[332] Nur Gott selbst kann in diesem tödlichen Duell „das Feld behalten“. Gottes Sieg aber wird von Jesus Christus erstritten. Er ist der „rechte Mann“. Doch ER ist eins mit dem „Herrn Zebaoth“, dem Herrn der Heerscharen. In einer knappen und meisterhaften Skizze wird die Menschwerdung Gottes, wird das Sein Gottes in Christus (2. Kor 5, 19; Kol 2, 9) ausgesagt. Christus ist einerseits der „rechte Mann“ und zugleich der einzige Gott und Herr Zebaoth. Das ist – fern aller trockenen Dogmatik – Luthers sog. Zwei-Naturen-Lehre. Im 46. Psalm erscheint das bedrohliche, doch mächtige Chaos als Urmeer, in dem „die Berge mitten ins Meer“ sinken und die Welt untergeht. Luther hat dieses Chaosmotiv keineswegs unterschlagen, sondern es in der 3. Strophe seines Liedes in ein anderes Bild „übersetzt“. Deshalb:

> *Und wenn die Welt voll Teufel wär*
> *und wollt uns gar verschlingen,*
> *so fürchten wir uns nicht so sehr,*
> *es soll uns doch gelingen.*
> *Der Fürst dieser Welt,*
> *wie sau'r er sich stellt,*
> *tut er uns doch nicht;*
> *das macht, er ist gericht',*
> *ein Wörtlein kann ihn fällen.*

Die ganze Menschenwelt ist „voller Teufel“, überflutet von den Verderbensmächten: Sünde, Tod und Teufel. Doch ihr Versuch, Welt und Mensch im Nichts zu ertränken, muss scheitern. Dies ist gewiss! Nach seinem Einzug in Jerusalem, auf dem Weg zum Kreuz also, verkündet Jesus das große „Nun“: „Nun“ wird „der Fürst dieser Welt“ ausgestoßen werden (Joh 12, 31). Durch seinen Tod tötet Christus, der Herr Zebaoth, den Tod. Damit ist die satanische Macht gebrochen: „So fürchten wir uns nicht so sehr, es soll uns doch gelingen.“ Nämlich mit Christus über Sünde, Tod und Teufel zu herrschen. Mag der „Fürst der Welt“ auf Erden auch noch eine Zeitlang toben und sich „sauer“ stellen. Das ist nur noch das letzte Aufbäumen eines schon geschlagenen Feindes. Rückzugsgefechte! Das Gericht ist schon über ihn ergangen (Joh 12, 31; Offb 14, 7). „Ein Wörtlein kann ihn fällen!“
Das Johannesevangelium berichtet, dass Christus bei seiner Gefangennahme auf das Ansinnen seiner Häscher, dass sie Jesus von Nazareth suchen, antwortet: „Ich bin's!“ Seine Häscher aber wichen zurück „und fielen zu Boden“ (Joh 18, 6). In dem „Ich bin's“ schwingt der Gottesname „Ich bin, der ich bin“ (2. Mose 3, 14) unüberhörbar mit. Dieser Name lässt die Häscher, lässt alle Christusfeinde stürzen – auch wenn dieses Fallen und Stürzen noch Jahrhunderte dauert. Der Sieg Christi bleibt gewiss.
Diese Gewissheit spricht sich auch in der vierten Strophe aus:

> *Das Wort sie sollen lassen stahn*
> *und kein' Dank dazu haben;*[333]
> *er ist bei uns wohl auf dem Plan*
> *mit seinem Geist und Gaben.*

Nehmen sie den Leib,
Gut, Ehr, Kind und Weib:
laß fahren dahin, sie haben's kein' Gewinn,
das Reich muß uns doch bleiben.[334]

Es gehört mit zur List und zum Trug des „alt bösen Feindes", dass er das „Wort", d. h. Gott, der sich an sein Wort gebunden hat, beiseite räumen möchte; denn das Wort zieht seiner Macht unüberwindliche Grenzen. Deshalb will und kann er das Wort eben nicht stehen lassen. Es soll stürzen. Er bedient sich dabei des „Dankes" des zweifelnden Herzens, das dem Wort seine Gedanken hinzufügen will. Natürlich flüstert uns der Satan ein, das Wort, die Botschaft müsse attraktiver, verständlicher, logischer, zeitgemäßer und moderner gestaltet werden. So kommt es, dass der Mensch „Dank dazu haben" möchte. Er ergänzt es durch seine Auslegungen, durch seine hohen philosophischen Gedanken und macht so das Wort, die Christusbotschaft, zwar dem menschlichen Herzen angenehmer und einleuchtender; doch das Salz des Wortes Gottes verliert seine Salzkraft (Mt 5, 13). Es geht unter im Meer allgemeiner Religiosität und augenblicklicher Vernünftigkeit. Salz bleibt das Wort nur, wenn es salzen kann, wenn es mich in meiner Ichbezogenheit „beißt" und mich so für das große „Ich bin's" Jesu Christi öffnet, der mir Vergebung und Leben zuspricht. Deshalb die scharfe Absage des Liedes an alle Gedanken und Anliegen unseres Herzens, die das Wort „attraktiver" machen wollen; sei es, dass man „vernünftige" Gedanken hinzufügt, sei es, dass man manches Unbequeme auslässt. Die alte Mahnung „weder zur Rechten noch zur Linken" abzuweichen (5. Mose 17, 11) vom Gesetz, vom Wort des Herrn, bleibt stets aktuell. Die Gefahr, das Wort nicht stehen zu lassen, ist die ständige Versuchung des alt- und neutestamentlichen Volkes Gottes. Man könnte die Kirchen- und Dogmengeschichte darstellen als ein ständiger Kampf um die Reinheit des Wortes Gottes. Schon ein Petrus muss sich auf dem Apostelkonzil von Jerusalem (Apg 15, 1-12) gegen jene wenden, die von den Getauften die Beschneidung und das Einhalten des mosaischen Gesetzes forderten, „sondern wir glauben, durch die Gnade des Herrn Jesu Christi selig zu werden" (Apg 15, 11); und „nicht durch des Gesetzes Werk", wie es Paulus im Römerbrief geltend macht (Röm 3, 28). So wendet er sich auch entschieden gegen die galatischen Irrlehrer und falschen Brüder, die wieder zum Glauben den Gesetzesgehorsam hinzufügen wollen, und betont: „Christus hat uns erlöst vom Fluch des Gesetzes" (Gal 3, 13). Dieses Ringen um die Lauterkeit des Wortes durchzieht die ganze Kirchengeschichte bis heute, von der Auseinandersetzung mit den Gnostikern, die die „Eigentlichkeit" des menschlichen Geistes als das Göttliche gegen die Kreuzesbotschaft aufbieten, über die arianischen Streitigkeiten, über die neue Gesetzesgerechtigkeit eines Mohammed und die beachtliche mittelalterliche Denkarbeit, die „Torheit" des Kreuzes (1. Kor 1, 18) mit den Einsichten der Philosophie zu verbinden.

In der Reformationszeit bricht diese Auseinandersetzung von neuem auf: Was vermag der freie Wille des Menschen, wie weit reicht seine Macht oder ist und bleibt unser Wille vor Gott ein durch die Sünde des Selbstseinwollens verknechteter Wille? Ähnliche Fragestellungen ergeben sich aus der sog. Aufklärung. In den folgenden Jahrhunderten geht es um idealistische oder materialistische Ergänzungen bzw. Verneinungen des Wortes vom Kreuz bzw. um nationalistische oder sozialistische Umdeutungen. Der Kampf dauert an. Umso dringender die Mahnung und Kampfansage: „Das Wort sie sollen lassen stahn!“ Das Wort muss in seiner Klarheit bleiben, weil es keine Menschenmeinung, sondern Gottes Zusage und Schwur ist. Daran ändert auch keine Menschenklugheit etwas. Sie (diese Klugen, Philosophen, Esoteriker, „unfehlbaren“ Päpste oder gewisse protestantischen Theologen oder Kirchenpolitiker) sollen „keinen Dank dazu haben“; d.h. das Wort bleibt bestehen, ob ihnen das lieb ist oder leid.[335]

Die Gewissheit des Glaubens erwächst nicht aus Menschenklugheit, nicht aus Kirchenordnungen, nicht aus dem Zeitgeist, nicht aus Politik oder Kirchenpolitik, auch nicht aus konfessionellen Mehrheiten oder dem Gewicht einer Religion, nur ER, Christus, nur Er, der ewige Herr der Engelheerscharen, ist der unerschütterliche Grund mitten in Ängsten und Anfechtungen. ER bleibt unser Schutzwall gegen die Macht der Sünde und unser Verteidiger gegen die Anklagen des satanischen Verklägers. „ER ist bei uns wohl auf dem Plan mit seinem Geist und Gaben!“ Der Plan, das Schlachtfeld, ist unser Gewissen, ist das trotzige und verzagte Menschenherz (Jer 17, 9). Doch Sein Geist und Gaben sind uns mit und in seinem Wort gegeben, da Gottes Geist für uns in Seinem Wort, im Gesetz und Evangelium wirkend anwesend ist. Deshalb brauchen wir nicht zu verzagen!

Das gilt auch noch und gerade dann, wenn die Feinde Christi, die Verderber seines Wortes, „den Leib nehmen, Gut, Ehr, Kind und Weib“ in gleicher Weise. Es ist nur allzu verständlich, dass unser „Fleisch“, unser natürlicher Mensch und sein Empfinden bei diesen Liedzeilen zurückzuckt und nicht wenige Pfarrer die 4. Strophe unseres Lutherliedes nicht mehr singen lassen. Man bedenke aber, dass Luther hier nicht leichtfertig oder unbedacht daherschwadroniert. Es gehört mit zu den bitteren Erfahrungen der Reformation, dass Bann und Reichsacht, ja selbst Mord und Scheiterhaufen den Bekennern des

Evangeliums drohen. Das ist kein Zufall! Denn die Botschaft vom Kreuz schafft nicht nur Glauben, sondern weckt auch Feindschaft, Widerstand, Hass und Verfolgung. Die treulosen Weingärtner schlagen die Sendboten des Herrn, töten oder steinigen sie, zuletzt ermorden sie den einzigen Sohn selbst (Mt 21, 33-46). Es gehört zu den Zeichen der Endzeit, dass die Jünger der Trübsal überantwortet, angeklagt und getötet werden (Mt 24, 9f.; Mk 13, 9ff.); denn der Jünger ist nicht über seinem Meister (Mt 10, 24f.).

Das allein ist der endzeitliche Horizont, in den sich jene anstößige 4. Strophe einordnet. Der Weg des Glaubens ist nicht nur Wohlergehen und eitel Sonnenschein. Das Evangelium malt und verheißt keine Utopie vom ewigen Frieden oder einer Ökumene aller Konfessionen oder gar aller Religionen. Gerade diese Wunschträume – und seien sie noch so verständlich – sind falsche Prophetie. Auch dies ist des letzten Widersachers „groß Macht und viel List".

Wiederum lehrt ein Blick in die Kirchengeschichte, von den Anfängen der Verfolgungen der Kirche im römischen Reich bis hinein in unsere Gegenwart, wo moderne Ideologien zum vermeintlich letzten Schlag gegen den christlichen Glauben ausholen, wie im sozialistischen Kommunismus oder im Nationalsozialismus (man beachte die Symbiose von Nationalismus und Sozialismus) oder in jüngster Zeit das Neuerwachen von Christusfeindschaft im Islam, im Buddhismus und Hinduismus. Verfolgungen in bisher nicht gekannnten Dimensionen erlebt die Christenheit. Da helfen keine utopischen Träume und auch keine globalen Friedensbewegungen. Es ist dem Christen nicht geboten, das Martyrium zu suchen. Sobald aber die Verfolgung losbricht, darf er ihr nicht ausweichen. Da kann es geschehen, dass man „Gut, Ehr, Kind und Weib" dahinfahren lassen muss. Irdische Güter „haben's kein Gewinn"

Ein feste Burg ist unser Gott

für das ewige Leben. „Christus – der ist mein Leben!" tröstet der eingekerkerte Apostel Paulus, den Tod schon vor Augen, die Christengemeinde von Philippi (Phil 1, 21) und stärkt so die vielen Drangsalen ausgesetzten Glaubenden.
Auf diese Glaubensstärkung – auf nichts anderes – zielt auch dieses berühmte Lutherlied; denn „das Reich muss uns doch bleiben"! Keines der Reiche dieser Welt – und seien sie noch so groß und mächtig – hat Bestand. Die Weltgeschichte gleicht nach Luther zwei Reiterheeren, die „aufeinander platzen" und miteinander ringen. Bald sind die Einen oben, bald die Anderen. Der geschichtliche Wandel verschont niemanden. Das Reich Christi dagegen hat eine doppelte Gestalt. In dieser Zeit begegnet uns Christi Reich (oder Gottes Reich) als „Reich der Gnade und der Barmherzigkeit und nicht als ein Reich des Zornes oder der Strafe" (wie alle Weltreiche); denn Gottes Reich ist „eitel Vergeben, Dienen, Wohltun, Friede und Freude"[336] Christus regiert dieses Reich durch das verkündigte Evangelium, durch Taufe und Abendmahl. „Das Reich Christi währet bis ans Ende der Welt. Dann (am Ende aller Zeiten und Weltreiche) wird Gott König sein."[337] Dessen darf der Glaube unumstößlich gewiss sein. Das stärkt und bewahrt in allen Widrigkeiten und Feindschaften der Geschichte.
So erweist sich Luthers „Ein feste Burg ist under Gott" nicht als trutziges Kampf- oder Schlachtlied, sondern als stärkende, aufrichtende und hoffnungsvoll befreiende Evangeliumsbotschaft.

Taufe

Luthers Tauflied

Religionsgeschichtlich gesehen, gibt es in allen Weltreligionen – aber auch in sog. Stammesreligionen – bestimmte Riten oder Handlungen, die in den jeweiligen Stamm oder die jeweilige Religion eingliedern sollen. Es handelt sich um Einweihungshandlungen, auch Initiationsriten genannt. Nach alttestamentlicher Überlieferung gliedert die Beschneidung (des männlichen Geschlechts) ein in den Abrahamsbund (1. Mose 17, 9-14.23-27). Von daher scheint auch der Islam die Beschneidung übernommen zu haben.
Im Christentum tritt an die Stelle der Beschneidung die Taufe, das Abwaschen mit Wasser. Zwar kennt auch das Judentum ähnliche Waschungen (vgl. z.B. die großen Wasserbecken, die man bei Ausgrabungen in Qumran gefunden hat). Doch diese Waschungen unterscheiden sich von der christlichen Taufe zunächst einmal dadurch, dass solche religiösen Waschungen öfter wiederholt werden, während die christliche Taufe demgegenüber einmalig und unwiderruflich ist. Ihrem Wesen nach kann und darf sie nicht wiederholt gespendet werden.
Es sind deshalb zwei Eckpunkte, die bedacht werden müssen, will man die christliche Taufe sachgemäß erfassen. Da ist zunächst auf den Taufbefehl Christi zu verweisen. Der Auferstandene hinterlässt den Jüngern und damit der Kirche bei seiner Erhöhung (= Himmelfahrt) einen Auftrag: „Mir ist gegeben alle Gewalt im Himmel und auf Erden. Darum geht hin und macht zu Jüngern alle Völker: Tauft sie auf den Namen des Vaters und des Sohnes und des Heiligen Geistes und lehrt sie halten alles, was ich euch befohlen habe. Und siehe, ich bin bei euch alle Tage bis an der Welt Ende“ (Mt 28, 18-20).

In einer Predigt bei der Taufe des Prinzen Bernhard von Dessau (am 1. und 2. April 1540) macht Luther zu Recht geltend, dass dieser ausdrückliche Christus-Befehl die christliche Taufe von allen möglichen anderen Waschungen, wie sie aus der Religionsgeschichte oder aus mancherlei zauberhaften (=magischen) Praktiken bekannt sind, grundsätzlich unterscheidet. „Die Zauberer und Teufelshuren, die Wettermacherinnen brauchen auch eines Zeichens oder Kreatur als (Ge)würze und Kräuter und sprechen darüber das Vaterunser oder andere heilige Worte und Namen Gottes." Doch denen muss man mit der Frage entgegentreten: „Lieber, wo und wer ist der Stifter, der solches geheißen habe? Hast Du auch ein Wort oder Befehl Gottes, so da sagt: Das sollst du tun? ... Wo solch Wort nicht ist, da ist und gilt nichts, was man sonst für Zeichen und Wort braucht ...". Zugleich weist der Reformator damit auch bestimmte Gebräuche oder sog. „Sakramentalien" der römischen Kirche wie etwa Salz- und Wasserweihen (Weihwasser) oder sog. Glockentaufen zurück. Das haben Menschen aus „eigenen Gutdünken aufgebracht." Das ist „Tand", „lauter Verkehrung, ja ein Spott und Lästerung der Taufe."[338] Allein der Befehl und Auftrag Christi geben der Taufe Kraft und Gewissheit. Nur so ist die Taufe „nicht allein schlicht Wasser, sondern sie ist das Wasser, in Gottes Gebot gefasst und mit Gottes Wort verbunden", wie es Luther im „Kleinen Katechismus" klar und präzise darlegt.[339] Das allein bewahrt die Taufe davor, zur Magie zu entarten.

Der andere Eckpunkt, Sinn und Zweck der Taufe zu erfassen, sind die neutestamentlichen Berichte von der Taufe Jesu im Jordan durch Johannes den Täufer (Mt 3, 13ff.; Mk 1, 9ff.; Lk 3, 21ff. und Joh 1, 29ff.). Wie wichtig dem Reformator diese Evangelienberichte waren, erkennt man u.a. daran, dass das einzige Tauflied Luthers, das uns von ihm überliefert ist, mit der Jordantaufe einsetzt. Das Lied ist uns zunächst um 1541 in Einzeldrucken bekanntgeworden, dann in einer Magdeburger niederdeutschen Version. In hochdeutsch erschien das Lied 1543 im Klugschen Gesangbuch in Wittenberg. Luther hat Jesu Jordantaufe mehrmals am Epiphaniastag behandelt. Sein Lied beginnt deshalb auch mit:

> *Christ, unser Herr, zum Jordan kam*
> *nach seines Vaters Willen,*
> *von Sankt Johann die Taufe nahm,*
> *sein Werk und Amt zu erfüllen.*
> *Da wollt er stiften uns ein Bad,*
> *zu waschen uns von Sünden,*
> *ersäufen auch den bittern Tod*
> *durch sein selbst Blut und Wunden;*
> *es galt ein neues Leben.“* [340]

Er nennt es „ein geistlich Lied von unserer heiligen Taufe“ und gibt eine kurze Inhaltsangabe: „Darin fein kurz gefasset, was sie sei, wer sie gestiftet habe, was sie nütze.“[341] Schon diese erste Strophe nimmt wichtige Taufansagen auf. Der Epheserbrief nennt die Taufe das „Wasserbad im Wort“, durch das wir geheiligt werden (Eph 5, 26). Im Titusbrief wird die Taufe „das Bad der Wiedergeburt und Erneuerung des Heiligen Geistes“ (Tit 3, 5) genannt. Das alles nahm mit der Taufe

Jesu im Jordan seinen Anfang. Damit aber ist die „selige Taufe des Herrn der Anfang des ganzen neuen Testamentes". In der Taufe ist Christus „das Amt des neuen Testamentes befohlen worden, dass er ein Herr und Heiland sei." Mit diesem Herrn „fängt nicht nur eine neue Zeit an, sondern eine neue Welt, so wie der Tag angeht, wenn die Sonne hervorbricht."[342]

Unbestritten ist, dass zwischen der Johannes- und der Christustaufe ein gewisser Unterschied besteht. Sie sind beide „nicht weit" voneinander. Der Täufer „selbst zeigt den Unterschied, da er spricht: „Ich taufe mit Wasser, aber der nach mir kommt, der wird euch taufen mit dem Heiligen Geist und Feuer." Damit wollte er andeuten, dass nicht er die Sünde vergeben kann, sondern der kommende Christus. „Aber doch taufe ich auf denselbigen, der es tut, der bald nach mir kommen wird. Darum sind die, so Johannes getauft hat, und vor der Taufe Christi gestorben sind, gleichwohl selig worden, denn sie haben geglaubt, dass Christus mit seiner Taufe kommen und sie taufen würde mit dem Heiligen Geist und Feuer."[343]

Der Unterschied zwischen Wasser- und Geisttaufe ist u.a. typisch für die Haltung alter und neuer Täufer, die die Geisttaufe als Glaubenstaufe gegen die Wassertaufe ausspielen, um die Gültigkeit der Taufe von der Gläubigkeit des erwachsenen Täuflings abhängig zu machen. Doch da wird der Unterschied an falscher Stelle gesucht. Die Differenz von Johannes- und Geisttaufe besteht in der Differenz der Zeiten, in der Taufhandlung vor oder nach Christus. Doch im Vorher und im Nachher ist Christus, der kommende oder der gekommene Christus, der „Bezugspunkt" der Taufe. Im „Vorher" und „Nachher" ist ER der eigentlich Alleinhandelnde, nicht aber die Gläubigkeit des zu Taufenden.

So hört und merket alle wohl,
was Gott selbst die Taufe nennet
und was ein Christ glauben soll,
der sich zu ihm bekennet.
Gott spricht und will, dass Wasser sei,
doch nicht allein schlicht Wasser,
sein heilig's Wort ist auch dabei
mit reichem Geist ohn Maßen:
der ist allhier der Täufer!

„Die Rotten und Ketzer" sehen in der Taufe nichts anderes „denn (wie die Augen uns weisen) als lauter Wasser."[344] Sie sagen: „Wasser könne die Seele nicht waschen." Sie sehen im Taufen „ein lauter ledig Zeichen ..., wie man die Schafe zeichnet." Aber das ist viel zu wenig zur heiligen Taufe ... Wir sagen auch wohl, dass es Wasser sei, aber es gehört noch etwas mehr dazu, welches solch Wasser herrlich, heilig und zur wahren Taufe macht, nämlich ... Gottes Wort neben und bei dem Wasser, welches nicht wir erdichtet noch erträumt haben, sondern Christi Wort ist: Gehet hin in alle Welt .... Wenn diese Worte zu dem Wasser kommen, so ist es ... ein heilig, göttlich Wasser. Denn wo Gottes Wort ist, dadurch er Himmel und Erden und alles geschaffen hat, da ist Gott selbst mit seiner Kraft und Macht"[345], heißt es wieder in jener Taufpredigt für Bernhard von Anhalt-Dessau, die bis heute der beste Kommentar zu Luthers Tauflied ist, ja das Tauflied entspringt wahrscheinlich jener Taufpredigt von 1540.

Bezeichnend ist, dass Wort und Geist einander untrennbar zugeordnet sind. Wo das Wort ist, da ist auch der „Geist ohn Maßen“ da; da es ja der dreieinige Gott selbst ist, der im Wort und durch das Wort spricht, so dass der Heilige Geist selbst der Täufer ist. Reißt man dagegen Wasser, Wort und Geist auseinander, verfehlt man den Sinn und den Zweck und die Kraft der Taufe.

> *Solchs hat er uns beweiset klar*
> *mit Bildern und mit Worten.*
> *Des Vaters Stimm man offenbar*
> *daselbst am Jordan hörte;*
> *er sprach: „Das ist mein lieber Sohn,*
> *an dem ich hab Gefallen;*
> *den will ich euch befohlen han,*
> *daß ihr ihn höret alle*
> *und folget seinem Lehren“.*

Luther knüpft in dieser Strophe noch einmal an die Evangelienberichte zur Taufe Jesu, insbesondere an Matthäus 3, 13-17 an. Mit „Bildern und Worten“ wird dargestellt, dass hier sich eine dreifache Gegenwart ereignet: Der Sohn im Jordan stehend, der Heilige Geist in Gestalt einer Taube und die Stimme des Vater vom Himmel. „Darum sollen wir gewiss sein, wo jemand getauft wird nach Christi Befehl, dass da gegenwärtig sei Gott der Vater, Sohn und Heiliger Geist und dass im Himmel eitel Wohlgefallen, Lust und Freude darüber sei, dass die Sünde vergeben, der Himmel ewig aufgeschlossen und nunmehr kein Zorn, sondern eitel Gnade sei.“[346] Die Mahnung und Aufforderung, Christi Lehren zu folgen, ist der Ruf ins Vertrauen. Christi Wort und Zusagen können nicht lügen oder trügen. Denn:

> *Auch Gottes Sohn hire selber steht*
> *in seiner zarten Menschheit.*
> *Der Heilig Geist herniederfähret*
> *in Taubenbild verkleidet,*
> *daß wir nicht sollen zweifeln dran:*
> *wenn wir getaufet werden,*
> *all drei Person' getaufet han,*
> *damit bei uns auf Erden*
> *zu wohnen sich ergeben.*

Der Hinweis auf die „zarte Menschheit“ Christi ist nicht nur Anspielung auf seine schwache, hinfällige Menschennatur, sondern bedeutet, dass Christus als „der größte Sünder“ zu Johannes an den Jordan kommt, „der aller Welt Sünden hat und trägt …, aber nicht für sich, sondern für uns; denn er tritt all hier in meine und deine Person und steht an unserer Statt, da die Sünder sind.“[347]
Ja, Luther nimmt hier noch einmal das Bild vom „fröhlichen Wechsel und Tausch“ auf, das er in seinem Freiheitstraktat von 1520 verwendet hat.[348] „Ist das aber nicht ein feiner, herrlicher Wechsel, da Christus, der allerdings unschuldig und heilig ist, nicht allein auf sich nimmt meine Sünde und Schuld, sondern er kleidet und schmückt mich, der ich eitel Sünde bin, nicht mit seiner Unschuld und Reinigkeit? …, auf dass ich mit ihm ewiglich leben soll in herrlicher unaussprechlicher Freude.“[349] Im Taufgeschehen selbst geschieht dieser „herrliche Wechsel“, werde ich meiner Schuld frei und ledig, weil Christus mein besudeltes Leben anzieht und sich dafür opfert. Er wohnt bei uns, damit wir Zugang haben zu den ewigen Hütten (2. Kor 5, 1).

Sein Jünger heißt der Herre Christ:
Geht hin, all Welt zu lehren,
dass sie verlorn in Sünden ist,
sich soll zur Buße kehren;
wer glaubet und sich taufen lässt,
soll dadurch selig werden,
ein neugeborner Mensch er heißt,
der nicht mehr könne sterben,
das Himmelreich soll erben.

Noch einmal wird an den Taufbefehl Christi angeknüpft: „Geht hin in alle Welt zu lehren." Dieses Lehren ist aber entschieden mehr als nur ein „Bescheidsagen!" Die Christuspredigt – und jede Taufpredigt soll Christus verkündigen – will die in Sünden Verlorenen zur Buße und damit zur Umkehr rufen. Jede Umkehr aber ist dann recht, wenn sie Glauben in uns entzündet; denn im Glauben, im Vertrauen auf die ewig gültige Zusage „Dies ist mein lieber Sohn" werden wir selig, sind wir neugeboren, dem Tod entronnen und Erben des Himmelreiches.

Doch genau hier fallen zugleich auch weittragende Entscheidungen. Unter Berufung auf Markus 16, 16 „Wer da glaubt und getauft wird, der wird selig" machen alte und neue sog. Täuferbewegungen geltend, man könne nur Erwachsene taufen, die sich bewusst zur Buße und für Christus entschieden hätten. Deshalb sei die Kindertaufe ungültig, wirkungslos und leer. Neubekehrte seien – wenn sie als Kinder getauft wurden – jetzt „endgültig" zu taufen, weil sie sich „bewusst" für Christus entschieden hätten. Kinder dagegen erlebten die Taufe nicht bewusst. Sie müssten sie passiv erleiden. Alles kommt also auf die bewusste, klare Entscheidung für Christus an.

(Vgl. auch die Tauflehre Karl Barths, der die Taufe in die Ethik einordnet, weil sie ein „Bescheidsagen“ sei und die entschiedene Übernahme der Nachfolge Christi).
Bekanntlich hat sich Luther entschieden gegen diese täuferische Sicht der Taufe gewandt, weil hier Ursache und Wirkung miteinander vertauscht werden. Gewiss macht der Glaube selig. Aber der Glaube steht nicht auf meiner Entscheidung, sondern der Glaube ruht auf dem, was Christus – vor all meinem Glauben und Entscheiden – vollbracht hat. ER allein ist „wahrer Gott und Mensch, der aller Welt Sünde trägt, fährt aber zu, ersäuft und erwürgt sie in der Taufe und am Kreuz und lässt dies predigen, dass er seinen Leib für dich gegeben und sein Blut vergossen habe zur Vergebung deiner Sünden. Glaubst du es, so sind sie dir vergeben.“[350]
Die Taufe ist also mehr als ein Bekenntnis zur Nachfolge Christi. Vielmehr ist die Taufe bindende und unverrückbar gültige Zusage, dass Christus für mich seinen Leib dahingegeben, sein Blut vergossen und so meine Schuld bezahlt und meine Sünde in seinem Tod erwürgt und sie ersäuft sei. Der alles tragende Grund ist dieses Christusgeschehen! Das gilt schon längst vor meinem Glauben, vor meinem Wissen, vor meiner Entscheidung für Christus. Dieses „objektive“ Christusgeschehen wird uns – ob als Säugling, ob als Erwachsener – in der Taufe als für uns geschehen zugesichert. „Und da du in solchem Glauben (an die objektiv vorgegebene Christusgabe) getauft wirst, so ziehst du Christum an, der dir in der Taufe die Sünde abwäscht und den Heiligen Geist gibt. Also siehst du ja, dass solche Vergebung nicht geschieht durch unsere Buße (auch nicht durch unsere Nachfolge oder durch unsere Entscheidung), sondern dass Christus unser aller Sünde trägt ... und wir solches durch den Glauben ergreifen und uns seinem Befehl nach lassen taufen.“[351]

Der Glaube ruht auf der Zusage der Taufe, der Glaube ergreift die gegebene Taufzusage. So wird die Christuszusage mein Eigentum. Die Argumentation, der Täufer mache den Tauftermin zum Kriterium der rechten Taufe, macht also eine menschliche Entscheidung zum Zeichen der Gültigkeit der Taufe und entwertet so die Zusage Christi, macht ihre Gültigkeit abhängig von meiner Glaubensentscheidung. Damit stellt man das Heil, die Vergebung der Sünden, das ewige Leben auf den brüchigen Grund meiner Gläubigkeit, meiner Einsichten, meiner Entscheidungen, meiner subjektiven Gefühle und meiner Seelenregungen. So wird die Taufe zum Werk des Menschen und mein Heil ist auf den windigen Flugsand meiner scheinbar so frommen Glaubenswerke gebaut. So erweist sich der Baptismus als Rückfall in die Gesetzesgerechtigkeit.
Gegenüber dem Missverständnis freilich, es bedürfe keines Glaubens, das „Tue recht und scheue niemand" genüge zur Rechtschaffenheit vor Gott und den Menschen, grenzt sich die sechste Strophe entschieden ab:

> *Wer nicht glaubt dieser großen Gnad,*
> *der bleibt in seinen Sünden*
> *und ist verdammt zum ewgen Tod*
> *tief in der Höllen Grunde.*
> *Nichts hilft sein eigen Heiligkeit,*
> *all sein Tun ist verloren,*
> *die Erbsünd macht's zur Nichtigkeit,*
> *darin er ist geboren,*
> *vermag sich selbst nicht helfen.*

„Selbstfindung“ oder „Selbstbestimmung“ heißt in unseren Tagen das Zauberwort, mit dem der Mensch sich zum eigentlichen freien Leben aufschwingen will. Doch genau dieser Versuch verdammt uns „tief in der Höllen Grunde.“ Der sich selbst findende Mensch will doch nur aus eigener Kraft, aus eigenem Vermögen, er selber sein. Er muss verzweifelt er selbst oder verzweifelt nicht er selbst sein (Sören Kierkegaard). Genau dies sieht die Bibel als „Erbsünde“, in dessen Gefolge der Tod auf uns wartet. Es ist der Irrtum aller alten und aller modernen Schwärmer, dass sie auf ihre eigene Heiligkeit bauen oder auf ihr „verlorenes“ Tun (Goethe: Am Anfang war die Tat).[352] Der Nichtigkeit können wir so nicht entrinnen.
Das ist auch der Grund, warum Taufe und Erbsünde einander zugeordnet sind. Die Taufe überlässt mich nicht mehr meinem verlorenen Tun, entreißt mich allem Selbstfindenmüssen, sondern sie stellt mich auf Gottes Gnade und auf Christi am Kreuz gestiftete Erlösung. Darum ist die Taufe „heilsnotwendig“, wie es die Augsburgische Konfession in Artikel IX feststellt. Deshalb soll man auch die Kinder taufen, die durch die Taufe Gott anvertraut und in Gnaden aufgenommen werden.[353]
Die letzte Strophe dieses Taufliedes fasst noch einmal wichtige Momente einer biblischen Tauflehre zusammen:

Das Aug allein das Wasser sieht,
wie Menschen Wasser gießen;
der Glaub im Geist die Kraft versteht
des Blutes Jesu Christi;
und ist vor ihm ein rote Flut,

> *von Christi Blut gefärbet,*
> *die allen Schaden heilen tut,*
> *von Adam her geerbet,*
> *auch von uns selbst begangen.*

Diese letzte, siebente Strophe hat teilweise gewisse Irritationen ausgelöst, da die Aussagen „von der roten Flut", das in Kraft des Glaubens als Christi Blut wirkt, eigenartig erscheint.[354] Auch fehle dies in den Katechismen, käme aber gelegentlich in Predigten Luthers wieder. Doch bei genauer Betrachtung ergibt sich dieser Hinweis auf die „rote Flut" aus den gesamtbiblischen Tauferörterungen. Wird uns Christi Kreuz und Auferstehung durch die Taufe zugeeignet, so schließt das das Blut Christi mit ein, da er ja seinen Leib und sein Blut zur Vergebung der Sünden für uns dargegeben hat. Im 1. Johannesbrief 5, 6 wird betont, dass Jesus, der Sohn Gottes, im Wasser und Blut kommt, „nicht im Wasser allein, sondern im Wasser und Blut; und der Geist ist's, der das bezeugt." „Also so will er allezeit das Blut in die Taufe mengen, dass darinnen scheine und ersehen werde das rosenfarbige, unschuldige Blut Christi. Nach menschlichen Augen als lauter Wasser. Das ist wahr. Aber St. Johannes will uns die innerlichen und geistlichen Augen des Glaubens auftun, dass wir damit sehen nicht allein Wasser, sondern auch das Blut unseres Herrn Jesus Christus."[355] So sind es gerade die Augen des Glaubens, die die Wirkkraft und Realität der Taufe am deutlichsten sehen; denn das Wort und der Befehl Christi öffnen uns die Augen für Gottes Wahrheit und Wirken an uns durch die Taufhandlung selbst.

Abendmahl

Luthers Abendmahlslieder

I.

Zwei Lieder aus Luthers Dichtungen befassen sich mit dem Mahl des Herrn. Das mag erstaunlich sein, wendet sich der Reformator doch zeitlebens gegen gewisse Entstellungen und Gefährdungen der Abendmahlspraxis, die geeignet sind, jedwede Glaubensgewissheit zu untergraben. In seinem Kampf um eine schrift- und evangeliumsgemäße Abendmahlspredigt und -praxis muss er an zwei Fronten kämpfen. Einerseits setzt er sich umfassend mit der römischen Opfertheorie auseinander, die aus dem Nachtmahl Christi eine Darbringung Christi an Gott durch das Handeln der Kirche bzw. des Priesters macht. Andererseits wendet sich Luther leidenschaftlich gegen die „Enthusiasten" oder „Schwärmer" (wie Luther sie meist nennt), die im Abendmahlsbrot und -wein nur ein Gleichnis, nur ein Symbol, nur eine „Figur Christi" sehen wollen. Sie bestreiten also die wirkliche Gegenwart Christi in Brot und Wein. Er selbst ist nicht hier, sondern im Himmel. Dort sollen wir ihn „im Geiste" suchen. Brot und Wein wollen uns nur hinweisen auf das einstige Opfer am Kreuz. Er selbst aber ist im Himmel. Brot und Wein sind gleichsam das Fähnlein, um das sich die Gemeinde wie Landsknechte im Streit sammelt; ein charakteristisches Bild wie es der Züricher Ulrich Zwingli wiederholt braucht. Dieses Zeichen weist auf Christi Gegenwart hin. Er selbst ist nur „im Geiste" gegenwärtig, nicht aber „in re", nicht in Wirklichkeit!

Heute wird oft übersehen, dass beide Positionen, die römisch-päpstliche und die schwärmerische, nahe verwandt sind; denn beide Male ist es der fromme Mensch, der Glaubende bzw. die Kirche, die im „Nachtmahl" des Herrn handelt. Nach dem römischen Katechismus von 1992 ist die Messe die Vergegenwärtigung des „einzigartigen Opfers Christi", das die „Selbstdarbietung der Kirche" miteinschließt.[356] Es handelt sich also um ein von der Kirche durch den Priester vollzogenes menschliches Handeln. Es geschehe zwar im Geiste Christi, so betont man. Aber diese Versicherung kann nicht darüber hinwegtäuschen, dass es sich um ein menschliches Tun handelt (Selbstdarbietung!).

1542 formuliert Johannes Calvin in seinem Genfer Katechismus u.a.: „Um das Sakrament (Herrenmahl) in Wirklichkeit zu haben, müssen wir unsere Herzen aufwärts zum Himmel erheben, wo Christus in der Herrlichkeit seines Vaters ist."[357] Auch hier liegt eine ähnliche Bewegung und Gerichtetheit vor wie in der römischen Messe. Die Bewegung geht vom Menschen hin zu Gott. Dort „Selbstdarbietung" an Gott; hier: Erhebung zum Himmel. Man darf sich nicht durch die harte Formulierung des reformierten Heidelberger Katechismus, die Messe sei eine „vermaledeite Abgötterei" (Frage 80), über jene heimliche Verwandtschaft hinwegtäuschen lassen. Beide Male rückt der „fromme Mensch" als entscheidendes Merkmal in den Vordergrund.

Die unumstößliche Gewissheit der Worte Christi „Mein Leib, mein Blut für dich zur Vergebung der Sünden" tritt in den Hintergrund. Für Luther dagegen ist die Zusage Christi, seine Verheißung (lat. promissio), der allein tragende Grund der Realität von Taufe und Abendmahl, nicht aber eine sog. „Priesterweihe", die dem Neuen Testament fremd ist, oder unsere Glaubensentscheidung, unsere Bekehrung oder Gläubigkeit. Der Glaube ist nicht meine Entscheidung; er ist vielmehr allein durch das allmächtige, heilsschaffende Wort Christi geschaffen! Der freie Wille, unsere Glaubensentscheidung richtet da nichts aus! Alles steht auf dem Wort Christi und fällt mit dem Wort Christi. Unser Glaube ist nicht unser Verdienst, sondern Frucht des „Testaments", der Verheißung und Zusage Christi.

Das alles hängt unmittelbar mit der „Rechtfertigung allein aus Glauben“ zusammen. Der Glaube rechtfertigt allein deshalb, weil er kraft der Verheißung Christi, weil er aus seiner testamentarischen Zusage geschaffen ist und allein aus dieser Zusage lebt. Nicht unser Glaube, nicht unsere Entscheidung macht das Sakrament gültig, wie etwa Andreas Karlstadt, Ulrich Zwingli, die Wiedertäufer oder Thomas Müntzer wähnten. Auch nicht der Opfervollzug eines geweihten Priesters oder gar durch die Kirche machen das Herrenmahl so gewichtig. Es ist allein Christus selbst, der kraft seiner Verheißung Taufe und Abendmahl gültig wirken lässt zu unserem Heil. Luther hat die verborgenen, unterirdischen Kanäle zwischen päpstlicher Messe und symbolisch-schwärmerischem Abendmahlsverständnis erkannt. Er vergleicht deshalb beide Positionen mit „zwei Füchsen, die mit ihren Schwänzen aneinandergebunden sind, aber mit den Häuptern sind sie verschieden. In der Öffentlichkeit geben sie vor, große Feinde zu sein, während sie doch inwendig ganz dasselbe fühlen, lehren und verteidigen gegen jenen einigen Retter Christus, der allein unsere Gerechtigkeit ist.“[358] Diesen Hintergrund muss man mitbedenken, will man die beiden Abendmahlslieder angemessen würdigen, ohne dass man die damaligen Kämpfe in allen Einzelheiten und bis in die letzten Verzweigungen nachvollziehen muss.

II.

Das kürzere der beiden lutherischen Abendmahlslieder beginnt mit einem Lobpreis Gottes: „Gott sei gelobet und gebenedeiet“ und erschien 1524 im Erfurter Enchiridion und im Wittenbergischen Sangbüchlein.

Verwirrend scheint zunächst zu sein, dass Luther in der ersten Strophe einen vorreformatorischen Fronleichnamsgesang

übernimmt, obwohl er schon 1523 in einer Predigt zum Fronleichnamsfest ausdrücklich erklärt: „Ich bin diesem Fest nicht gut, weil es das Sakrament in einer bösen Weise gehandelt und ihm große Schmach angetan wird," und fügt dann noch hinzu „Wir wollen's bescharren und begraben."[359] Die Schmach, die dem Sakrament angetan wird, besteht im verdienstlich-frommen Ausstellen und Herumtragen der Hostie, obwohl Christus das Sakrament eingesetzt hat, damit es genommen, gegessen und getrunken wird, nicht aber, dass es in Prozessionen herumgetragen wird. Es fehlt in dieser Aktion die Zusage Christi „für Euch zur Vergebung der Sünden", es fehlt die unmittelbare Evangeliumsverkündigung im Vollzug des Essens und Trinkens. Aus diesem Grunde wurde das Fronleichnamsfest in Wittenberg nicht mehr begangen. Gleichwohl hat Luther diese Fronleichnams-Strophe 1523 in seiner „Formula missae" als des Singens für würdig befunden. Allerdings mit einer sehr bezeichnenden Korrektur. In manchen mittelalterlichen Überlieferungen befand sich noch der „Zusatz": „Das heilge Sakramente an unserem letzten Ende aus des geweihten Priesters Hände." Dieser „Zusatz" übereignet das Sakrament Christi in priesterliche Machtvollkommenheit. Deshalb fügt Luther in der erwähnten „Formula missae" ausdrücklich hinzu: „Diese Partikula ist fallenzulassen."[360]
Auf diese Weise erhält die einstige Fronleichnams-Strophe folgenden reformatorischen Charakter:

> *Gott sei gelobet und gebenedeiet,*[361]
> *der uns selber hat gespeiset*
> *mit seinem Fleische und mit seinem Blute;*
> *das gib uns, Herre Gott, zugute.*
> *Kyrieeleison.*[362]

ABENDMAHL

Herr, durch deinen heiligen Leichnam,[363]
der von deiner Mutter Maria kam,
und das heilige Blut
hilf uns, Herr, aus aller Not.
Kyrieeleison.[364]

Wendungen wie „gespeiset mit seinem Fleische und mit seinem Blute" oder sein heiliger Leib, „der von seiner Mutter Maria kam und das heilge Blut" bezeugen die „Realpräsenz", die wirkliche Gegenwart des Leibes und Blutes Christi in diesem sakramentalen Mahl. Das ist wohl der Hauptgrund, warum Luther diese mittelalterliche Fronleichnams-Strophe übernehmen konnte. Schon in seiner ersten Abendmahlsschrift, im „Sermon von dem hochwürdigen Sakrament des heiligen wahren Leichnams Christi und von den Bruderschaften" hält er mit der altkirchlichen Tradition daran fest, dass „sein (Christi) wahrhaftig natürlich Fleisch in dem Brot und sein natürlich wahrhaftig Blut in dem Wein gegeben" werden. Sie werden „allen (Christen und allen Heiligen) zu Trost und Stärkung zugesagt, gegeben und zugeeignet". Gewiss ist – allen vernünftigen Einwänden zum Trotz – , dass in den „göttlichen Zeichen" von Brot und Wein „Christi Fleisch und Blut wahrhaftig drinnen ist. Wie und wo, dass lass ihm befohlen sein."[365]

Doch er folgt der Tradition nur deshalb, weil diese übereinstimmt mit den Einsetzungsworten Christi. Die Worte Christi sind schöpferische Worte. Sie bewirken, was sie sagen, so dass kraft dieser Worte sein Leib und sein Blut „darinnen" sind in Brot und Wein. Das Wie und das Wo müssen wir also nicht erst philosophisch begründen oder darlegen, wie es etwa in der römischen Wandlungslehre im Laterankonzil von 1215 mit aristotelischen Kategorien unternommen wird. Vielmehr – so Luther 1520 in seiner Reformationsschrift „Von der babylonischen Gefangenschaft der Kirche“ (De captivitate Babylonica ecclesiae) – soll man den Worten Christi keine Gewalt antun, sondern sie, „wenn irgendmöglich, in ihrem allereinfachsten Wortsinn nehmen.“

Die Transubstantiationslehre hingegen „muss man als ein Gemächte menschlicher Meinung ansehen.“ Sie stützt sich „weder auf Schrift noch auf Vernunft.“ Thomas von Aquin hat dabei seine eigene aristotelische Philosophie „nicht verstanden!“[366] Demgegenüber garantiert der Wortsinn der Zusage Christi: „Das ist mein Leib, das ist mein Blut“ die wahre Kontinuität der Kirche, nicht jedoch Konzilsentscheidungen oder päpstliche Dekrete. Die schwärmerischen, scheinbar vernünftigen Umdeutungen in ein Gleichnis, in ein Zeichen (=bedeutet) oder eine Figura Christi ist gerade die Zerstörung der Kontinuität der Kirche, weil den Worten Christi Gewalt angetan wird. Die wahre Kirche Christi, die eine heilige, katholische (allgemeine) Kirche lebt allein aus dem Wort, in dem Wort und mit dem Wort der Heiligen Schrift.

Von dieser Sicht allein ist es zu verstehen, dass Luther eine mittelalterliche Strophe übernimmt. In dieser (ersten) Strophe deutet sich auch schon die Heilsbedeutung des Glaubens an, von dem, allen Irrtümern und Entstellungen zum Trotz, auch die mittelalterliche Kirche gewusst hat. Von Leib und Blut Christi wird in dieser Strophe hervorgehoben: „Das gib uns, Herr Gott, zugute.“ Dadurch „hilf uns, Herr, aus aller Not.“ Unter Not ist hier nicht zeitliche Unbill gemeint, sondern Sünde, Gericht, Tod und ewige Verlorenheit.

Daran knüpft dann die zweite, von Luther selbst gedichtete Strophe an:

Der heilig Leichnam ist für uns gegeben,
zum Tod, dass wir dadurch leben.
Nicht größre Güte konnte er uns schenken,
dabei wir sein solln gedenken.
Kyrieleison.

Herr, dein Lieb so groß dich zwungen hat,
daß dein Blut an uns groß Wunder tat
und bezahlt unsre Schuld,
daß uns Gott ist worden hold.
Kyrieleison.

Das „für uns gegeben" hebt die Einmaligkeit und die menschliche Größe der Liebe Gottes bzw. Christi hervor: Denn Christus, „das rechte Osterlamm, ist eine ewige göttliche Person, die da stirbt, um das Neue Testament zu bestätigen … . Was ist nun dies Testament oder was wird uns darin von Christus zuteil? Fürwahr ein großer ewiger unaussprechlicher Schatz, nämlich Vergebung aller Sünden … . Als wollte Christus sagen: siehe da, Mensch, ich sage und teile dir mit diesen Worten (dies ist der Kelch des Neuen Testamentes in meinem Blut) Vergebung aller deiner Sünden und das ewige Leben zu, und damit du gewiss seiest und wissest, dass dies Versprechen unwiderruflich ist, so will ich darauf sterben und mein Leib und Blut dafür geben und beides dir zum Zeichen und Siegel hinterlassen, bei dem du mein gedenken sollst."[367]
Diese zweite Strophe drückt das alles in der „dichten" Wendung aus: „für uns gegeben zum Tod, dass wir dadurch le-

ben." Im Kreuzesgeschehen vollzieht sich ein entscheidender „Wechsel". Für Christus der Tod, für uns das Leben! Er „bezahlt unsere Schuld"; indem Er uns entlastet, ist „uns Gott worden hold." Diese Metapher vom „Wechsel" begegnet uns dann wieder in Luthers Traktat „Von der Freiheit eines Christenmenschen" (1520).[368]

In den Worten Christi „mein Leib, mein Blut für euch zur Vergebung der Sünden" ist das ganze Evangelium umfassend aus- und zugesagt. Dass allein ist der „neue Bund", das „neue Testament." „So sehen wir: das beste und größte Stück aller Sakramente und der Messe sind die Worte und Gelübde Gottes. Ohne diese sind die Sakramente tot und nichts, gleich wie ein Leib ohne Seele."[369] Zwingend folgt daraus, „dass wir in diesem Testament Vergebung und Leben von Gott empfangen und nicht ihm Güter „opfern" und geben."[370] Damit widerspricht der Reformator entschieden der päpstlichen Messopfertheorie. In der Messe wird nicht das Opfer Christi repräsentiert, nicht priesterlich als Werk der Kirche dargestellt, vielmehr wird uns mit Christi Leib und Blut die Frucht des Kreuzesopfers, nämlich Vergebung der Sünden und ewiges Leben zugesagt und zugeeignet. Die Messe, das Abendmahl ist nicht Opfer, das die Kirche Gott darbringt, sondern ist Gabe Christi an uns.

Zwar ist unbestritten, dass zum Abendmahl, zur Messe auch die „Eucharistie" gehört, lobpreisende Danksagung an Gott, der uns diesen unermesslichen Schatz der Vergebung und des ewigen Lebens zusagt und schenkt. Als Beschenkte loben und danken wir Ihm. Der entscheidende Missbrauch der römischen Messe besteht darin, dass aus der eucharistischen Danksagung ein sühnendes Opfer wird, wie es das Konzil von Trient 1562 ausdrücklich behauptet.[371] Vor allem hat die römische Kirche es ausdrücklich verworfen, dass „die vorzüglichste Frucht ... die Nachlassung (Vergebung) der Sünden sei.[372] Damit wird

das Testament, die Zusage Christi zumindest zurückgedrängt, wenn nicht geleugnet. Luther sieht deshalb in der päpstlichen Messopfertheorie die dritte „Gefangenschaft" des Altarsakramentes und den „allergottlosesten Missbrauch" desselben.[373]
Es gehe nicht an, so hatte er schon zuvor im „Sermon von dem neuen Testament" festgestellt, „ dass der Mensch anfange und den ersten Stein lege, sondern Gott allein muss ohne alles Suchen und Begehren des Menschen zuvorkommen und ihm eine Zusage tun. Und dieses Wort Gottes erst ist der Grund und Fels, auf dem sich hernach alle Werke, Worte und Gedanken des Menschen bauen. Dies Wort muss der Mensch dankbar aufnehmen und der göttlichen Zusage treulich glauben und ja nicht daran zweifeln, dass es so geschieht, wie Gott zugesagt."[374]
Der Glaube, der der göttlichen Zusage vertraut, ist der rechte, der angemessene Gebrauch des Herrenmahles. Davon zeugt die dritte Strophe.

Gott geb uns allen seiner Gnade Segen,
daß wir gehn auf seinen Wegen,
in rechter Lieb und brüderlicher Treue,
daß uns die Speis nicht gereue.
Kyrieleison.

Herr, dein Heilig Geist uns nimmer laß,
der uns geb zu halten rechte Maß,
daß dein arm Christenheit
leb in Fried und Einigkeit.
Kyrieleison.

In seinen berühmten Invokavit-Predigten von 1522 hat Luther in Auseinandersetzung mit Andreas Karlstadt der Wittenberger Gemeinde eingeschärft, das äußere, leibliche Empfangen mit dem Munde gehöre zwar dazu, „aber ohne den Glauben ist das äußerliche Empfangen nichts. Der Glaube muss dabei sein und das Empfangen geschickt und vor Gott angenehm machen.“[375] „Wenn du aber glaubst: Gott tritt für dich ein ..., dem kann weder Teufel, Hölle, Sünd noch Tod schaden, denn Gott streitet für ihn.“[376] Deshalb sei die Frucht des Sakramentes die Liebe, „nämlich der Liebe, damit wir gegen unseren Nächsten so erfunden werden, wie Gott gegen uns gewesen ist.“ „Denn Gott ist ein glühender Backofen voller Liebe, der da reicht von der Erde bis an den Himmel.“[377]
Im Glauben allein wird das Sakrament recht empfangen, so „dass uns die Speis nicht gereue.“ Die unendliche Liebe Gottes, die uns im Herrenmahl geschenkt wird, entzündet als Antwort rechte Liebe und brüderliche Treue; ermöglicht im Heiligen Geist das rechte Maßhalten und bindet die „arme Christenheit“, die Gemeinde in „Fried und Einigkeit“; denn „der gesegnete Kelch ... ist die Gemeinschaft des Blutes Christi; das eine Brot ist die Gemeinschaft des Leibes Christi“; er macht aus den vielen Einzelnen ein Leib (vgl. 1. Kor 10, 16-17).

III.

Auch das zweite Abendmahlslied Luthers lässt sich 1524 sowohl im Erfurter Enchiridion als auch im Wittenbergischen Sangbüchlein nachweisen. Es wird von Anfang an als „St. Johann Hussens Lied gebessert“ bezeichnet. Auffallend dabei ist, dass der 1415 in Konstanz am Bodensee von einem Konzil als Ketzer zum Feuertod verurteilte Johann Huß entgegen dem konziliaren Verdammungsurteil unter die Heiligen versetzt wird. Als Wahrheitszeuge gehört er entgegen dem Urteil der Kirche zur Gemeinschaft der Heiligen. Das dürfte auch der Grund sein, warum Luther einen schon vorhandenen lateinischen Hymnus aufnimmt, der Huß zugeschrieben wurde. Dieser beginnt mit den Worten: „Jesus Christus unser Heil (salus), weil er allem Unheil widersprach, gab uns im Brot zu seinem Gedächtnis die Opfergabe (hostiam).[378] Daran knüpft Luther in großer dichterischer Freiheit an.

> ***Jesus Christus, unser Heiland,***
> ***der von uns den Gotteszorn wandt,***
> ***durch das bitter Leiden sein***
> ***half er uns aus der Höllen Pein.***[379]

Der vieldeutige Begriff „hostia“ (Opfergabe) wird im biblisch-evangelischen Sinn umschrieben und gedeutet: Der „durch das bittere Leiden sein“ den Gotteszorn von uns abgewendet hat. Der Gekreuzigte stellt sich schützend vor uns und erleidet für uns Gottes Zorn. „Die Strafe liegt auf ihm, auf dass wir Frieden hätten“ (Jes 53, 5). In einer Gründonnerstagspredigt Luthers aus dem Jahre 1524, also in unmittelbarer Nähe zu dieser Liednachdichtung, macht der Reformator geltend, dass Leib und Blut Christi, am Kreuz geopfert, dir „dienet allein dazu, dass dir deine Sünden sollen vergeben werden. Soll es aber zur Vergebung der Sünden dienen, so muss es auch gut sein, den Tod zu überwinden. Denn wo Sünde weg ist, da ist auch der Tod hinweg und die Hölle dazu.“[380] Im Lied heißt es „half er uns aus der Höllen Pein“.

Jesus Christus ist unser Heiland, weil er „stellvertretend“ für uns Gottes Gericht, Zorn, Tod und Hölle auf sich nahm. Das

ist die oft geschmähte „satisfactio vicaria“, seine „stellvertretende Genugtuung“. Doch in charakteristischer Weise ist sie von der Stellvertretungsidee eines Amseln von Canterbury (1033-1109) unterschieden.
Die folgenden Strophen dieses Liedes verlassen die mittelalterliche Vorlage fast vollständig. Die 2. Strophe betont die doppelte Einsetzung in Leib und Blut des Herrn.

> ***Daß wir nimmer des vergessen,***
> ***gab er uns sein' Leib zu essen,***
> ***verborgen im Brot so klein,***
> ***und zu trinken sein Blut im Wein.***

Der dem Johann Huß zugeschriebene lateinische Hymnus redet ausschließlich in mittelalterlicher Weise nur vom Brot und dem Leib Christi.[381] Luther dagegen hebt hier die „beiderlei Gestalten“ des Herrenmahles hervor. In der o.g. Gründonnerstagspredigt beruft sich Luther, der bisher die Zulassung des Lainkelches einem Konzil anheim stellen wollte, ausdrücklich auf den Befehl Christi „Trinket alle daraus“ und betont jetzt: „Es steht nun dawider, was da wolle: Gewohnheit oder Konzilia. So sagen wir dagegen: Gott ist älter und größer denn alle Ding.“[382]
Zugleich wird jene Wandlungstheorie (Transsubstantiatio) zurückgewiesen, denn sein Leib ist im Brot so klein, sein Blut ist im Wein. Die irdischen Elemente und Christi Leib und Blut werden durch Christi allmächtige Worte ein Ding, so dass man zu Recht sagen kann: Das Brot ist der Leib Christi, der Wein im Kelch ist das Blut Christi.
Die folgenden Strophen wollen zum rechten und würdigen Gebrauch des Herrenmahles anleiten.

Wer sich will zu dem Tisch machen,
der hab' wohl acht auf sein Sachen;
wer aber unwürdig hinzugeht,
für das Leben den Tod empfäht.

Damit wird die apostolische Warnung aufgenommen: „Welcher unwürdig isset und trinket, der isset und trinket sich selber zum Gericht, damit dass er nicht unterscheidet den Leib des Herrn (1. Kor 11, 29). Würdig bist du, wenn du fühlst, dass dich dein Sünd beißet und schreckt, dass du in Anfechtung liegst des Fleisches, der Welt und des Teufels ... Da ist es Zeit und Ursach genug, dass du hingehst, beichten und deine Not vor Gott klagst und sprichst: Herr, du hast das Sakrament deines Leibes und Blutes darum eingesetzt und uns gelassen, das man da Vergebung der Sünd holen soll, so fühle ich, dass ich sein notdürftig bin."[383] Die 4. Strophe nimmt das auf.

Du sollst Gott den Vater preisen,
daß dich so wohl wollt speisen
und für deine Missetat
in den Tod sein' Sohn gegeben hat.

Die fünfte führt es weiter aus:

Du sollst glauben und nicht wanken,
daß's ein Speise sei den Kranken,
den' ihr Herz von Sünden schwer
und vor Angst (ist) betrübet sehr.

Aufgenommen wird zunächst 1. Korinther 11, 30: Das unwürdige Essen des Abendmahls hat u.a. zur Folge, dass auch viele Schwache und Kranken unter euch sind. Die erwähnte Gründonnerstagspredigt von 1524 vertieft diese Sicht noch und führt aus „Denjenigen ist es ein Gift und Tod, so da frech hinangehen, keine Schwachheit, Gebrechen oder Not fühlen, die sie dazu treiben sollte, gleich als wären sie zuvor rein und fromm."[384] Die eigentliche „Krankheit zum Tode" (vgl. Joh 11, 4) ist also der selbstsichere Unglaube oder die vermeintlich reine und fromme Selbstgerechtigkeit!
Ab sechste Strophe warnt deshalb:

> *Solch groß Gnad und Barmherzigkeit*
> *sucht ein Herz in großer Arbeit;*
> *ist dir wohl, so bleib davon,*
> *daß du nicht kriegest bösen Lohn.*

Im Gesetz des Mose wird den Stolzen und Halsstarrigen, denen, die weder Gott fürchten noch ihn lieben oder vertrauen, sondern „in großer Arbeit" das Leben erringen wollen, angekündigt, dass ihre „Mühe und Arbeit verloren sein" wird (3. Mose 26, 19-21). Ganz anders die Verheißung des Herrn:

> *Er spricht selber: Kommt, ihr Armen,*
> *laßt mich über euch erbarmen;*
> *kein Arzt ist dem Starken not,*
> *sein Kunst wird an ihm gar ein Spott.*

Denn Er selber spricht: „Kommt her zu mir alle, die ihr mühselig und beladen seid, ich will euch erquicken“ (Mt 11, 28). Er selbst will der Arzt der Kranken sein und nicht der Rechtfertiger der Starken (Mt 9, 12). „Wenn dich nun der Tod und das bös Gewissen anficht, kannst du dich darauf stützen und trotzen wider den Teufel und die Sünd und also deinen Glauben stärken und das Gewissen fröhlich machen gegen Gott und wirst also gebessert von Tag zu Tag.“[385] Dem vermeintlich Starken, der wähnt, er bedürfe keines Arztes, hält Christus entgegen (Strophe 8):

> *Hättst du dir was konnt erwerben,*
> *was braucht ich für dich zu sterben?*
> *Dieser Tisch auch dir nicht gilt,*
> *so du selber dir helfen willst.*

Denn so durch das Gesetz, aus deiner Arbeit die Gerechtigkeit käme, so wäre Christus vergeblich gestorben (vgl. Gal 2, 21). Geholfen kann Dir nur werden, wenn du von Herzen glaubst und das Opfer Christi als für dich geschehen mit dem Munde bekennst (Röm 10, 10). Deshalb dichtet die 9. Strophe:

> *Glaubst du das von Herzensgrunde*
> *und bekennest mit dem Munde,*
> *so bist du recht wohl geschickt,*
> *und die Speise dein Seel erquickt.*

Die 10. und letzte Strophe folgert daraus:

> ***Die Frucht soll auch nicht ausbleiben:***
> ***deinen Nächsten sollst du lieben,***
> ***daß er dein genießen kann,***
> ***wie dein Gott hat an dir getan.***

Der Empfang des Leibes und Blutes Christi drängt hin zur Glaubensfrucht! „Nämlich also: Siehe, mein lieber Bruder, ich habe meinen Herrn empfangen; der ist mein und habe nun überlang genug und alle Fülle. So nimm nun, was ich habe. Das soll alles dein sein und will es auch für dich darsetzen. Ist's Not, dass ich für dich sterben soll, so will ich's auch tun. Dies Ziel ist uns hier in diesem Sakrament gesteckt, dass solche Beweisung gegen dem Nächsten in uns erscheine.“[386] Zwar werden wir es „nicht dahin bringen, dass wir so vollkommen werden … . Wir leben noch im Fleisch …. . Um des Mangels willen hat Christus das Sakrament auch eingesetzt zur Übung, dass man's da hole, was uns hierin fehlet!“[387]

Zehn Gebote

Luthers Katechismuslieder

I.

Die 10 Gebote gehören von Anfang an zu den Grundbestandteilen kirchlichen Unterrichtes. Als jener reiche Jüngling Jesus fragt: „Guter Meister, was soll ich Gutes tun, dass ich das ewige Leben ererbe?“, da erinnert ihn Christus daran: „Gut ist nur Einer! Willst du aber zum Leben eingehen, so halte die Gebote!“ (Mt 19, 16ff.; Mk 10, 17-31; Lk 18, 18ff.). Die 10 Gebote sind nämlich Ausdruck des guten und gnädigen Willens unseres Gottes. Eingebunden in die Güte Gottes findet der Mensch ein sinnvolles, ein erfülltes Leben, das sich nicht verfehlt. Wird dieser Wille Gottes nicht beachtet, droht die Selbstzerstörung des Menschen, drohen Lieblosigkeit und Sinnlosigkeit.

„Zwei Wege sind es“ heißt es deshalb folgerichtig in der sog. „Apostellehre“ (Didache) aus dem Anfang des 2. Jahrhunderts nach Christus. „Zwei Wege sind es, einen des Lebens und einen des Todes.“ Der „Weg des Lebens“ wird sodann als sinngemäße Auslegung der 10 Gebote beschrieben. „Erstens sollst du Gott, der dich geschaffen hat, lieben; zweitens deinen Nächsten wie dich selbst.“ Dann werden – ähnlich wie in Matthäus 19, 16ff. – einige Gebote beim Namen genannt: „Du sollst nicht töten, nicht ehebrechen, nicht Knaben schänden, nicht huren, nicht stehlen, nicht Zauberei treiben, nicht Gift mischen, nicht abtreiben noch ein Neugeborenes töten, nicht den Besitz des Nächsten begehren, keinen Meineid schwören, nicht Falsches bezeugen, nicht Übles reden, nicht Böses nachtragen!“[388]

Im Verlaufe der Kirchengeschichte werden die 10 Gebote immer wieder neu durchdacht, ausgelegt und angewandt. Sich

wandelnde geschichtliche Situationen erfordern neue Antworten. So finden die 10 Gebote eindrucksvolle Darstellungen in Stein und Holz oder auch in Farbe. Auf diese Weise werden Gottes Gebote „dem Volk“ eingeprägt. Auch Lieder stehen im Dienst dieser Unterweisung. Gerade im Mittelalter entstehen eine Reihe von Zehn-Gebote-Liedern, die u.a. auf Wallfahrten gesungen wurden. Die ältesten Zeugnisse gehen bis ins 12. und 13. Jahrhundert zurück.
Allen diesen im Mittelalter entstandenen „Gebotsliedern“ ist ein bezeichnender Grundzug gemeinsam: Das Halten der Gebote lässt den Befolger zur ewigen Seligkeit gelangen. Eines der ältesten Lieder schließt mit den Worten:

> *Dies sein die zehn Gotteswort,*
> *an den liegt aller Tugende bort.*[389]
> *Die sollst du kennen und dein Gesinde lehren,*
> *so kommst du zu den ewigen Ehren.*[390]

Die 10 Gebote als Urkunde, als Verzeichnis „aller Tugenden“, die man durch Erziehung, durch Weckung aller Kräfte wecken und mehren kann. Diese Anstrengungen mehren die Gerechtigkeit des Menschen in Gestalt von Verdiensten. Sie gipfeln schließlich in den „ewigen Ehren“. In diesem Tugendkampf wird Christus zum Vorbild, zum Exempel, das anspornt, ein Vorbild, das dem Menschen auch mit seinen Gnadengaben beispringt (mitsamt Scharen von Heiligen). Aber entscheidend ist doch der Mensch, der „strebend sich bemüht“ (vgl. Goethes Faust).
Diese mittelalterliche Sicht finden wir auch in den humanistischen Kreisen der Reformationszeit. 1503 erschien in Antwer-

pen ein Büchlein (libellus) mit dem Titel „Enchiridion militis Christiani“, ein Handbüchlein eines christlichen Streiters.[391] Der Verfasser, kein Geringerer als Erasmus von Rotterdam, der Fürst aller Humanisten, beschreibt u.a. den Kampf des christlichen Ritters gegen „die gesamte Kohorte der Laster“, „von denen vor allem die sieben Todsünden“ zu nennen seien. „Zwei Waffen“ seien vor allem „aufzuzählen“: Das Gebet und das Wissen (precatio et scientia). Das reine Gebet leitet unseren „affectum“, unseren Gemütszustand (= Neigung) zum Himmel, zu einer den Feinden gleichsam uneinnehmbaren Burg. „Die scientia, das Wissen befestigt den Verstand, den Intellekt mit heilsamen Meinungen, damit keines von beiden dem anderen fehlen muss.“ Weiter heißt es da: „Das Gebet vermag mehr (als Glaube und Hoffnung); denn es vereinigt (es „vermischt“) die Gespräche mit Gott. Das Wissen ist jedoch deswegen nicht weniger notwendig.“[392]

„Das Sicherste ist es, sich mit den officiis (den Pflichten oder Arbeiten) der Frömmigkeit zu beschäftigen, damit deine Werke, die nicht zu irdischen Beschäftigungen, sondern zu Christus hinführen.“[393] Gebet und Wissen arbeiten miteinander zur Überwindung der Laster und zur Förderung menschlicher Tugenden. Beides – das Beispiel Christi als Wissen und die menschlichen Affekte – werden umfasst und getragen von wollenden Menschen. Es war nur folgerichtig, dass Erasmus in Übereinstimmung mit der angeblich überholten Scholastik den freien Willen des Menschen (liberum arbitrium) verteidigte; ein Anliegen, das damals wie heute den sog. Humanismus auszeichnet.

Auch der Reformator Martin Luther hat sich schon früh als Doktor der Heiligen Schrift, als Distriktsvikar seines Augustinerordens, als Prediger im Kloster und in der Wittenberger Stadtkirche mit der immer neuen Auslegung der 10 Gebote bzw. des Dekalogs beschäftigen müssen. So beginnt er Ende Juni 1516 bis Fastnacht 1517 eine Auslegung der 10 Gebote, zu der sich die Wittenberger in hellen Scharen einfanden. In einer lateinisch überarbeiteten Fassung erschienen diese Dekalogpredigten 1518 unter dem Titel „Decem praecepta Wittenbergens praedicata populo“, „die 10 Gebote dem Volk zu Wittenberg gepredigt“. Luther befindet sich mitten in dem beginnenden Streit um Ablass und Gnade und um die Macht des Papstes. Schon in diesen Dekalogpredigten ist deutlich zu merken, dass den jungen Reformator längst zurückgedrängte biblische Einsichten von neuem umtreiben.

Schon bei der Auslegung des ersten Gebotes – Du sollst keine anderen Götter neben mir haben – stellt er die durchaus berechtigte Frage, warum Gott durch Mose nicht in „affirmativer, d.h. in bejahender Weise rede; etwa so: „Habe den rechten oder einen Gott“ oder „Bete mich, den einzigen Gott an.“ Stattdessen redet er in Befehlsform (Imperative) anstatt hinzuweisen (Indicative). Dieses zehnmalige, auffallende strenge „Du sollst nicht ...“ macht eindringlich deutlich, dass jedes der Gebote „mehr um deswillen gesetzt ist, damit es die vergangene und gegenwärtige Sünde anzeige, als dass es der künftigen wehre.[394]

Das verneinende, verbietende „Du sollst nicht“, macht also deutlich, dass nicht der freie Wille des Menschen zur freien Tat aufgerufen wird. Vielmehr wendet sich das zehnmalige „Du sollst nicht“ an den Menschen, der immer schon ein Sünder ist und nichts anderes kann, als sündigen. Des Menschen Wille ist also in seinen Entscheidungen nicht mehr frei – entgegen allem humanistischen Optimismus – sondern schon gebunden. Der erasmische Humanismus wird als die große Menschheitsillusion entlarvt. Deshalb heißt es bei Paulus – so Luther, der Doktor der Heiligen Schrift: „Durch das Gesetz kommt Erkenntnis der Sünde (Röm 3, 20) und wiederum „Gott hat alle beschlossen unter den Unglauben, auf dass er sich aller erbarme (Röm 11, 32). Deshalb findet das Gesetz, wenn es kommt, nur Sünder. Es vermehrt sie, auf dass die Sünde mächtiger werde (Röm 5, 20)."[395]

Auf diese Weise will der Heilige Geist, dieser überaus gütige Magister (Lehrer) sagen: „O elender Mensch, siehe, ich zeige dir deine Verderbtheit an. So solltest Du beschaffen sein, dass Du keine anderen Götter hättest, den Namen Gottes nicht unnützlich führest, den Feiertag heiligst, nicht tötest, Dich nicht gelüsten ließest. Jetzt aber bist du ganz anders und verkehrt (totus es alius et perversus). Deshalb gebietet er kurz und bündig in verneinender Weise (negative)."[396]

Aus dem allen ergibt sich, dass „alle Kinder Adams Abgöttische sind und dieses ersten Gebotes schuldig."[397] „Diese Abgötterei herrscht in jedem Menschen, bis dass er geheilt wird durch die Gnade im Glauben an Jesus Christus."[398] „Deine eifrigen Bemühungen (studiis) und deine Kräfte werden niemals dahingelangen, dass du keinen fremden Gott anbetest … . Dann aber wirst du keinen fremden Gott anbeten, wenn du auf mich (Christus) hörst, d.h. der Glaube an mein Wort macht dich frei von fremden Göttern und zum wahren Anbeter Gottes. Dieser Glaube zieht dich weg von allem Begehren und vom Vertrauen auf dein Können und zieht dich hin zu deinem Schöpfer."[399] „Der Glaube an Christus nimmt alle Zuversicht (fiducia) auf alle eigene Weisheit, Gerechtigkeit und eigene Tugenden hinweg."[400]

Diese Ausführungen müssen deshalb so ausführlich zitiert werden, weil hier gegenüber der mittelalterlichen Scholastik und dem „modernen" Humanismus ein von biblischen Einsichten getragener und durchdrungener Ton aufklingt, der alles verändert. Dabei ist es bezeichnend, dass gerade in diesen

Dekalogpredigten für das Volk eine doppelte Erkenntnis geltend gemacht wird. Das Wort Gottes hat eine zweifache Gestalt. Das zehnfache „Du sollst nicht" ist mehr als eine Anweisung zum sittlich guten Leben und Handeln – das ist es gewiss auch -, aber das „Du sollst nicht" – und deshalb seine negative Formulierung – trifft immer schon auf den „perversen", d.h. von Gott abgewendeten Menschen, der sich selber ohne Gott selbst verwirklichen will und deshalb dem unheilvollen Begehren, der Gottgleichheit verfällt. Das zehnfache „Du sollst nicht" soll gerade diese Perversität, diese totale Verkehrtheit aufdecken, soll ihn hineintreiben in die Verzweiflung an seiner eigenen und falschen trügerischen Gerechtigkeit, damit er hinfliehe zu dem wahren Gott, zu Jesus Christus; damit er seufze: „Ich elender Mensch! Wer wird mich erlösen von dem Leibe dieses Todes?" und befreit aufatmen kann: „Ich danke Gott durch Jesus Christus, unserem Herrn!" (Röm 7, 24ff.).

Das Evangelium ist also weder ein „neues Gesetz", wie die römische Kirche bis heute behauptet,[401] noch ist das Gesetz „nichts anderes als die notwendige Form des Evangeliums" wie es Karl Barth in seiner verhängnisvollen Schrift von 1935 „Evangelium und Gesetz" mutmaßt. Beidemal wird so gerade die freisprechende Macht des Evangeliums ins Gesetzliche verfälscht. Dagegen findet Luther den rechten Gebrauch und den klaren Unterschied von Gesetz und Evangelium gemäß dem Johannes-Evangelium: „Denn das Gesetz ist durch Mose gegeben (Joh 1, 17)." „Ihr sollt nicht meinen", so Christus selbst, „dass ich euch vor dem Vater verklagen werde; es ist einer, der euch verklagt, Mose, auf den ihr hoffet" (Joh 5, 45). So gilt, vom Gesetz unterschieden, „die Gnade und Wahrheit ist durch Jesus Christus geworden" (Joh 1, 17)!

Einen ersten Höhepunkt erreichte Luthers Beschäftigung mit dem Dekalog in dem großen Reformationssermon „Von den guten Werken",[402] den er 1520 neben der Schrift „An den christlichen Adel", „Von dem „babylonischen Gefängnis der Kirche" und „Von der Freiheit eines Christenmenschen" veröffentlichte. Auf diesem Hintergrund entstanden dann im Jahre 1524 zwei Lutherlieder über die 10 Gebote;[403] ein längeres Lied „Dies sind die heiligen zehn Gebote"[404] und ein kürzeres „Mensch, willst du leben seliglich."[405]

II.

Das ausführlichere Lied knüpft zunächst an die alttestamentliche Überlieferung an, dass das Volk Israel die 10 Gebote, auf dem Berg Sinai" durch seinen getreuen Diener Mose empfangen hat. Deshalb setzt es ein:

> *Dies sind die heilgen zehn Gebot,*
> *die uns gab unser Herre Gott*
> *durch Mose, seinen Diener treu,*
> *hoch auf dem Berg Sinai.*
> *Kyrieleis.*

Bezeichnenderweise wird schon in der alttestamentlichen Überlieferung deutlich, dass jene 10 Gebote mehr sind als „vernünftige" Anweisungen zu einem sittlichen und menschenwürdigen Leben. Das mahnende „Du sollst nicht" trifft den angerufenen Menschen wie ein Blitz im Gewissen. Die Mahnung wird zur Anklage und die Welt wird uns zu eng. Die Enge im Gewissen wird zur tödlichen Angst. „Und alles Volk ..., da sie aber solches sahen, flohen sie und traten von ferne, und sprachen zu Mose: Rede du mit uns ... und lass Gott nicht

mit uns reden, wir möchten sonst sterben (2. Mose 20, 18f.)!" Gottes Heiligkeit klagt an. Seine unverstellte Sprache wird unerträglich. Sie wird zum Todesurteil. Der Sünder muss Gott fliehen. Am liebsten möchte er, dass die Stimme endlich schweige, dass es Ihn gar nicht gäbe. Aller Atheismus, alle Gottesleugnung ist weniger ein intellektuelles, ein denkerisches Problem. Der Intellekt ist nur vorgeschoben. ER soll endlich schweigen! ER soll endlich nicht sein!
Deshalb die Bitte, Mose möchte mit dem Volk reden, damit die Gebote „erträglich" werden und die Welt nicht mehr zu enge wird. Doch: „Rede du (Mose) mit uns!" So ist zwar Gott nach wie vor der Geber der 10 Gebote und sein „Du sollst nicht" gereicht mir zum Tode (Röm 7, 10), aber Mose, der „treue Diener" Gottes, wird zum „Mittler" zwischen dem heiligen und gerechten Gott und dem unheiligen, vor Gott fliehenden Volk. Das Gesetz ist „verordnet von den Engeln durch die Hand eines Mittlers", stellt deshalb Paulus in seinem Galaterbrief fest (Gal 3, 19c).
Genau daran wird der entscheidende Unterschied zwischen Gesetz und Evangelium, der die ganze Schrift durchzieht, deutlich. Die Engel und die Gestalt des Vermittlers Mose sind Diener, Knechte. „Christus aber ist nicht Knecht, sondern er ist der HERR. Er ist Mittler zwischen Gott und Mensch nicht nach dem Gesetz wie Mose, sondern er ist eines besseren Testamentes Mittler",[406] eben als der Mittler des Evangeliums. Ist Christus auf dem Plan, dann heißt es nicht mehr anklagend „Du sollst nicht" oder „Lass Dich nicht gelüsten", sondern dem zu Tode erschrockenen Übertreter wird zugerufen: „Dir sind deine Sünden vergeben! Christus hat sie für Dich am Kreuz gesühnt."
Vom Gesetz bleibt gleichsam nur noch die „äußere Gestalt, die Larve des Gesetzes"[407] und der kluge Mensch bildet sich ein,

dem Gebot geschehe durch bürgerliche Moral, durch anständiges Verhalten Genüge und dünkt sich, darin gerecht und gut zu sein. Blitzt jedoch die „geistliche Wirkung“ des Gesetzes auf, dann wird das Gesetz wieder zur tödlichen Anklage. Wieder macht Paulus sehr anschaulich deutlich, dass die Israeliten das Angesicht des Mose wegen der Klarheit seines Antlitzes nicht ertragen konnten, wenn er aus der Nähe Gottes kommend vor die Stiftshütte trat. Er musste dann sein Haupt verhüllen. Das Gesetz predigt uns „Verdammnis!“ Das ist die Klarheit, die Hoheit und Heiligkeit der 10 Gebote (2. Kor 3, 7-11). Mose, der treue Diener Gottes, legt unbestechlich Gottes heiligen Willen dar. Doch da das Gebot, „das ja heilig, recht und gut ist“ (Röm 7, 12), auf den gottlos-sündigen Menschen trifft, richtet das Gesetz nur Zorn an (Röm 4, 15) und der treue Gottesdiener Mose hat ein doppeltes Amt. Einerseits wird er zum Propheten des künftigen Christus (5. Mose 18, 15), andererseits wird er als Gottes treuer Diener und Mittler des Gesetzes zum unerbittlichen Ankläger, der den Feuerstrahl des Gesetzes in Herz und Gewissen hineinwirft. Doch selbst dieses anklägerische Tun hat nur ein Ziel: Uns den Star unserer Selbstgerechtigkeit zu stechen, damit wir endlich hinfliehen zu Christus. „So ist das Gesetz unser Zuchtmeister gewesen auf Christus hin, damit wir durch den Glauben gerecht würden“ (Gal 3, 24)! Dieses glaubende Vertrauen durchzieht auch die Auslegung des ersten Gebotes (Strophe 2):

> *Ich bin allein dein Gott, der Herr,*
> *kein Götter sollst du haben mehr;*
> *du sollst mir ganz vertrauen dich,*
> *von Herzensgrund lieben mich.*
> *Kyrieleis.*

„Das natürliche Gesetz ist nichts anderes als das Licht, das von Gott in unseren Intellekt eingepflanzt ist“, heißt es in einer Darlegung des „doppelten Liebesgebotes und der 10 Gebote“ des Thomas von Aquin. Durch dieses natürliche Licht hätten wir ein Mitwissen über das, was zu tun und was zu meiden ist.[408] „Viererlei schuldet der Mensch Gott, nämlich Herz, Seele, Geist und Starkmut (fortitudo; vgl. Mk 12, 28ff.). Mit dem Herzen wird die Absicht erkannt. Die Absicht solcher Tugend aber ist es, dass sie alle Werke auf sich zieht.“[409] Das alles ist also der Absicht und dem guten Willen des Menschen anvertraut.

In Luthers Lied aber klingt ein ganz neuer Ton auf. Es ist Gottes Wille (nicht unsere Intention, nicht unsere Absicht), Ihm allein zu vertrauen. Aus dem Vertrauen aber erwächst die Liebe zu Gott „von Herzens Grund“. Der Begriff „Werk“ oder „gutes Werk“ bekommt damit einen anderen Sinn. „Das erste und höchste, aller edelste gute Werk ist der Glaube in Christum“ heißt es gleich zu Beginn der erwähnten Schrift „Von den guten Werken.“[410] Aus diesem Vertrauen „müssen alle Werke gehen und ihrer Gutheit Einfluss gleich wie ein Lehen (eine Leihgabe) von Ihm empfangen.“[411]

So müssen alle Werke aus dem Glauben hervorgehen. Außerhalb des Glaubens sind alle Werke nutzlos und tot, auch wenn sie noch so groß und eindrucksvoll zu sein scheinen. Im Gegenteil! Beruft sich der Mensch auf seine Werke, so entarten diese Werke und Taten zu Götzendienst, der nur unserer Eitelkeit und dem Menschenruhm dient. Gott kann man nur in herzlichem Vertrauen dienen. Lebt ein Christenmensch aus dem Vertrauen auf Gott, dann werden die unscheinbarsten Werke wie Stehen, Gehen, Essen, Trinken, Schlafen, einer Arbeit nachgehen, Kinder erziehen und alles, was der menschlichen Gesellschaft nützt, zu guten Werken, weil sie aus Glau-

ben, aus Gottvertrauen und aus Dankbarkeit gegen Gott getan werden. Umgekehrt aber werden scheinbar „gute Werke“ wie Beten, Fasten, Wallfahrten, Almosen geben oder ins Kloster gehen zu bösen Werken, wenn sie getan werden, um Verdienste vor Gott anzuhäufen, um unsere Frömmigkeit zu steigern, um Ansehen bei Gott und Menschen zu erwerben. Genau darin besteht jedweder Götzendienst, in jenem „do, ut des“, in jenem römisch-heidnischen Ablassgeschäft des „Ich gebe, damit du gibst!“ Anders jedoch im vertrauenden Glauben: „Also ein Christenmensch, der in dieser Zuversicht gegen Gott lebt, weiß alle Dinge, vermag alle Dinge, vermisset sich aller Dinge, was zu tun ist, und tut alles fröhlich und frei, nicht um gute Verdienste und Werke zu sammeln, sondern dass es ihm eine Lust ist, Gott also wohl zu gefallen, dienet Gott lauterlich umsonst, daran begnüget, dass es Gott gefällt.“[412]
Dies bestimmt auch die Auslegung der beiden nächsten Gebote der sog. „Ersten Tafel“.

> *Du sollst nicht führen zu Unehrn*
> *den Namen Gottes, deines Herrn;*
> *du sollst nicht preisen recht noch gut,*
> *ohn was Gott selbst redt und tut.*
> *Kyrieleis.*

„Das andere und nächste Werk nach dem Glauben ist das Werk des anderen Gebotes, dass wir Gottes Namen ehren und nicht unnütz brauchen sollen, welches gleich wie alle anderen Werk ohne den Glauben nicht geschehen mag … . Nach dem Glau-

ben mögen wir nichts größeres tun, denn Gottes Lob, Ehre, Namen preisen, predigen, singen und allerlei Weise erheben und groß machen."[413] Ebenso wie beim ersten Gebot sollen wir keine anderen Götter haben, sondern uns an den einen rechten Gott halten „durch einen festen Glauben, Vertrauen, Zuversicht, Hoffen und Liebe, welches allein die Werke sind, damit man einen Gott haben, ehren und behalten mag."[414] Selbst der erschrockene Sünder, der Gott um Vergebung und Erbarmen anruft, gibt Ihm alleine die Ehre. Suchen wir im Anrufen Gottes doch nur unsere Ehre, unseren Ruhm, so wäre diese Sünde „schwerer denn Todschlag und Ehebruch."[415]
Gottes Name wird auch geehrt, wenn wir in Leid, Todesnot und Anfechtung zu Ihm fliehen, Ihn anrufen und bitten, wie es in Psalm 50, 15 heißt: „Rufe mich an in der Not, so will ich dich erretten, so sollst du mich preisen." Auch sollen wir „nicht schwören, fluchen, lügen, trügen, zaubern", damit wir mit Gottes Namen Missbrauch treiben.[416] Formulierungen, die 1529 im Kleinen Katechismus fast unverändert wiederkehren. Um Gottes Ehre und Namen willen muss ich mir unter Umständen „auf mich laden Feindschaft aller Menschen." „Hier müssen wir wider die Obrigkeiten, geistliche und weltliche, streben und ungehorsam gescholten werden."[417] Von einer angeblichen Obrigkeitsunterwürfigkeit kann also keine Rede sein. Nicht zuletzt gilt es „zu widerstreben allen falschen, verführerischen, ketzerischen Lehren, allem Missbrauch geistlicher Gewalt."[418] Das Evangelium wird verfälscht und ketzerisch, wenn es nicht vom Gesetz unterschieden wird, wenn es in ein neues Gesetz umgewandelt wird und den freien Willen des Menschen preist oder Verdienste verspricht.
Zur 1. Tafel des Dekalogs gehört deshalb auch das dritte Gebot:

Du sollst heilgen den siebten Tag,
daß du und dein Haus ruhen mag;
du sollst von deinem Tun lassen ab,
daß Gott sein Werk in dir hab.
Kyrieleis.

Mit der Auferstehung Christi tritt an die Stelle des jüdischen Sabbats der Sonntag, der erste Tag der Woche, der Auferstehungstag. Gleichwohl wird der Siebenerrhythmus beibehalten, ebenso das Ruhen von allem „deinen Tun, dass Gott sein Werk in dir hab." „Hier musst du wissen, dass Sabbat auf Hebräisch heißt Feier oder Ruhe, darum dass Gott am siebenten Tage ruhte und aufhörte von allen seinen Werken, die er geschaffen hatte (1. Mose 2, 3) .... Und derselbe Sabbat ist nun uns in den Sonntag verwandelt und die anderen Tage heißen Werkeltage, der Sonntag heißt Ruhetag oder Feiertag oder heiliger Tag."[419] Das Ausruhen, das Ablassen von allem Tun, geschieht freilich auf zweierlei Weise.
Zunächst geht es um die „leibliche Feier oder Ruhe", „dass wir uns zur Kirche sammeln, Messe gehen, Gottes Wort hören und insgemein einträchtig bitten."[420] Der sonntägliche Kirchgang gehört also zur leiblichen Feier; ein Gesichtspunkt, der uns heute weithin verloren gegangen ist. Die leibliche Ruhe muss dann in die „geistliche Feier" einmünden, die Gott „in diesem Gebot vornehmlich meint". Sie besteht darin, „dass wir allein Gott in uns wirken lassen und wir nichts Eigenes wirken in allen unseren Kräften."[421] Das aber heißt innerlich Abschied nehmen von allem Bösen, von Hoffart, Ungehorsam, Geiz, Unzucht und Anderes mehr. „Alle diese Laster und Bosheiten müssen erwürgt und ausgerottet werden, dass hier ein

Ruhen und Aufhören geschehe aller unserer Werke, Worte und Leben, dass hinfort ... nicht wir, sondern Christus in uns lebe, wirke und rede .... Hier muss man der Natur wehe tun und weh tun lassen. Hier hebt an der Streit zwischen dem Geist und dem Fleisch ... ."[422] Zu diesem Streit gehört notwendigerweise auch das tägliche Gebet. Im Hören auf Gottes richtendes und rettendes Wort lässt der Mensch Gott an sich und in sich wirken, befiehlt er sich Gottes Regiment und gibt er seiner überklugen Vernunft den Abschied.
Dann wendet sich Luther der sog. Zweiten Tafel der mosaischen Gesetze zu.

> *Du sollst ehrn und gehorsam sein*
> *dem Vater und der Mutter dein.*
> *Und wo dein Hand ihn' dienen kann,*
> *so wirst du langes Leben han.*
> *Kyrieleis.*

Die Gebote der ersten Tafel beziehen sich unmittelbar auf unser Gottesverhältnis. Sie gebieten die Liebe zu Gott. Diese Gottesliebe aber hat ihre letzte und tiefste Wurzel im Glauben, im vertrauensvollen Leben aus Gott. Die folgenden „sieben Gebote" lehren uns, „wie wir uns gegen den Menschen in guten Werken üben sollen."[423]
Die erste und ursprünglichste Menschengemeinschaft, aus der wir Leben und Dasein empfangen, ist die eheliche Gemeinsamkeit von Mann und Frau, ist das Vater- und Muttersein zweier Menschen. Diese Gemeinsamkeit ist verbindlich und darf nicht zerbrochen werden (siehe auch 6. Gebot). Das Vater- und Muttersein ist im weitesten Sinne die „Gebärmut-

ter“, der wir alle entstammen. Das ist mehr und reicht weiter als die natürliche Brutpflege bei Vögeln oder Tieren. Es schließt Verantwortung füreinander mit ein. Sie ist und bleibt Ausdruck unserer Gottgebundenheit. Vater und Mutter sind Gottes Mitarbeiter in seinem schöpferischen Wirken.

Deshalb heißt das erste Gebot der 2. Tafel: „Du sollst Vater und Mutter ehren!“ Die Ehre gegenüber Vater und Mutter „besteht nicht allein darin, dass man sie mit Gebärden erzeigt, sondern dass man ihnen gehorsam sei, ihre Worte und Werke vor Augen habe, groß achte und etwas darauf gebe, sie lassen recht haben, was sie vorgeben,[424] stillschweigen und leiden, wie sie mit uns handeln, wo es nicht wider die drei ersten Gebote ist.“[425]

Auch leibliche Strafe oder Züchtigung ist – aller illusionären „antiautoritären“ Erziehung zum Trotz – der jungen Generation notwendig und heilsam wie der Stab einem Rebstock, damit ein freies und aufrechtes Geschlecht heranwachse. Alle sog. „Affenliebe“ fördert nicht, sondern sie verdirbt. Eine Liebe, die alles gewähren lässt, gefällt vielleicht Vater und Mutter und vollends den Kindern. „Hier ehret es sich, hier liebt sich's und ist auf allen Seiten köstlich .... Diese Plage ist so allgemein .... Das macht alles, dass die Eltern verblendet, Gott in den ersten drei Geboten nicht erkennen noch ehren.“[426]

Daran wird deutlich, dass es nicht allein darum geht, dass Eltern ihre Kinder nähren, kleiden, eine Wohnung bereiten, für ordentliche Schulbildung und berufliches Fortkommen zu sorgen haben, sondern es ist zu bedenken, dass Kinder auch eine Seele haben, die nach Gott hungert und dürstet. Es gilt, sie an Leib und Seele zu bewahren! „Also ist's wahr, wie man sagt, dass die Eltern, ob sie sonst nichts zu tun hätten, mögen sie an ihren eigenen Kindern die Seligkeit erlangen; an welchen, so sie diese zu Gottes Dienst recht ziehen, haben sie fürwahr beide Hände voll guter Werke für sich. Denn was sind hier die Hungrigen, Durstigen, Nackten, Gefangenen, Kranken, Fremdlinge denn deiner eigenen Kinder Seelen, mit welchen dir Gott aus deinem Haus ein Spital macht und dich ihnen zum Spitalmeister setzt, dass du ihrer warten sollst, sie speisen und tränken mit guten Worten und Werken, dass sie lernen Gott zu trauen, glauben und ihn zu fürchten und ihr Hoffnung in ihn setzen, seinen Namen ehren, nicht schwören noch fluchen, sich kasteien[427] mit Beten, Fasten, Wachen, Arbeiten, Gottes Dienstes und Wortes warten und ihm feiern den Sabbat, dass sie zeitlich Ding lernen verachten, Unglück sanft tragen und den Tod nicht fürchten, dies Leben nicht lieb haben. Siehe, welch große Lektionen das sind, wie viel du hast an guten Werken für dich in deinem Haus, an deinem eigenen Kind, das aller solcher Dinge bedarf wie eine hungrige, durstige, bloße, arme, gefangene kranke Seele. O, welch eine selige Ehe und Haus wäre das, wo solche Eltern inne wären! Führwahr, es wäre eine rechte Kirche, ein auserwähltes Kloster, ja ein Paradies!“[428]

Die berühmten mittelalterlichen Werke der Barmherzigkeit werden keineswegs verneint, aber sie werden hineinverlagert in Ehe und Familie. Sie werden nicht mehr in klösterlicher Trennung von der Welt zu verwirklichen gesucht, sondern Haus und Familie werden zum Kloster, in dem ich mich als Vater, Mutter, Sohn oder Tochter in Gehorsam üben und mich bescheiden, wo mancherlei Verzicht von uns erwartet wird. Haus und Familie werden zur wahren, rechten Kirche, zur Gemeinde Jesu Christi. Da bedarf es keines Papstes. Jeder Hausvater wird zum „Stellvertreter Christi auf Erden“. Vater und Mutter werden zu Predigern des Wortes, zu rechten Heiligen, d.h. zu Fürbittern vor Gott.

Das allgemeine Priestertum der Getauften erschöpft sich nicht im demokratischen Mitwirken von Jedermann im Gottesdienst (möglichst im Talar), in Presbyterien oder auf Synoden. Im Gegenteil! Das „Allgemeine Priestertum wird in Ehe und Familie, im alltäglichen Verrichtungen, im gelebten Glauben und in der Fürbitte gelebt und verwirklicht! Da setzt die Erneuerung der Gemeinde ein; weder auf Kirchentagen noch in ökumenischen Demonstrationen.

Nach Luther umschließt dieses Gebot auch den Gehorsam gegenüber der weltlichen Obrigkeit (vgl. Röm 13, 1ff.; Tit 3, 1; 1. Petr 2, 13f.). „Der weltlichen Gewalt Werk aber ist, schützen die Untertanen, Dieberei, Räuberei, Ehebrecherei strafen.“[429] Allerdings „muss ein Herr auch sehr klug sein, dass er nicht allzeit mit dem Kopf hindurch zu brechen sich vornehme, ob er gleich köstlich gutes Recht und die allerbeste Sache habe.“[430] Eine Obrigkeit, die nach „ihrem tollen Kopf regiert“, gleicht einem „tollen Fuhrmann“, der Pferd und Wagen querfeldein über Stock und Stein jagt.[431]

Zu den Obrigkeiten und Herrn gehören auch Lehrer, Meister, Gesellen, ja auch Werkleiter und Gesinde. Wir leben immer in einem Geflecht von Zuständigkeiten, von Ober- und Unterordnung. Ohne dieses Geflecht ist menschliches Leben nicht möglich. Alle diese Zuständigkeiten, dieses Vorgeordnet- und Nachgeordnetsein „ist inbegriffen in zweien: Gehorsam und Sorgfältigkeit.“[432] Von Willkür und Tyrannei kann hier nicht die Rede sein. Alle diese Werke sollen im Glauben geschehen und Früchte des Glaubens sein.

Das fünfte Gebot „Du sollst nicht töten“ wehrt nicht nur dem leiblichen Mord oder Totschlag. Es deckt auch die Quelle von Mord, Krieg und Totschlag auf; denn aus dem Herzen kommen arge Gedanken: Mord, Ehebruch, Hurerei, Dieberei, falsch Zeugnis, Lästerung (Mt 15, 19). In der Bergpredigt legt Jesus dieses Gebot in aller uns richtenden Schärfe aus: „Ihr habt gehört, dass zu den Alten gesagt ist ‚Du sollst nicht töten.‘ – Ich aber sage euch: Wer mit seinem Bruder zürnt, der ist des Gerichtes schuldig ... (Mt 5, 21f.)." In diesem Zusammenhang ordnet Luther auch die nächste Liedstrophe ein.

> *Du sollst nicht töten zorniglich,*
> *nicht hassen noch selbst rächen dich,*
> *Geduld haben und sanften Mut*
> *und auch dem Feind tun das Gut!*
> *Kyrieleis.*

Dieses Gebet also wendet sich gegen „die zornige und rachsüchtige Begierde." Das gute Werk aber, das dies Gebet fordert, heißt „Sanftmütigkeit."[433] Auch unter Christen mangelt es an diesem „köstlich hohen Werk". Oft ist da „nichts mehr denn Hader, Krieg, Zank, Zorn, Hass, Afterreden[434], Fluchen, Lästern, Schaden, Rache und allerlei Zorneswerk und -wort mit voller Gewalt über alle regieren."[435] Wir müssen wieder das gute Werk der Sanftmütigkeit lernen. Auch das geschieht durch den Glauben. „Denn so der Glaube nicht zweifelt an Gottes Huld, dass er einen gnädigen Gott hat, wird ihm gar leicht werden, auch seinem Nächsten gnädig und günstig zu sein, wie hoch derselbe sich auch verwirkt habe .... Siehe da, ein kurzes Gebot ist das, aber eine lange, große Übung guter Werke und des Glaubens wird darin aufgegeben."[436]
Auch das folgende sechste Gebot braucht den Glauben:

> *Dein Eh' sollst du bewahren rein,*
> *daß auch dein Herz kein' ander mein,*
> *und halten keusch[437] das Leben dein*
> *mit Zucht und Mäßigkeit fein.*
> *Kyrieleis.*

Die Ehe als lebenslange Gemeinschaft von Mann und Frau ist Gottes gute Gabe an uns Menschen, die so nur dem Menschen auf besondere Weise zuteil wird. Das schließt ähnliche Verbindungen im Tierreich nicht aus. Doch in der Ehe sind beide Partner in besonderer Weise von Gott füreinander berufen. „Und Gott schuf den Menschen zu seinem Bilde, zum Bilde Gottes schuf er ihn, und schuf sie als Mann und Frau" (1. Mose 1, 27). „Und Gott der Herr sprach: Es ist nicht gut, dass der Mensch allein sei; ich will ihm eine Hilfe machen, die ihm entspricht" (1. Mose 2, 18). Der vermeintlich so „starke" Mann bedarf seiner Frau als „Stütze", als bergendes Gegenüber!

„In diesem Gebot wird auch ein gut Werk geboten, das viel begreift und viele Laster vertreibt und heißet: Reinigkeit oder Keuschheit; ... und fast jedermann wohlbekannt, nur dass man seiner nicht so fleißig wahrnimmt und übet."[438] Gerade die Ehe ist wie kaum eine andere menschliche Gemeinschaft durch teuflische Anschläge und Verlockungen bedroht. Christus bringt dies in aller Deutlichkeit zum Ausdruck: „Ihr habt gehört, dass zu den Alten gesagt ist: ‚Du sollst nicht ehebrechen.' – Ich aber sage euch: Wer eine Frau ansieht, sie zu begehren, der hat schon mit ihr die Ehe gebrochen in seinem Herzen" (Mt 5, 27f.).

Deshalb „spricht St. Augustin,[439] dass unter allem Streiten der Christen sei der Keuschheit Streit der härteste, allein darum, dass er täglich währet ohne Aufhören und sie selten obsiegt. Es haben alle Heiligen darob geklagt und geweinet (vgl. Röm 7, 18)."[440] Da wir ein Leben lang diese Anfechtungen nicht los werden, müssen sie uns Anlass werden zum Gebet, zum Wachen und zum Arbeiten. Auf diese Weise können wir uns zügeln und vor allem den Glauben an Gott immer wieder einüben. Nüchtern werden die Gefahren und Versuchungen

beim Namen genannt und zum Gebetskampf und zum Widerstand Mut gemacht. Hier wird keine romantische Liebesidylle gemalt. Hier werden Kampf und Streit eines Christen beim Namen genannt.
Das siebente Gebot fordert:

> *Du sollst nicht stehlen Geld noch Gut,*
> *nicht wuchern jemands Schweiß noch Blut;*
> *du sollst auftun dein milde Hand*
> *den Armen in deinem Land.*
> *Kyrieleis.*

Diebstahl, Betrug, Wucher, Geldspekulationen, Ausbeutung und Repressionen sind also keineswegs nur Erscheinungen der industrialisierten oder globalisierten Neuzeit, vielmehr sind Geldsucht oder Geiz Auswüchse einer gottentfremdeten Welt. Auch hier „geschieht nichts Neues unter der Sonne" (Pred 1, 9). Ein Christ aber „sehe zu, dass er dem Gold nicht nachlaufe und setze seine Zuversicht nicht aufs Geld, sondern lasse das Gold ihm nachlaufen und das Geld seiner Gnade warten, und lasse ihn der keins lieben noch sein Herz daran kleben."[441]
Damit ist weder dem Nichtstun das Wort geredet noch dem Schmarotzen auf anderer Leute Kosten. Vielmehr soll er „nicht sorgen, nicht geizig sein, nicht verzagen, er werde genug haben. Denn wir sind in Adam alle zur Arbeit verurteilt, da Gott sagt: In dem Schweiße deines Angesichts sollst du essen dein Brot."[442] Der Glaubende klebt an keinem Geld. „Er braucht seiner auch mit fröhlicher Mildigkeit dem Nächsten zu Nutze, weiß wohl, dass er werde genug haben, wie viel er auch ver-

gibt; denn sein Gott, dem er trauet, wird ihm nicht lügen noch ihn verlassen“ (Ps 37, 25).[443]
Im 8. Gebot geht es um die gefährlichen, ätzend-scharfen Sünden der Zunge. „Du sollst kein falsches Zeugnis reden wider deinen Nächsten.“ Luther dichtet deshalb:

> *Du sollst kein falscher Zeuge sein,*
> *nicht lügen auf den Nächsten dein;*
> *sein Unschuld sollst auch retten du*
> *und seine Schand decken zu.*
> *Kyrieleis.*

Der Jakobusbrief stellt zwar fest, die Zunge sei nur ein „kleines Glied“, aber sie „richtet große Dinge an. Siehe, ein kleines Feuer, welch einen Wald zündet's an!“ Die Zunge – „eine Welt voller Ungerechtigkeit … . Sie setzt die ganze Welt in Brand und ist selbst von der Hölle entzündet.“ Die Tiere werden gezähmt, „aber die Zunge kann kein Mensch zähmen, das aufrührerische Übel voll tödlichen Gift's“ (Jak 3, 5-8).
Der Wortlaut des Gebotes bezieht sich zwar auf Zeugenaussagen vor Gericht. Aber wie oft wird gerade vor Gericht gelogen, werden falsche Aussagen beschworen, wird verleumdet und ungerechterweise angeklagt. Das alles weist hin auf ein tiefer sitzendes Übel, auf die Verkehrtheit und Verlogenheit des menschlichen Herzens. So ist die ganze Welt voller Lüge und Täuschung, voller Unwahrhaftigkeit, voller Schmeicheleien, voller Lieberednerei und die Wahrheit wird verschwiegen.
„Und muss also das Gebot Gottes untergehen. Und das ist ganz der Welt Regiment; wer hier wollte halten, würde wohl guter Werke alle Hände voll haben allein mit der Zunge zu

vollbringen“, so dass „er fürwahr auf allen Orten ein hohes, großes, seltsames Werk ist, nicht ein falscher Zeuge sein wider seinen Nächsten.“[444] Ein Christenmensch muss also stets „wider die bösen Geister fechten.“[445]

Dieser geistliche Kampf geht nicht um zeitliche Dinge, vielmehr muss er geführt werden um des Evangeliums und der Wahrheit des Glaubens willen, „welche der böse Geist noch nie hat leiden mögen und fügt's allezeit so, dass die Größten im Volk dawider sind und verfolgen müssen, welchen schwerlich mag widerstanden werden.“[446]

Seht, wenn „das Evangelium sollte auferweckt werden und sich wieder hören lassen, würde ohne Zweifel sich wiederum die ganze Welt regen und bewegen ..., dawider sich legen und wütend werden. Wie es denn allezeit ist, wo das Wort Gottes an den Tag gekommen ist.“[447] Christushass und Christenverfolgungen sind von der Wahrheit Gottes nicht zu trennen; „denn es mag die Welt nicht leiden, was von Gott kommt.“[448]

„Siehe da, in diesem Gebot siehest du aber kurz, dass der Glaube muss sein der Werkmeister dieses Werkes, dass ohne ihn solches Werk niemand kühn ist zu tun.“[449] Der Glaube als der rechte „Werkmeister“ macht es dann auch möglich, die Unschuld deines Nächsten zu retten und seine Schande zuzudecken. Später heißt es dann im „Kleinen Katechismus“: „..., sondern sollen ihn entschuldigen und Gutes von ihm reden und alles zum Besten kehren.“[450]

Das sog. 9. und 10. Gebot unterscheiden sich von den vorausgehenden Geboten durch das zweimalige „Du sollst nicht begehren.“ Das entspricht sinngemäß dem biblischen „Lass dich nicht gelüsten“ (2. Mose 20, 17). Deshalb können sie zusammengefasst werden. Beide Male wird das falsche Trachten des menschlichen Herzens aufgedeckt.

Du sollst deins Nächsten Weib und Haus
begehren nicht, noch etwas draus;
du sollst ihm wünschen alles gut'
wie dir dein Herz selber tut.
Kyrieleis.

Dieses „Trachten nach etwas“, dieses Aussein auf etwas verrät wiederum die ganze Abgründigkeit des menschlichen Herzens. Losgerissen von Gott kreist unser Ich nur noch um sich selbst und sucht alles an sich zu reissen. „Du sollst nicht begehren des Nächsten Haus, des Nächsten Weib ... noch alles, was dein Nächster hat“ (2. Mose 20, 17). Das Zeitliche, das irdische Hab- und Besitzbare wird zum Gottesersatz, zum Götzen. Traditionell nennt man dies auch die Erbsünde. Besser spräche man von der „Ursünde“, aus der alles menschliche Unheil und die Verworrenheit der Welt und der Menschengeschichte entspringt. Dieses Begehren währt „bis in das Grab und bleibt der Streit in uns wider dieselben bis in den Tod. Darum sind diese zwei Gebote von Sankt Paulus in eins gezogen (Röm 7,7) und zu einem Ziel gesetzt, dass wir nicht erreichen und nur hinzugedenken sollen bis in den Tod.“[451]
Das unerreichbare Ziel der Gebote ergibt sich daraus, dass wir aus eigener Kraft und eigenem Willen nie die Gebote erfüllen können, sondern:

Die Gebot all uns geben sind,
daß du dein Sünd, o Menschenkind,
erkennen sollst und lernen wohl,
wie man vor Gott leben soll.
Kyrieleis.

Gewiss weisen die Gebote hin auf Gottes Willen, „wie man vor Gott leben soll.“ Doch die erste und vornehmste Aufgabe des Gesetzes ist, dass uns gleichsam der Star gestochen wird, damit wir unsere verzweifelte Verkehrtheit in uns und unserem Herzen erkennen. Deshalb fliehen – wie schon erwähnt – die Israeliten entsetzt, als sie Gottes Stimme hören; „denn durch das Gesetz kommt Erkenntnis der Sünde!“ (Röm 3, 20). Das aber, was wir „hinzudenken sollen“, ist die „Zuflucht zu Christus hin“. „Also ist das Gesetz unser Zuchtmeister gewesen auf Christus“ (Gal 3, 24). Dies kann man dem verzweifelten, angefochtenen Menschenherzen nicht genug „einbleuen“, nicht genug vor Augen stellen. Denn ER, der gekreuzigte Gott, hat alle Gesetze für uns erfüllt. ER hat das Gericht über unsere Sünde getragen und ausgehalten. ER hat die Hölle für uns ausgelöscht. ER schenkt uns die Gerechtigkeit, die uns mangelt, durch das Wort seiner Vergebung. ER schenkt uns seinen Leib und sein Blut als Unterpfand seiner Vergebung. So ist ER „unser Mittler“ geworden. Deshalb schließt das Lied mit dem Hinweis:

> *Das helf uns der Herr Jesus Christ,*
> *der unser Mittler worden ist;*
> *es ist mit unsrem Tun verlorn,*
> *verdienen doch eitel Zorn.*
> *Kyrieleis.*

Unser freier Wille ist nichts. Doch der Glaubende ist eingebunden in Gottes Barmherzigkeit. Zorn und Hölle müssen verstummen, weil ER unser Erlöser, Heiland und Mittler ist.

III.

„Die zehn Gebote kürzer gefasst“ ist ebenfalls im Jahre 1524 entstanden. Beide Gebote-Lieder werden schon im März 1525 von Johannes Bugenhagen in seinen Katechismuspredigten erwähnt und gesungen. Erschienen sind beide Versionen im „Wittenbergschen Sangbüchlein.“ Das kürzere Lied, das nach der vorangegangenen Auslegung keiner weiteren Erläuterung bedarf, hat folgenden Wortlaut:

> *Mensch, willst du leben seliglich*
> *und bei Gott bleiben ewiglich,*
> *sollst du halten die zehn Gebot,*
> *die uns geben unser Gott.*
> *Kyrieleis.*
>
> *Dein Gott allein und HERR*[452] *bin ich*
> *kein ander Gott soll irren*[453] *dich.*
> *Trauen soll mir das Herze dein,*
> *mein eigen Reich sollst du sein.*
> *Kyrieleis.*
>
> *Du sollst mein Namen ehren schön*
> *und in der Not mich rufen an.*
> *Du sollst heil'gen den Sabbattag,*
> *daß ich in dir wirken mag.*
> *Kyrieleis.*

Dem Vater und der Mutter dein
sollst du nach mir gehorsam sein.
Niemand töten noch zornig sein,
und deine Ehe halten rein.
Kyrieleis.

Du sollst ein'm andern stehlen nicht,
auf niemand Falsches zeugen icht.[454]
Deines Nächsten Weibes nicht begehr'n
und all sein's Gut's gern entbehr'n.
Kyrieleis.[455]

Der Schwerpunkt liegt hier auf den drei ersten Versen. Betont wird die Liebe zu Gott, die im Trauen des Herzens umschrieben wird. Alles andere folgt aus diesem Trauen und Glauben. Aufgenommen wird dies wieder in Luthers „Kleinem Katechismus", in dem jede Erklärung der Gebote eingeleitet wird mit dem „Wir sollen Gott fürchten und lieben!"

Vaterunser

Luthers Vaterunser-Lied

I.

„Der oberste Gott, der Vater aller Dinge und Gestalter der Welt, hat den Menschen durch nichts mehr von den übrigen Lebewesen, wenigstens soweit sie sterblich sind, abgesondert als durch die Redegabe“ schreibt um etwa 95 n. Chr. M. Fabius Quintilian, der nach Cicero wohl bedeutendste Lehrer der Redekunst (ca. 35 n. Chr. bis ca. 99 n. Chr.) in seiner „Institutio oratoraria“ in seinem „Lehrbuch der Redekunst.“[456] Mit erstaunlicher Sicherheit erkennt jener vorchristliche Gelehrte die Sprachbegabung als das Wesensmerkmal des Menschen. Ohne Sprache auch keine Vernunft; denn auch die Vernunft – so Quintilian – „könnte uns nicht besonders viel helfen ..., wenn wir unsere Gedanken nicht auch in Reden ausdrücken könnten.“[457]
Als vorchristlicher Philosoph sieht Quintilian in der Sprache eine vorzügliche Gabe der Götter. Von seinen Erkenntnissen aus ist es nur noch ein kleiner, aber entscheidender Schritt hin zu der urbiblischen Aussage: „Im Anfang war das Wort und das Wort war bei Gott und Gott war das Wort. (Joh 1, 1). Der redende und rufende Gott hat in der Allmacht seines Wortes alle Dinge ins Dasein gerufen (Joh 1, 3) und den Menschen zu seinem Ebenbild geschaffen. Zum Menschsein gehört es von Anfang an, dass der Mensch „wortmächtig“, d.h. auch sprachfähig ist. Mag jene moderne „Evolutionstheorie“ eines Werdegangs vom Einzeller über sog. Primaten bis hin zum „homo sapiens“, bis hin zum vernunftbegabten Wesen, manches Richtige sehen, aber diese „Vernunftbegabung“ wäre nicht geworden, wenn dieses Lebewesen nicht an- und aufgerufen wäre. Unsere Sprache – gleich welche Einzelsprache auch genannt werden mag – ist immer nur das Echo, der Wi-

derhall des Wortes, durch das der Schöpfer uns Menschen ins Dasein ruft. Dieser Ruf währt fort, bis Gott seine Schöpfung in seinem ewigen Reich vollendet. Mag auch das entzifferte Genom des Menschen zu 99,5 % mit dem Genom anderer Primaten (Schimpanse, Orang Utan) übereinstimmen, in den letzten Bruchteilen verbirgt sich die Sprachfähigkeit des Menschen, verbirgt sich sein Menschsein, der unendliche Unterschied zum Tier.

Macht uns die Sprache als Echo auf Gottes Sprache zum Menschen, so gehört auch das Gebet, die Zwiesprache des Menschen mit seinem Gott und Schöpfer, von Anfang an zum Menschsein dazu. Das Gebet setzt also weder eine besondere religiöse Begabung voraus noch ist das Gebet eine naiv-kindliche Vorstufe des vernünftigen Menschen, die beim aufgeklärten Zeitgenossen entbehrlich wird. Vielmehr ist das Gebet als Antwort auf den Anruf aus den Tiefen der Gottheit gerade Ausdruck unserer Vernünftigkeit; denn ohne Sprache keine Vernunft.[458] Betend kehrt der Mensch heim in seine Eigentlichkeit, taucht er ein in den Ruf Gottes, nimmt er teil an Gottes Sprache und an seiner „Vernunft".

Unsere Sprache kann freilich auch verstümmelt und entstellt werden. Sie wird krank, wenn der Mensch nicht mehr dem Wort des Vaters vertrauensvoll lauscht, wenn er dem Wort des Vaters seinen eigenmächtigen Willen und damit sein „Ich aber auch!" entgegensetzt. Er lebt dann nicht mehr vertrauensvoll, d.h. allein aus Glauben, aus dem Wort des Vaters. Er will sich selbst finden und fällt so dem Vater ins Wort. Damit entfällt zwar nicht die Möglichkeit unseres Sprechens und unseres Betens, aber unsere Sprache verzerrt sich. Alle Menschensprache kann zur Täuschung, zur Heuchelei, zur Unaufrichtigkeit, zur Unwahrhaftigkeit und zur Lüge missbraucht werden. Sie muss es sogar, weil der Mensch in vermeintlicher Freiheit sich

selber sucht und finden will. Er wird gerade zutiefst unfrei. Er muss sich selbst behaupten, auch und gerade auch auf Kosten seines Nächsten. Das Gerede vom freien Willen fesselt gerade an die gott- und glaubenslose Unfreiheit.
Ebenso entstellt sich auch das Gebet. Das Gespräch des Vertrauens mit Gott wird zur täuschenden Selbstbehauptung, entartet zur Lüge, zur Heuchelei, zur Beschwörung, zum endlosen Geplapper, zur frommen Selbstdarstellung vor Gott, zum Verdienst oder es verstummt ganz, weil man in letzter unvernünftiger Torheit sich einbildet, man sei über jenes kindliche Vertrauen hinausgewachsen. Die Jünger Jesu dagegen erleben im Umgang mit ihrem Herrn die Schlichtheit, die Unverstelltheit, das überwältigend tragende Vertrauen des Gebetes Jesu. Sie ahnen, was wir längst verloren haben! „Und es begab sich, dass er an einem Ort war und betete. Und als er aufgehört hatte, sprach einer seiner Jünger zu ihm: Herr, lehre uns beten, wie auch Johannes (der Täufer) seine Jünger lehrte" (Lk 11, 1).
Der gottentfremdete Mensch muss erst wieder das rechte, unverstellte und vertrauensvolle Beten lernen. Er muss befreit werden von all den o.g. Entstellungen und Verzerrungen, damit sein Beten nicht jedweden heidnischen Gebeten gleich sei. „Wenn ihr betet, sollt ihr nicht viel plappern wie die Heiden; denn sie meinen, sie werden erhört, wenn sie viele Worte machen. Darum sollt ihr ihnen nicht gleichen", heißt es in Jesu Bergpredigt (Mt 6, 7f.). Dieses Nicht-Gleichen freilich kann uns nicht von selbst gelingen; zutiefst sind wir alle in dem heidnischen Unglauben gefangen. Da muss uns Christus erst wieder hineinrücken in jenes glaubende Urvertrauen zu unserem Gott und Vater. „Darum sollt ihr so beten: Unser Vater in dem Himmel" (Mt 6, 9). „Er aber sprach zu ihnen: Wenn ihr betet so sprecht: Unser Vater im Himmel (Lk 11,

2). Zweimal wird uns so (bei Matthäus und Lukas) das Gebet des Herrn überliefert. Es braucht uns nicht zu irritieren, dass das Vaterunser bei Lukas in einer kürzeren Fassung als bei Matthäus überliefert ist. Vor allem ist der „doxologische", d.h. „lobpreisende" Gebetsschluss „denn dein ist das Reich und die Kraft und die Herrlichkeit in Ewigkeit, Amen" nicht in allen Handschriften des Matthäusevangeliums überliefert. Gleichwohl ist diese „Doxologie" die sachgemäße Zusammenfassung des Herrengebetes!

Entscheidend ist die vertrauensvolle Anrede an Gott: „Unser Vater!" Da wo dieser Anruf Gottes aus Glauben geschieht, da ist Gottes Reich zu uns gekommen, da ist Gottes allmächtige Kraft gegen Sünde, Tod und Teufel am Werk und rettet uns in seine ewige Herrlichkeit. Wir folgen zunächst der matthäischen Überlieferung: „Unser Vater in dem Himmel! Dein Name werde geheiligt. Dein Reich komme. Dein Wille ge-schehe wie im Himmel, so auf Erden. Unser tägliches Brot gib uns heute. Und vergib uns unsere Schuld, wie auch wir vergeben unseren Schuldigern. Und führe uns nicht in Versuchung, sondern erlöse uns von dem Bösen. Denn dein ist das Reich und die Kraft und die Herrlichkeit in Ewigkeit (Mt 6, 9-13). Amen."

II.

Das Herrengebet hat die Gemeinde Jesu Christi betend und lobpreisend aufgenommen. Es hat die Kirche durch alle Jahrhunderte begleitet und sie in Verfolgungen und Anfechtungen gestärkt. Mit diesem Gebet hat die Gemeinde immer wieder den Tod und alle Höllen überwunden. Deshalb gehörte das „Vater unser" von jeher auch zur Unterweisung der Gemeinde. In Predigt und Katechese wurde es unzählige Male ausgelegt und der Gemeinde eingeprägt.

So ist uns z.B. von Thomas von Aquin (1225-1274) eine „Allerandächtigste Darlegung des Herrengebetes“ neben seinen beiden Hauptwerken, den beiden „Summen“ überliefert.[459] Der moselländische Kardinal Nikolaus von Kues (1401-1464) verfasste sogar eine „Vaterunser-Erklärung in der Volkssprache“, im moselfränkischen Dialekt.[460] Diese Erklärung hat den Vorteil, dass der gelehrte Kardinal seine philosophisch geprägte Sprache zurücktreten lassen muss, damit er sich dem Volk seiner Heimat verständlich machen kann.

Auch der junge Martin Luther legte bereits in der Fastenzeit 1517 das Vaterunser in fortlaufenden Predigten für die Wittenberger aus. Sie wurden von einem seiner Schüler, Johannes Agricola (eigentlich Schneider) in lateinischer und deutscher Sprache ohne Luthers Wissen herausgegeben. Deshalb sah sich Luther genötigt, seine Vaterunser-Predigten in überarbeiteter Form drucken zu lassen. Diese Überarbeitung erschien am 5. April 1519. Ausdrücklich ist sie nicht für die Gelehrten, sondern „für die einfältigen Laien“ als „Auslegung deutsch“ bestimmt.[461] Es folgen noch eine Reihe von lutherischen Darlegungen des Herrengebetes, bis diese schließlich einen gewissen Abschluss in dem „Kleinen und Großen Katechismus“ von 1529 finden. Als Lied allerdings hat der Reformator das Vaterunser erst um 1539/1540 nachgedichtet. Mit Fug und Recht kann man sagen, dass in diesem Lied der Ertrag all der jahrzehntelangen Bemühungen Luthers um Verständnis und Auslegung des Herrengebetes auf schlichte und einfache Weise eingeflossen ist. Das bisher Erarbeitete wird dabei nicht verändert (mit Ausnahme der 4. Bitte um das tägliche Brot), sondern vertieft und bewahrt.[462]

Schon in den ersten Predigten von 1517/1519 wendet sich der werdende Reformator gegen das „äußerliche Murmeln und Plappern mit dem Munde; denn das scheint vor den

Leuten ... , aber das geistlich und wahrhaftig Gebet ist das innerliche Begierde (Begehren), Seufzen und Verlangen aus Herzensgrund." Das Murmeln und Plappern mit den Lippen „macht Heuchler und falsch sichere Geister! Das andere macht Heilige und furchtsame Kinder Gottes."[463] Damit tritt nicht das lautlose stumme Herzensgebet der Mystiker an die Stelle gesprochener Gebetsworte. Das Herrengebet ist ja Gottes Wort. „Denn soviel unaussprechlicher Gnade ist in dem Wort Gottes, das auch mit dem Munde ohne Andacht gesprochen (in Gehorsams Meinung) ein fruchtbar Gebet ist und dem Teufel wehe tut."[464]

Selbst da, wo unsere Andacht mangelhaft ist, sind doch die Gebetsworte des Herrn so mächtig, dass diese Worte selbst den Satan in die Flucht schlagen. Die Wirksamkeit unseres Gebetes steht nicht auf unserer Andacht, nicht auf unserer Frömmigkeit, sondern wir beten, weil der HERR es so befohlen hat und seine Worte allein die tragende Kraft unseres Gebetes sind. Es geht darum, dass alle unsere Gebete nicht aus selbsterwählten „andächtigen" Worten emporsteigen. Das ist gerade das Wesen des vor- und außerchristlichen, des heidnischen Gebetes. Da gibt es in der Tat beeindruckende und schöne oder, wie man heute gerne sagt, „spirituelle" Gebete. Aber alle diese vermeintliche „Spiritualität" bleibt unfruchtbar, weil sie nicht aus Gottes Wort entspringt, das uns von uns wegruft, hinein in das Urvertrauen und in den freien Gehorsam aus Gott. Wort und Gehör und Gehorchen sind ein Geschehen allein aus Vertrauen, sola fide!

Deshalb beginnt das Gebet des Herrn mit dem unvergleichlichen „Unser Vater." „Denn dieweil dieses Gebet von unserem Herrn ein Ursprung hat, wird es ohne Zweifel das höchste, edelste und beste Gebet sein; denn hätte er ein besseres gewusst, der fromme, treue Schulmeister, so würde er es uns auch gelehrt haben."[465] Der treue Schulmeister Christus holt uns mit seinem Gebet heim in das wahrhaft lebensspendende Wort. „Und es wäre besser, du betest ein Vaterunser mit herzlicher Begierde und Meinung der Worte, daraus Besserung deines Lebens erwuchs, denn das du aller Gebet Ablass erwürbest."[466]

Wie grundverschieden argumentiert da der berühmte Thomas von Aquin. Für ihn muss das Gebet „geordnet" sein gleichwie das Verlangen, das Wohlgefallen. Das Gebet sei ja der Ausleger unseres Verlangens oder Wohlgefallens. Die geschuldete Ordnung besteht darin, dass wir Geistliches, Fleischliches, Himmlisches und Irdisches verlangen und betend Gott vortragen gemäß Matthäus 6, 33: „Trachtet zuerst nach dem Reich Gottes." Deshalb müsse das Gebet „devot", demütig, andächtig oder gottgeweiht sein. Alle Andacht, alle Gottgeweihtheit (devotio) aber erhebt sich aus der Gottes- und Nächstenliebe. Auf beides aber weise dieses Gebet hin. Eben deshalb müsse das Gebet auch „niedrig" (humilis) sein. Eben in dieser Demut und Niedrigkeit werde es zum Gegengift gegen alles Übel und befreie uns von begangenen Sünden. Jedesmal aber wird das Gebet zum Verdienst des Beters.[467]

Nikolaus von Kues setzt die Akzente freilich etwas anders. Für ihn umfasst das Gebet des Herrn „höchste Lehre und Weisheit". „Denn gleichwie die Gottheit in der Menschheit verborgen lag, so ist alle begreifbare Weisheit verborgen in den einfachen Worten der Lehre Christi." Das freilich hebt die Unterschiede im menschlichen Verständnis des Herrengebetes nicht auf, sondern bestätigt sie angeblich nur. „Ein Mensch kann – je nach der Gnade Gottes – ein klareres und höheres Verständnis haben in den Worten des Vaterunsers als der andere." „So hat Gott doch dem einen Vorteil über dem anderen gegeben." Beschwichtigend wird noch hinzugefügt:

„einem jeglichen zum Nutzen."[468] Den größeren Nutzen hat in dieser Sicht natürlich nur der, der ein „klares und höheres Verständnis" hat, weil sein Gedankenflug sich höher hinaufzuschwingen mag in den Bereich des verborgenen Gottes, den unser Intellekt denkerisch wenigstens berühren kann.
Luther dagegen schreibt schon 1519 in einer „Bereitung" zum „Vaterunser": „O allmächtiger Gott, die weil du durch deine grundlose Barmherzigkeit uns nicht allein gelassen, sondern auch geboten und gelehret hast durch deinen einigen lieben Sohn, unseren Herrn Jesum Christum, dass wir durch sein Verdienst und Mittel dich (als) einen Vater achten und nennen sollen, ... , so gib uns durch dieselbe Barmherzigkeit in unser Herz eine tröstliche Zuversicht deiner väterlichen Liebe und lass uns empfinden den allerliebsten (Ge=)schmack und Süßigkeit der kindlichen Zuversicht, dass wir mit Freuden dich einen Vater nennen, kennen, lieben und anrufen mögen in all unseren Nöten."[469] Hier geht es nun nicht mehr um die Tugend der Erniedrigung, nicht mehr um die Liebe als Verdienst, schon gar nicht mehr um ein denkendes Übersteigen unseres Intellekts, sondern so spricht herzliches Vertrauen, das in Gottes Wort und Zusage gründet. Diese „kindliche Zuversicht" entsteht nicht aus uns selbst; sie wird vielmehr aus Gottes Wort und Zusage geboren. So wird deutlich, welch ein „Umbruch", welch eine befreiende Wandlung um 1517 durch die Entdeckung des biblischen Evangeliums, des „allein aus Glauben", bewirkt wurde.

III.

„Vater unser im Himmel." Mit dieser Gebetsanrede beginnt das Gebet des Herrn. „Nun ist kein Name unter allen Namen, der mehr geschickt mache uns gegen Gott, dem ‚Vater'. Das ist eine freundlich, süße, tiefe und herzlich Rede. Es wäre nicht so lieblich oder tröstlich, wenn wir sprechen ‚Herr' oder ‚Gott' oder ‚Richter',[470] heißt es bereits 1519 in der „Auslegung deutsch des Vaterunsers für die einfältigen Laien." Die Fortsetzung „im Himmel" sind „Worte, damit wir unsere klägliche Not und Elend anzeigen." Gleich als wollte der Beter sagen: „Ach, Vater, du bist im Himmel, ich dein elend Kind auf Erden, im Elend, weit von Dir, in aller Fährlichkeit, in Jammer und Not, unter den Teufeln und größten Feinden und mancherlei Fährlichkeiten."[471] Solch ein Schrei aus der Tiefe, aus unserem Elend „steht mit einem richtigen, aufgehobenen Herzen zu Gott und ist geschickt zu bitten und zu bewegen Gottes Gnaden." Das ist freilich nur möglich, wenn „der Geist Christi im Herzen" ist.[472] Alle diese Glaubenserkenntnisse finden 1529 in Luthers „kleinem Katechismus" ihre knappe, aber umfassende Zusammenfassung: „Gott will uns damit locken, dass wir gläuben sollen, er sei unser rechter Vater und wir seine rechten Kinder, dass wir getrost und in aller Zuversicht ihn bitten sollen wie die lieben Kinder ihren lieben Vater."[473] Dies alles findet noch einmal eine letzte Darlegung in der ersten Strophe des lutherschen Vaterunser-Liedes:

Vater unser im Himmelreich,
der du alle uns heißest gleich
Bruder sein und dich rufen an
und willst das Beten von uns han:
Gib, daß nicht bet allein der Mund,
hilf, daß es geh von Herzensgrund.[474]

Die Liebe des Vaters und die Liebe Christi sind identisch. Sie umfasst alle, die aus der Tiefe von Herzensgrund nach Gott schreien. Die Liebe Christi macht alle Glaubenden zu Brüdern. Das rechte Gebet richtet sich nicht nach unseren religiös-spirituellen Bedürfnissen. Gott befiehlt vielmehr, dass wir beten. Betend vollzieht sich im Gehorsam Gottes zugleich auch rechter Glaube, das Vertrauen aus Herzensgrund. Zu seinem Gebot hat Gott auch „eine Verheißung dazu getan und zugesagt ...: „Rufe mich an in der Not, so will ich dich er-retten“ (Ps 50, 15) und „bittet, so wird euch gegeben ...“ (Mt 7, 7f.).“[475] Gottes Gebot ist nie ohne Verheißung. Gesetz und Evangelium sind zu unterscheiden. Sie sind aber – wie schon mehrmals dargelegt – einander zugeordnet!
Die folgenden drei Bitten zeichnen sich wohlüberlegt mit einem „Dein“ aus: „Geheiligt werde dein Name; Dein Reich komme; Dein Wille geschehe.“ Wie in den drei ersten Geboten wird zuerst und allein Gott, dem Vater, die Ehre gegeben. Die zweite Liedstrophe wendet sich der ersten Vaterunserbitte zu:

> *Geheiligt werd der Name dein,*
> *dein Wort bei uns hilf halten rein,*
> *daß auch wir leben heiliglich,*
> *nach deinem Namen würdiglich.*
> *Behüt uns, Herr, vor falscher Lehr,*
> *das arm verführet Volk bekehr.*

In der erwähnten Vaterunser-Auslegung von 1519 hebt der Reformator hervor, dass wir Christen „durch die Taufe neu geboren und Gottes Kinder worden“ sind und „so wir unserem

Vater und seiner Art nachfolgen, so sein alle seine Güter und Namen auch unser Erbe ewiglich.“[476] Daraus folgt, dass Gottes Kinder „gütig“ sein sollen, „barmherzig, keusch, gerecht, wahrhaftig, einfältig, freundlich, friedsam, eines süßen Herzens zu einem jeden Menschen, auch seinen Feinden. Denn der Name Gottes, darin sie getauft sein, wirket solches ....“[477] Doch „so wir bitten, dass sein Name in uns soll geheiligt werden, (so) folgt daneben, dass er noch nicht heilig sei in uns; denn wäre er heilig, so bedürften wir nicht darum bitten.“[478] Später im „Kleinen Katechismus hat das Luther in einem Satz zusammengefasst: „Aber wir bitten in diesem Gebet, dass er (sein Name) bei uns auch heilig werde.“[479] Dieses „rechte Verhalten“ – entsprechend dem 2. Gebot – wird im Hören auf das Wort gewirkt. Unser selbstbezogenes Ich ist dazu nicht in der Lage. Selbst unsere besten Vorsätze verraten nur unsere selbstgewirkte Gerechtigkeit und schmähen gerade Gottes heiligen Namen. Es steht alles auf dem Glauben, der aus dem Wort Gottes gezeugt wird.

Zweimal bittet deshalb Luther in dieser zweiten Strophe, dass das Wort bei uns „rein“ gehalten werde, dass uns der Herr „vor falscher Lehr“ behüte und so allein „das arm verführet Volk bekehrt“ werde. „Denn weil wir sehen, wie die Welt so voll Rotten und falscher Lehrer ist, die alle den heiligen Namen zum Deckel und Schein ihrer Teufelslehre führen, sollten wir billig ohne Unterlass schreien und rufen wider solche alle, beide, die fälschlich predigen und glauben, und was unser Evangelium und reine Lehre anficht, verfolgt und dämpfen will, als Bischöfe, Tyrannen, Schwärmer usw. .“ Dazu gehört leider auch unsere Undankbarkeit, denen doch das Evangelium geschenkt worden ist und nicht „danach leben“.[480]

Die dritte Strophe führt diese Bitte weiter und vertieft sie:

Es komm dein Reich zu dieser Zeit
und dort hernach in Ewigkeit.
Der Heilig Geist uns wohne bei
mit seinen Gaben mancherlei;
des Satans Zorn und groß Gewalt
zerbrich, vor ihm dein Kirch erhalt.

Aus dieser Strophe spricht die seit Adams Zeiten uralte und stets neue Erfahrung, dass die Kirche, die Christenheit, d.h. die Glaubenden nie ohne Anfechtungen, ohne Hass und abgrundtiefer Feindschaft sein werden. Hinter all diesen Anläufen und Listen verbirgt sich Gottes Widersacher, der Satan von Anfang an. Die Weltgeschichte ist der Versuch, Gottes Reich zu stürzen, damit ein widergöttlich-teuflisches Reich errichtet werde. Der Satan tobt gegen Gott, weil Gottes Reich ihm seine Alleinherrschaft bestreitet; denn Gottes Reich besteht darin, „dass Gott seinen Sohn, Christum, unseren Herrn, in die Welt geschickt, dass er uns erlöste und frei machte von der Gewalt des Teufels und zu sich brächte und regieret als ein König der Gerechtigkeit, des Lebens und der Seligkeit wider Sünde, Tod und böses Gewissen; dazu er auch seinen Heiligen Geist gegeben hat, der uns solches heimbrächte durch sein heiliges Wort und uns durch seine Kraft im Glauben erleuchte und stärke.“[481]

1519 schon zieht der Reformator die Schlussfolgerung: „Also hat ein jegliches Wort Gottes die Art, dass es erschreckt und tröstet, schlägt und heilet, zerbricht und bauet, reißet aus und pflanzet wieder, demütigt und erhebet.[482] Diese Doppelheit des Wortes Gottes spiegelt sich auch in der dritten Bitte wider:[483]

VATERUNSER

> *Dein Will gescheh, Herr Gott, zugleich*
> *auf Erden wie im Himmelreich.*
> *Gib uns Geduld in Leidenszeit,*
> *gehorsam sein in Lieb und Leid;*
> *wehr und steu'r allem Fleisch und Blut,*
> *das wider deinen Willen tut.*

„Dieweil denn wir bis an unser End dies Gebet beten müssen," so erinnert 1519 Luther die Wittenberger Gemeinde, „so folget auch, dass wir bis an unser End erfunden und geschuldigt werden als die Gottes Willen ungehorsam sind", deshalb sollen wir „zu Gottes Gnaden Zuflucht haben und in Ihm festiglich vertrauen, er wolle uns erlösen von dem Ungehorsam ..." und „darüber herzlich (um) Gnade bittet und nicht daran zweifelt, sie werde ihm gegeben."[484]
Erneut wird die Christenheit im „Großen Katechismus" daran erinnert: „Darum müssen wir uns gewisslich des versehen und erwägen, so wir Christen sein wollen, dass wir den Teufel samt allen seinen Engeln und die Welt zu Feinden haben, die uns alles Unglück und Herzeleid anlegen. Denn wo Gottes Wort gepredigt, angenommen oder geglaubt wird und Frucht schafft, da soll das liebe heilge Kreuz auch nicht außen bleiben; und denke niemand, dass er Friede haben werde, sondern hintansetzen müsse, was er auf Erden hat, Gut, Ehre, Haus und Hof, Weib und Kind, Leib und Leben."[485] Deshalb müssen wir „ohn Unterlass bitten: Lieber Vater, dein Wille geschehe, nicht des Teufels und unserer Feinde Wille, noch alles des so dein heiliges Wort verfolgen und dämpfen will oder dein Reich hindern, und gib uns, dass wir alles, was darüber zu leiden, mit Geduld tragen und überwinden, dass unser armes Fleisch

aus Schwachheit oder Trägheit nicht weiche noch abfalle."[486] Die folgenden vier Bitten des Herrengebetes zeigen eine eindeutige Wandlung. Ging es in den ersten Bitten um Gottes Ehre, um Gottes Reich und Gottes Willen, so geht es jetzt um „uns", um des Menschen Not und Elend, um unsere Erlösung von allen Übeln Leibes und der Seele. Die vierte Bitte traut Gott die Sorge um unser leibliches Wohlergehen im weitesten Sinne zu. Dies spiegelt sich in der fünften Liedstrophe wieder:

> ***Gib uns heut unser täglich Brot***
> ***und was man b'darf zur Leibesnot;***
> ***behüt uns, Herr, vor Unfried, Streit,***
> ***vor Seuchen und vor teurer Zeit,***
> ***daß wir in gutem Frieden stehn,***
> ***der Sorg und Geizens müßig gehen.***

Traditionelle mittelalterliche Auslegungen verstehen unter „täglich Brot" die Seelenspeise durch Christus; bietet er sich uns doch als Brot des Lebens dar; denn Jesus sprach: „Ich bin das Brot des Lebens. Wer zu mir kommt, den wird nicht hungern; und wer an mich glaubt, den wird nimmermehr dürsten" (Joh 6, 35). Damit ist keineswegs die leibliche Nahrung vernachlässigt, aber sie tritt eigentümlich zurück. So betont Nikolaus von Kues in seiner moselfränkischen Vaterunser-Predigt: So „lehrt uns Christus, dass wir Gott bitten um die Speise des Lebens, durch die wir gespeist werden, Kraft zu haben, uns des Todes und der Gebrechlichkeit zu erwehren." Auch hier geht es wie in der Christologie um eine himmlische und eine irdische Natur: „So bitten wir um das notwendige Brot für beide Naturen". Empfangen wir Jesus „mit ganzem

Glauben" als „eine Speise des Lebens", „dann vereinigt sich so unser Leben in unserer eigenen menschlichen Natur in Christo, in dem unsere Natur dem göttlichen Leben unsterblich vereinigt ist."[487] Deutlich wird hier der Akzent auf die spirituelle, d. h. „himmlischer Natur" gelegt. Das Natürlich-Leibliche wird demgegenüber vernachlässigt.

Luther hat noch 1519 diese Sicht in gewissem Maße geteilt. Allerdings tritt bei ihm schon jetzt das Wort Gottes an die Stelle einer „höheren" Spiritualität. In elender Welt, in aller vermeintlichen Gottverlassenheit hat er uns „bei keinem anderen Trost" gelassen, denn sein heiliges Wort, wie Christus uns denn versprochen hat: „In der Welt habt ihr Angst (Bedrängnis, Trübsal), aber seid getrost, ich habe die Welt überwunden" (Joh 16, 33).[488] Deshalb umschließt die Bitte um unser täglich Brot das Gebet: „Vater, tröste und stärke mich leidenden, armen Menschen mit deinem göttlichen Wort."[489]

In späteren Auslegungen Luthers bis hin zu seinem Vaterunser-Lied wird dieser Aspekt nicht verleugnet; denn zur Leibesnotdurft gehört auch der „gute Friede", was mehr ist als Abwesenheit von Streit und Krieg, sondern „Christus ist unser Friede" (Eph 2, 14), weil Er uns den Frieden mit Gott bereitet hat. Dass aber jetzt in Luthers Predigten und Auslegungen der „arme Brotkorb"[490] in den Vordergrund tritt, hat wohl einen einfachen Grund. Die drei nachfolgenden Bitten betonen ja in besondere Weise das Evangelium Christi als „das Brot des Lebens." Die vierte Bitte aber ist „ein kurz einfältig Wort, greifet aber auch sehr weit um sich", so erläutert es der „Große Katechismus." Diese weitausgreifende Bitte wird dann im „Kleinen Katechismus" meisterhaft erläutert. Alles, was zur Leibes Nahrung und Notdurft gehört als Essen, Trinken, Kleider, Schuh, Haus, Hof, Acker, Vieh, Geld, Gut, fromm[491] Gemahl, fromme Kinder, fromm Gesinde, fromme und treue Oberherren, gut

Regiment, gut Wetter, Friede, Gesundheit, Zucht, Ehre, gute Freunde, getreue Nachbarn und desgleichen.“[492] Alle diese ganz alltäglichen Gaben sind keine Selbstverständlichkeiten, die wir verlangen können. Es sind unverdiente Gnadengaben Gottes, die wir nur mit Dank entgegennehmen können und sollten. Dieser Gottessegen wird aus dem Evangelium erkannt. Dem schließt sich unmittelbar und folgerichtig die nächste Bitte an:

> *All unsre Schuld vergib uns, Herr,*
> *daß sie uns nicht betrübe mehr,*
> *wie wir auch unsern Schuldigern,*
> *ihr Schuld und Fehl vergeben gern.*
> *Zu dienen mach uns all bereit*
> *in rechter Lieb und Einigkeit.*

„Dieses Stück“ – so heißt's im Großen Katechismus – „trifft nun unser armes und elendes Leben an, welches ob wir gleich Gottes Wort haben, seinen Willen tun und leiden und uns von Gottes Gabe und Segen nähren, geht es doch ohne Sünde nicht ab; denn wir noch täglich straucheln und zuviel tun (kein Maß halten), weil wir in der Welt leben unter den Leuten, die uns viel zuleide und Ursache geben zu Ungeduld, Zorn, Rache usw., dazu den Teufel hinter uns haben, der uns auf allen Seiten zusetzt und ficht ..., dass es nicht möglich ist, in solchem steten Kampf allezeit fest zu stehen.[493]

Der natürliche Mensch, der Mensch vor dem Glauben, kennt zwar Fehler, kann sogar von Schuld sprechen, kann sich entschuldigen oder eine Art Wiedergutmachung geloben, aber aus eigener Einsicht und eigenem Verstand kann er die Größe und das Gewicht seiner Schuld als unendliche Schuld vor Gott nicht erkennen. Der Mensch vor dem Glauben bildet sich ein, seine Fehler seien nur Splitterchen und wird nicht gewahr, dass er einen ganzen Balken mit sich schleppt. Den geringsten Splitter in seines Nächsten Augen bauscht er dagegen auf zu einem wahren Balken (vgl. Mt 7, 3-5). Der natürliche Mensch ist ständig dabei, sich zu entschuldigen und sich zu rechtfertigen. Doch seine Rechtfertigung artet ständig aus in Selbstgerechtigkeit. Da muss erst Christus kommen und das Gesetz in seine Hände nehmen und es geistlich auslegen.[494] Erst dann kann ein Petrus erschrocken aufschreien: „Herr, geh weg von mir! Ich bin ein sündiger Mensch“ (Lk 5, 8). Oder jener Zöllner, der im Tempel vor Gott stammelt: „Gott sei mir Sünder gnädig!“ (Lk 18, 13). Christus aber erklärt, dass er „gerechtfertigt“ hinabging. Ihm war vergeben, die Schuld nicht angerechnet, das ewige Gericht nicht vollstreckt. Genau diesem Geschehen entspricht die Bitte: „Vergib uns unsere Schuld!“ „Es ist ... darum zu tun, dass wir solche Vergebung erkennen und annehmen!“[495] Da wir uns aber vor Gottes Zorn und Ungnade fürchten – auch die Selbstgerechtigkeit und die Entschuldigungen des natürlichen Menschen verraten nur die heimliche Furcht und den tiefsten, inneren Unfrieden – „so ist ohn Unterlass vonnöten, dass man hierherlaufe (zu Christus) und Trost hole, das Gewissen wieder aufzurichten.“[496]

Zugleich aber darf der Zusatz in dieser Bitte nicht übersehen werden. Hat Gott uns durch Christus die Bergeslast unserer Schulden vom Gewissen genommen, so sollen auch wir unserem Schuldiger vergeben. Losgesprochen von aller Schuld werden wir zur Vergebung unseres Nächsten befreit. „Vergibst du nicht, so denke auch nicht, dass dir Gott vergebe.“[497] Die empfangene Gnade und Vergebung darf, nein, sie soll sogar deinen Feinden zuteil werden.

Die sechste Bitte wendet sich unseren Versuchungen zu. So lautet die 7. Strophe:

> *Führ uns, Herr, in Versuchung nicht,*
> *wenn uns der böse Geist anficht;*
> *zur linken und zur rechten Hand*
> *hilf uns tun starken Widerstand*
> *im Glauben fest und wohlgerüst*
> *und durch des Heilgen Geistes Trost.*

„In diesem Gebet lernen wir" – so 1519 der Wittenberger Gemeinde vor die Seele gestellt – „wie ein elend Leben auf Erden sei; denn es ein lauter Anfechtung ist." „Darum sprechen wir nicht: ‚Nimm von mir die Anfechtung', sondern ‚Führe uns nicht hinein', als spreche er: ‚wir sind umgeben hinten und vorne mit Anfechtungen und mögen uns derselben nicht entschlagen.' Aber: ‚O Gott, Vater, hilf uns, dass wir nicht hineinfahren', d.i., dass wir nicht darin einwilligen und also unterdrückt werden. Denn wer darin einwilligt, der sündigt und wird der Sünde Gefangener, wie Paulus sagt" (Rö 7, 23).[498] Im „Großen Katechismus" wird auf die Erfahrung hingewiesen: „Der Teufel hetzt und bläst auch allenthalben zu, aber sonderlich treibt er, was das Gewissen und geistliche Sachen betrifft, nämlich, dass man beide, Gottes Wort und Werk in den Wind schlage und verachte, dass er uns vom Glauben, Hoffnung und Liebe reiße ..."[499]

Die Versuchungen und Anfechtungen linker und rechter Hand werden schon 1519 genauer umschrieben: „Zur linken Seiten" das sind „Zorn, Hass, Bitterkeit, Unlust, Ungeduld", weiter „Krankheit, Armut, alles was einem wehe tut, sonderlich wann einem sein Wille, Vornehmen, Gutdünken, Ratschlag,

Wort und Werk verworfen und verachtet wird."[500] „Die andere Anfechtung auf der rechten Seiten", das ist „Unkeuschheit, Wollust, Hoffart, Geiz und eitele Ehre ... . Dies ist die allerschädlichste Anfechtung und wird der Zeit des Endchrist zugeeignet."[501] Das Wesen des End- oder Antichristes besteht weniger in äußerlichen Verfolgungen, sondern darin, dass er den Menschen bei seiner Ehre, seinem Ruhm, seiner Hoffart fasst und uns vorgaukelt, diese „Menschlichkeit" sei das eigentlich Christliche. Es gehe doch „nur" um den Menschen. Die Dogmen zielten im Grunde doch nur auf den „wahren Menschen". Nicht Gott wurde Mensch, sondern der Mensch gelange zu seiner Eigentlichkeit. Die Zeit des Antichristen ist schon lange im Werden!
Die siebente und letzte Bitte (= Strophe 8) bittet deshalb:

> *Von allem Übel uns erlös;*
> *es sind die Zeit und Tage bös.*
> *Erlös uns vom ewigen Tod*
> *und tröst uns in der letzten Not.*
> *Bescher uns auch ein seligs End,*
> *nimm unsre Seel in deine Händ.*

Im „Großen Katechismus" erörtert der Reformator sehr genau den griechischen Text des Herrengebetes. „Im Griechischen lautet das Stücklein also: Erlöse oder behüte uns von dem Argen oder Boshaftigen, und sieht eben als rede er vom Teufel, als wolle er alles auf einen Haufen fassen, dass die ganze Summa alles Gebets geht wider unseren Hauptfeind."[502] Der „Boshaftige", das ist mehr als das scheinbar sachliche „erlöse uns von dem Übel" oder von „dem Bösen". Es geht nicht um das Böse, sondern um den Bösen, den Hauptfeind Gottes, der

VATERUNSER

die Schöpfung Gottes hinabreißen will in den Tod, in die Sinnlosigkeit der Gottesleere. In des Satans Wille zum Nichtigen hin haben alle Übel der Welt ihren Ursprung.
Gegen diesen gefährlichsten aller Feinde Gottes gibt es nur eine Waffe, nur einen Halt, nur eine feste Burg: Das Wort unseres Gottes selbst. Christus, das fleischgewordene, gekreuzigte, auferstandene und ewige Wort widersteht sterbend und siegend dem Satan (vgl. Mt 4, 1-11; Lk 4, 1-13). Dieses Wort allein tröstet „in der letzten Not“, wenn „der Feind wird das Leben verklagen“.[503] Gegen diese bedrängende Anklage im Gewissen können wir nur in der Vergebung Christi bestehen. So beschert er uns ein „seliges End“, frei von Verdammnis und letzter, tiefster Unseligkeit; denn Seine Zusage steht ewiglich unerschütterlich fest: „Und ich gebe ihnen (denen die meine Stimme hören) das ewige Leben ... und niemand wird sie aus meiner Hand (und meines Vaters Hand) reißen“ (Joh 10, 28f.).
Das Herrengebet schließt – wie schon erwähnt – mit einer Doxologie, einem Lobpreis Gottes, sowie dem hebräischen Amen. „Was ist das?“ fragt der „Kleine Katechismus“ und gibt die wahrhaft umfassende Antwort: „Dass ich soll gewiss sein, solche Bitte sind dem Vater im Himmel angenehm und wird erhöret; denn er selbst hat uns geboten, also zu beten und verheißen, dass er uns will erhören. Amen, Amen, d.h. Ja, Ja, es soll also geschehen.“[504]
Deshalb schließt auch Luthers Vaterunserlied:

> *Amen, das ist: es werde wahr.*
> *Stärk unsern Glauben immerdar,*
> *auf daß wir ja nicht zweifeln dran,*
> *was wir hiermit gebeten han*
> *auf dein Wort, in dem Namen dein.*
> *So sprechen wir das Amen fein.*

Kirche

Luthers Loblied auf die Kirche

Im Jahre 1535 erschien in Wittenberg im Klug'schen Gesangbuch[505] ein Lied Luthers, das sich „Ein Lied von der heiligen christlichen Kirchen, nach dem 12. Kapitel der Apokalypsis",[506] nennt. Dieses Lied nimmt eine „besondere Stellung"[507] unter Luthers Dichtungen ein. Die zwölfzeiligen Strophen mit ihrem kunstreichen Aufbau ließen es für ein Gemeindelied wenig geeignet sein. Deshalb verschwand es auch bald wieder aus den evangelischen Gesangbüchern.

Was Wunder, dass diese Dichtung auch bis ins 19. und 20. Jahrhundert verschiedensten Deutungen ausgesetzt war. Manche Forscher vermuteten ein weltliches Liebeslied, das Luther auf die Kirche übertragen habe. Es handele sich also um das mittelalterliche Motiv des „Frauenpreises", den ritterlichen Minneliedern vergleichbar. Oder es handele sich um eine ursprüngliche „Trostversicherung im Unglück."[508] Andere wollten darin ein ursprüngliches Marienlied aus Luthers Frühzeit erkennen. Erst der „alte Luther" habe sein Lied umgedichtet. An die Stelle der Jungfrau Maria sei dann die Kirche getreten. Doch bis heute lässt sich weder der Nachweis eines ursprünglichen Marienliedes noch eines entsprechenden weltlichen Liebesliedes erbringen.[509]

Deshalb ist sehr anzunehmen, dass Luther dieses Lied von Anfang an als Preis- und Loblied auf die Kirche entworfen hat. Das legt vor allem die 2. Strophe nahe, die sich als Nachdichtung des 12. Kapitels der Johannesoffenbarung erweist. Schon sehr früh wurde die Vision einer mit der Sonne bekleideten Frau auf die Kirche Jesu Christi gedeutet. Die Sonnenfrau ist „die alte Kirche der Väter, Propheten und der heiligen Apostel", so der älteste Kommentar der Johannesoffenbarung in lateinischer Sprache von Bischof Victorin von Pettau († ca. 340 n. Chr.). Später erst wird die Sonnenfrau sowohl auf die Kirche als auch auf die Jungfrau Maria gedeutet.[510]

Luther, der in seiner ersten Vorrede zur Offenbarung des Johannes von 1522 noch bekannte, dass sich „sein Geist in das Buch nicht schicken" könnte,[511] versucht in seiner 2. Vorrede zur Johannes-Apokalypse von 1545 eine Deutung dieses schwierigen Buches und sieht im 11. und 12. Kapitel „zwei Trostbilder gestellt: eines von den zwei Predigern und eines von der schwangeren Frau, die ein Knäblein ohne des Drachen Dank gebiert: Damit wird angezeigt, dass dennoch etliche fromme Lehrer und Christen bleiben sollen."[512]

Luther teilt also die Auslegung der frühen Kirche und sieht in der Himmelsfrau das Sinnbild der Kirche Jesu Christi und deutet dieses 12. Kapitel nicht mariologisch. Gleichwohl ist zu bedenken, dass Luther Maria auch als „Figur der Kirche" begreifen konnte.[513] Entscheidend ist dabei allerdings, dass sie als Mutter unseres Erlösers, nicht als „Königin des Alls" begriffen wird, die „erhöht" worden sei, „um vollkommener ihrem Sohn gleichgestaltet" zu sein.[514] Vielmehr steht sie wie jeder Christ als Glaubende „im rechten Kampf", wie Luther 1525 in seiner Fastenpostille über Johannes 2, 1-11 ausführt. Auf die Zurückweisung ihres Sohnes „Frau, was habe ich mit dir zu schaffen" (Joh 2, 4) erhält sie „in hohen Nöten des Gewissens" einen „Stoß". Sie aber behält einen „freien Glauben" und weist die Diener der Hochzeitsgesellschaft in Kana auf Ihn, ihren Sohn, hin: „Was er euch sagt, das tut" (Joh 2, 5).

„Also siehst du auch hie im Evangelium, dass die Mutter Christi die Diener von sich weist zu Christus und spricht nicht: Tut was ich euch sage, sondern tut, was er euch sagen wird. Nur auf seine Worte soll man jedermann weisen, wenn man recht weisen will. Also dass dies Wort der Maria „was er euch sagt, das tut“ ein tägliches Wort der ganzen Christenheit ist und sein soll, und damit soll alle Menschenlehre zu Boden gestoßen werden und was nicht eigentlich Christi Wort sind.“[515] Als Glaubende, die dem Wort Christi vertraut und auf den Sohn allein hinweist, ist Maria als „Gottesmutter“ auch eine „Figur der Kirche“. In diesem Zusammenhang ist auch Luthers Lied von der Kirche einzuordnen, das wohl kaum ein ursprüngliches Marienlied gewesen sein kann. Es ist ein Preislied auf die Kirche und setzt auch als Lobpreis ein.

> *Sie ist mir lieb, die werte Magd,*
> *und kann ihr nicht vergessen.*
> *Lob, Ehr und Zucht von ihr man sagt;*
> *sie hat mein Herz besessen.*
> *Ich bin ihr hold,*
> *und wenn ich sollt*
> *groß Unglück hab'n,*
> *da liegt nichts an.*
> *Sie will mich des ergötzen*
> *mit ihrer Lieb und Treu an mir,*
> *die sie zu mir will setzen*
> *und tun all mein Begier.*[516]

Luther beschreibt hier die Kirche als „Magd“, als junge Frau oder Jungfrau. Zugleich umschließt das „Magdsein“ der Kirche ihre dienende Aufgabe. Der Begriff „Magd“ erinnert in seiner doppelten Bedeutung an das hebräische „almah“, jener messianischen Weissagung von Jesaja 7, 14, das ebenfalls beides umfasst „junge Frau“ und „Jungfrau“. Die Kirche Gottes wird aus dem Wort Gottes „gezeugt“; sie lebt einzig und allein aus diesem sie ins Leben rufenden Wort ihres Gottes. Insofern ist die Kirche als Gemeinde der an Christus glaubenden „jungfräulich“, so wie Christus selbst „nicht von dem Geblüt noch nach dem Willen des Fleisches noch von dem Willen eines Mannes, sondern von Gott geboren“ ist, ebenso wie die „Kinder Gottes“, wie die Kirche oder Gemeinde Gottes (Joh 1, 13). Deshalb kann der an Christus Glaubende ihrer nicht vergessen. Zugleich wird „Lob, Ehr und Zucht“ der Kirche Jesu Christi gerühmt. Es wäre dies aber völlig missverstanden, wollte man daraus ein hohes sittliches Streben der Kirche Christi herauslesen: ihre asketische Strenge, ihre Vorbildlichkeit und ihre Gerechtigkeit. Dieser Ruhm wäre wieder das verwerfliche Rühmen des Pharisäers: „Ich danke dir, Gott, dass ich nicht bin wie die andern Leute ...“ (Lk 18, 11). Die „heilige christliche Kirche“ ist zwar heilig und doch zugleich eine Gemeinde von Sündern. Deshalb betet sie täglich „Vergib uns unsre Schuld.“

In seiner großen Galaterbriefvorlesung von 1531 (1535) führt Luther aus: „Das schärfe ich wiederum ein, was christliche Heiligkeit im Vergleich mit anderen Heiligkeiten sei ... . Er nenne niemand heilig wegen seiner Lebensweise, wegen seiner Werke.“ Gott fordert zwar in aller Strenge gute Werke von uns, „aber sie machen uns nicht heilig, sondern ich, du sind heilig; die Kirche, die Bürgerschaft, das Volk ist heilig, nicht durch eigene, sondern durch fremde, nicht durch aktive, sondern durch passive Heiligkeit; denn sie haben göttliche und heilige Dinge, nämlich die Berufung zum Amt, das Evangelium, die Taufe u.s.w.. Dadurch sind sie heilig.“[517]

Alle die lobenden Aussagen, die Luther in seinem Lied der Kirche zuspricht, wollten und müssen streng auf die biblische Rechtfertigungsbotschaft bezogen werden: Unsere und der

Kirche Heiligkeit, das ist und bleibt Christi Heiligkeit, Christi Gerechtigkeit, Christi Zucht, der „gehorsam ward bis zum Tod, ja bis zum Tod am Kreuz“ (Phil 2, 8). Diese Heiligkeit wird uns durch die Vergebung der Sünden um Christi willen zugesprochen und angerechnet. Das ist die „passive Heiligkeit“, die nur im Glauben empfangen werden kann. Darum kann ich der Kirche „hold“ sein, d.h. treu, ergeben, geneigt, zugetan sein und bleiben. Da der Glaubende als Glied der Christusgemeinde aus Christi Vergebung und seiner „Huld“ (Güte, Gnade) lebt.

Das Evangelium, das in der Gemeinde Christi verkündigt wird, die Vergebung, die nur hier zugesprochen wird, kann mich „ergötzen“, kann mich für alles Unglück, für Anfechtung, Not und Tod entschädigen, kann mich das alles „vergessen machen.“[518] So wird meiner „Begier“, meinem innersten Verlangen[519] Rechnung getragen.

Die 2. Strophe des Liedes lehnt sich in wichtigen Aussagen an die apokalyptische Vision von Offenbarung 12 an:

> *Sie trägt von Gold so rein ein‘ Kron;*
> *da leuchten in zwölf Sterne.*
> *Ihr Kleid ist wie die Sonne schön,*
> *das glänzet hell und ferne;*
> *und auf dem Mond*
> *ihr Füße steh’n.*
> *Sie ist die Braut,*
> *dem Herrn vertraut;*
> *ihr ist weh und muss gebären*
> *ein schönes Kind, den edlen Sohn*
> *und aller Welt einen Herrn,*
> *dem sie ist untertan.*

KIRCHE

Die Vision von der Sonnenfrau, die Luther hier dichterisch aufnimmt, gehört in die Abfolge von sieben Visionen vom Reich des Drachen. In der 2. Vision schaut der Seher ein „großes Zeichen im Himmel“, eine „Frau, mit der Sonne bekleidet, und der Mond unter ihren Füßen und auf ihrem Haupt eine Krone von 12 Sternen“ (Offb 12, 1). Die Exegese der letzten hundert Jahre sah in dieser fremdartigen Vision eine Reihe mythologischer Elemente aufscheinen: Die Sonnenfrau als die auserwählte goldgekrönte Gattin des Himmelsgottes, die 12 Sterne als die astralen Tierkreisbilder, die Mondsichel, auf der die Sonnenfrau steht, als Erhöhung zur Weltherrschaft. Eine Fülle von religionsgeschichtlichen Symbolen ließe sich hier anführen.[520] Doch diese vorchristlichen Symbole sind in der Johannes-Apokalypse längst verblasst. Die Sonnenfrau erscheint hier als das Gottesvolk. Darauf deuten die 12 Sterne hin. Umstrahlt von der Sonne ist sie eingehüllt in die Erwählung und Gnade des Herrn. Sie steht auf der Mondsichel, weil das ihr vertraute Wort Gottes in alle Welt hinausgeht, weil sie als Magd, als Dienerin des Wortes alle Welt zur Umkehr ruft und das Christusheil zusagt. Alle heidnische Mythologie und alle Sternsymbolik haben sowohl der „Seher“ der Johannesapokalypse als auch Luther selbst hinter sich gelassen. Die Sonnenfrau war ihnen eine Figur der „heiligen christlichen Kirche.“ Sie, die Kirche, ist die Braut, die Christus anvertraut ist. Damit werden andere eng verwandte Bilder der Hl. Schrift aufgenommen. So besingt z.B. der Psalm 45 in einem „Brautlied“ einen König als den „Schönsten unter den Menschenkindern“ und die „herrlich geschmückte Braut“ zu seiner Rechten. „Dieser Psalm ist eine Weissagung vom Evangelium und Königreich Christi, mit herrlichen prächtigen und gewaltigen Worten geschmückt“, notiert Luther 1533 in seinen „Summarien über die Psalmen ...“.[521] Das wird in einer Auslegung des 45. Psalmes über Tisch etwas weiter ausgeführt. Heißt es im 10. Vers dieses Psalmes

„Die Braut steht zu deiner Rechten in eitel köstlichem Gold", so bemerkt der Reformator: Die Braut (im Lateinischen Regina = Königin) herrscht, da sie ein Fleisch mit ihm ist (als Braut). „Die Königin ist die Versammlung (coetus) der vollkommenen Gläubigen, wie zum Beispiel der Apostel, der Amtsdiener, die geeignet sind zu lehren und Gläubige zu zeugen."[522]
Auf den ersten Blick scheinen sich die Geburtswehen der Kirche als der Braut Christi nicht ganz in das Bild einzufügen. Die Jungfrau Maria kann damit nicht gemeint sein, da die Gottesmutter den Sohn ohne Schmerzen zur Welt gebracht hat, eine Überzeugung, die Luther zeitlebens geteilt hat. Wohl aber wird hier eine jesajanische Weissagung in Erfüllung gehen: Das Volk Gottes ist „gleichwie eine Schwangere, die sich wendet und schreit in ihren Schmerzen, wenn sie bald gebären soll; so geht's auch uns, Herr, vor deinem Angesicht" (Jes 26, 17). Das Zeugen und Gebären der Glaubenden geht nie ohne Zweifel, Anfechtungen, ohne Verfolgungen und Feindschaft vonstatten.
Christus, das schöne Kind, freilich wird der Kyrios, der HERR der Welt sein. Es darf uns nicht überraschen, dass hier die Kirche selbst als Christi Mutter eingeführt wird, denn die Kirche (das Volk Gottes) ist immer dagewesen, angefangen von Adam, dem ersten Menschen, bis zum jüngsten Tag.[523] Als Volk Gottes geht die Kirche immer schon „schwanger" mit dem verheißenen Messias. Schon Adam wird der Zertreter der alten Schlange, des Satans, verheißen (1. Mose 3, 15). Abraham wird zugesagt, dass durch seinen Samen alle Völker auf Erden gesegnet werden (1. Mose 22, 18). Jesaja kündet die Geburt des Jungfrauensohnes an (Jes 7, 14) und die Geburt des Kindes, das „Wunder-Rat, Gott-Held, Ewig-Vater und Friede-Fürst" sein wird (Jes 9, 6), und Jeremia weiß schon um den „neuen Bund", der kommen wird (Jer 31, 31). So ist der Chri-

stus in der Gemeinde schon von Anfang der Zeit als Wort unterwegs, um endlich Fleisch zu werden (Joh 1, 14), damit „in dem Namen Jesu sich beugen sollen aller Knie ..." (Phil 2, 10). Ist der Sohn Gottes von Ewigkeit her, so erhebt sich seit Urzeiten auch Hass, Feindschaft, Mord, Verfolgung gegen Christus und sein Volk, in Gestalt des alten Drachen. Immer ist auch der Widersacher Gottes, die Schlange, der Satan auf dem Plan. Davon berichtet die vierte Strophe:

> *Das tut*[524] *dem alten Drachen Zorn*
> *und will das Kind verschlingen.*
> *Sein Toben ist doch ganz verlor'n,*[525]
> *es kann ihm nicht gelingen.*
> *Das Kind ist doch*
> *gen Himmel hoch*
> *genommen hin,*
> *und läßet ihn*[526]
> *auf Erden fast sehr*[527] *wüten.*
> *Die Mutter muß gar sein allein.*
> *Doch will sie Gott behüten*
> *und der recht Vater sein.*

Noch einmal knüpft Luther an die Vision des Sehers der Johannes-Offenbarung an (Offb 12, 3-5): Ein „ander Zeichen" erscheint am Himmel: ein großer roter Drache, der die Sonnenfrau verfolgt und ihr Kind gerne fräße. Aber das Kind ward „entrückt zu Gott und seinem Thron". Die Frau aber entflieht in die Wüste und wird von Gott ernährt. Unmittelbar danach

folgt der Kampf des Erzengels Michael mit dem Drachen, der von Michael besiegt, vom Himmel gestürzt und auf die Erde geworfen wird (Offb 12, 7-12).
Luther hat mehrmals über diese Michaelisperikope gepredigt, so z.B. am 29. Sept. 1534, eine Predigt, die unser Lied mitbeeinflusst zu haben scheint. Die Christusgemeinde existiert hier auf Erden wie Lämmer mitten unter Wölfen (Lk 10, 3). „Das ist, dass wir Prediger und Elenden sollen hier sitzen und leben unter dem leidigen Teufel, der alle Augenblicke darauf aus ist, uns körperlich mit Mord zu schaden und unsere Seele mit Lügen und Abgötterei. Wir haben nur eine geringe Macht gegen die Macht des Teufels, der ein Geist ist. Deshalb kümmert sich Gott über das, dass er selber Haus hält. Er bestellt auch Engel, dass sie ihm helfen, die Christenheit und auch die Welt zu regieren. Denn wo die lieben Engel nicht sind, dort ist's verloren ..., damit wir sehen, wenn der Herr die Welt strafen will, dann lässt er die Engel die Hand abtun und der Teufel macht, was er will. Dann kommen Krieg, Blut und Jammer und Lügen, falsche Prediger und Menschen, die widereinander sind."[528]
Der Zorn des alten Drachen und sein Toben, von dem das Lied singt, wird hier etwas umschrieben; ebenso das satanische Wüten auf Erden. Der Christus und seine Christengemeinde sollen verloren sein und untergehen. Luther hat nie ein vordergründig optimistisches Bild der Geschichte der Christenheit gezeichnet. Er hat es selbst erlebt, wie dem Evangelium Christi Hass und Feindschaft entgegenflammt. Sein Lied ist also von Erfahrung gesättigt.
Man vergegenwärtige sich, dass in dem Jahr, als Luther dieses Lied entwarf, er auch mit seiner 10 Jahre währenden Genesisvorlesung (1. Mose 1-50) begonnen hat. An dem tödlichen Widereinander der beiden Brüder Kain und Abel macht er die

Feindschaft, das weltgeschichtliche Ineinanderverkeiltsein zweier Kirchen deutlich, der satanischen Kirche Kains und der Kirche des Glaubens, die der erschlagene Abel repräsentiert; „durch den Glauben hat Abel Gott ein besseres Opfer dargebracht als Kain; deshalb wurde ihm bezeugt, dass er gerecht sei, da Gott selbst es über seinen Gaben bezeugte; und durch den Glauben redet er noch, obwohl er gestorben ist" (Hebr 11, 4).

„Und hier beginnt die Kirche sich zu trennen in eine Kirche, die dem Namen nach eine Kirche ist, in Wirklichkeit ist sie nichts als eine heuchlerische und blutdürstige Kirche. Die andere (Kirche) ist unfruchtbar, verlassen, dem Leiden und dem Kreuz unterworfen und vor der Welt ist sie im Hinblick auf jene heuchlerische Kirche nichts als ‚Abel', d.h. ein eitles Nichts (vanitas et nihil). Denn Christus nennt Abel gerecht und macht ihn zum Anfang der Kirche der Frommen, die bis zum Ende bestehen wird; gleichwie Kain der Beginn der Boshaften und der Blutdürstigen bis zum Ende der Welt ist."[529]

„Wir also sind nicht die Ersten, dass uns der Name Kirche entrissen wird und Haeretiker beschimpft werden, wir werden gemordet und sie rühmen sich, sie seien die allein wahre Kirche .... Dasselbe ist auch dem gerechten Abel widerfahren; ebenso auch unserem Herrn Christus, der weder Priester noch König in Jerusalem war. Vielmehr wurde er von den Priestern und Königen ans Kreuz hingeschleift. Wir aber müssen ihm konform, gleichgestaltet werden, wie Paulus sagt (Phil 3, 10). Deshalb ist die wahre Kirche verborgen, wird exkommuniziert (mit dem Bann belegt), als Ketzer gehalten und getötet."[530]

Dieser heimliche und todbringende Kampf zwischen Michael und dem Drachen, zwischen der Kirche Kains und der Kirche, die wie Abel allein aus dem Glauben lebt, ist auch der heimliche Hintergrund jener dritten Strophe des Lutherliedes von der Kirche. Es geht also in diesem Kampf und Streit um die

allein entscheidende Frage: Können wir uns aus unseren Werken rechtfertigen oder sind wir vor all unserem Tun gerecht, weil wir allein aus Glauben leben? Im Gegensatz zu Kain „erkennt sich Abel als unwürdig und als elenden Sünder". Er flieht deshalb hin zur Barmherzigkeit und vertraut darauf (glaubt), dass Gott versöhnt sei und sich erbarmen wolle ... . [531]
Der erste Mord geschieht also aus menschlicher Selbstgerechtigkeit, da der Mensch sich selbst – ohne Gott – gewinnen will. Nicht nur die ganze Weltgeschichte entscheidet sich an diesem Sachverhalt, sondern auch die Frage nach rechter oder falscher Kirche, nach wahrem oder verlogenem Ökumenismus, ja letztlich auch die Entscheidung zwischen wahrer und falscher Religion und zwischen Krieg und Frieden. Das war seit Kain und Abels Zeiten so und dieser Grundkonflikt wird bis zum jüngsten Tage fortbestehen.

Nur der Kleinglaube ist in diesem Streit pessimistisch. Der Glaube, der auf Christus blickt und sich an das Wort festklammert, der weiß, dass das Toben der Hölle „verloren" ist. Der Drache führt nur noch Rückzugsgefechte. Christus, das Kind, der Gott und Mensch zugleich ist, ist „gen Himmel hoch genommen hin." Das teuflische Wüten hier auf Erden wird nicht das Feld behalten. Gott wird seinen Engel schicken. „Das Wort Gottes wird den Sieg behalten."[532] Auch die Mutter, die Kirche oder Gemeinde Christi, ist und bleibt von Gott behütet, weil Gott unser rechter Vater ist. „Das singt man heut (im Michaelisfest): Lob und Ehr Gott, der uns den Michael und seine Engel sendet, die uns wieder zum wahren Gotteswort helfen. Deshalb müssen wir ihm Dank sagen."[533]

KIRCHE

Weitere geistliche Gesänge

Verleih uns Frieden gnädiglich *und* Erhalt uns, Herr, bei deinem Wort

I.

Von dem König Hiskia von Juda (716/15-687/86 vor Christus) wird berichtet, dass er einer Gesandtschaft des Königs Berodach-Baladans von Babylon voll eitlen Stolzes sein ganzes Schatzhaus öffnet und vor den Gesandten der Weltmacht Babylon seine Reichtümer ausbreitet. Dabei geht es ihm um Macht und Ansehen, eventuell auch um ein Bündnisangebot. Doch der eitle Hiskia hatte nicht mit Gottes Widerspruch gerechnet. Durch den Mund des Propheten Jesaja erfährt Hiskia, dass nach seiner Zeit alles Volk nach Babylon verschleppt werden wird. Gottes Volk lebt weder aus politischer Macht noch fristet es sein Leben mit Gold oder Silber. Gottes Volk lebt allein aus Gottes Wort. Es existiert nur, weil Gott der Herr mit seinem Volk redet. König Hiskia erschrickt und demütigt sich: „Das Wort des Herren ist gut; denn er dachte: Es wird doch Friede und Sicherheit sein zu meinen Zeiten“ (2. Kön 20, 19). Gottes Volk findet Frieden nur im Hören des göttlichen Wortes, im Wort des Gottes, der seinem Volk Treue zugeschworen hat.

Die Kirche Jesu Christi, gesammelt aus Juden und Nichtjuden, weiß sich seit Christi Kreuzigung und seiner Auferstehung in Gottes Volk eingegliedert. Deshalb entstand schon im 6. und 7. Jahrhundert nach Christus in der christlichen Kirche die lateinische Antiphon („Kehr- und Rahmenvers“ eines Psalmes): „Da pacem ...“.

Gib Frieden, o Herr, zu unseren Tagen,
weil kein anderer da ist,
der für uns streiten könnte,
es sei denn Du, unser Herr.

Luther ließ diese lateinische Antiphon bewusst auch im evangelischen Gottesdienst anstimmen. Schon bald übertrug er die lateinische Form in einen deutschen Liedvers:

Verleih uns Frieden gnädiglich,
Herr Gott, zu unsern Zeiten.
Es ist doch ja kein andrer nicht,
der für uns könnte streiten,
denn du, unser Gott, alleine.[534]

Diese knappe, aber treffliche Nachdichtung erschien zuerst 1529 im sog. „Klug'schen Gesangbuch." Dort wird dem Lied ein Bittgebet beigegeben, das die Notzeit, in der Luthers Lied entstanden ist, erahnen lässt. Es heißt dort: „Herr Gott, himmlischer Vater, der du heiligen Mut, guten Rat und rechte Werke schaffst, gib deinen Dienern Friede, den die Welt nicht kann geben, auf dass unsere Herzen an deinen Geboten hangen und wir (zu) unserer Zeit durch deinen Schutz stille und sicher vor Feinden leben. Durch Jesus Christus, deinen Sohn, unseren Herrn."[535] Dieses Gebet nimmt – wie die lateinische Antiphon ebenso wie Luthers Nachdichtung – das Wort des Königs Hiskia auf: „Es wird doch Friede ... sein zu meinen Zeiten" (lateinisch „in diebus nostris", Luther „zu unsern Zeiten"). König Hiskia, ein Davidide, vertraut sich als Diener Gottes der Macht Gottes an. Darin ist der Davidide Hiskia ein Prototyp des Davidsohnes Christi, der als Messias der Diener Gottes ist. „Gleichwie der Menschensohn ist nicht gekommen, dass er sich dienen lasse, sondern dass er diene und gebe sein Leben zu einer Erlösung für viele" (Mt 20, 28).

Die Verkündiger des Evangeliums haben die Aufgabe, Christi Tod und Auferstehung uns zugut in die Welt hineinzurufen. Als Diener Christi ernten sie wie Christus Widerspruch, Hass und tödliche Feindschaft. Deshalb wird im Anschluss an den König Hiskia für sie um Frieden gebetet, damit sie hier und heute ihren Verkündigungsdienst versehen können. Es geht dabei nicht um Kompromisse mit den Zeitläuften, nicht um Bündnisse mit politischen Mächten (der Sünde des Hiskia), sondern um „heiligen Mut, um guten Rat und rechte Werke", die Gott allein geben kann. Dieser „heilige Mut" sprießt nicht aus unserem wankelmütigen Herzen, sondern aus der Gewissheit des Friedens Gottes, den Christus am Kreuz für uns erstritten hat.

Es war also eine notvolle Zeit, in der Luther sich veranlasst sah, 1529 jene lateinische Antiphon zu verdeutschen, damit die bedrängte Gemeinde sie im Gottesdienst als Bittgebet anstimmen konnte. Jene damaligen bedrängenden Zeitumstände seien kurz ins Gedächtnis gerufen. Jenes antilutherische Wormser Edikt sollte auf dem bevorstehenden Reichstag in Speyer endlich vollständig durchgesetzt werden. Den evangelischen Gemeinden drohte neues Ungemach. Schon war der Kaufmann Kaspar Tauber in Wien aufgrund des Wormser Edikts verbrannt worden, ebenso war der Augustinermönch Heinrich von Zütphen in Ditmarschen und Leonard Kaiser im bayrischen Schärding den Flammen übergeben worden.

Georg Winkler, der evangelisch gesinnte Prediger der Stiftskirche in Halle, wurde nach Mainz vorgeladen und auf der Rückreise ermordet. Dabei scheint Albrecht von Hohenzollern als Erzbischof von Mainz die Hand mit im Spiel gehabt zu haben. Ebenso ballt sich an den Grenzen des Reiches eine neue Gewitterwolke zusammen. 1521 hatte der türkische Sultan Suleiman II. (1520-1566) Belgrad erobert, 1526 war der ungarische König Ludwig in der Schlacht bei Mohác gefallen. 1527 drohte eine erneute Invasion Ungarns. 1529 standen die Türken vor Wien. Nur unter großen Verlusten konnte die Eroberung der Stadt abgewendet werden. Die Bitte an Gott um Frieden war also keineswegs eine Spielerei. Der christliche Glaube selbst war bedroht. Deshalb das „Es ist ja doch kein andrer nicht, der für uns könnte streiten, denn du, unser Gott, alleine."[536]

II.

In denselben Umkreis – Verfolgung und Türkengefahr – gehört auch das Lied „Erhalt uns, Herr, bei deinem Wort", obwohl es zeitlich mehr als ein Jahrzehnt später entstanden ist. Sichere Nachrichten über dies Lied datieren auf das Jahr 1542. Vermutlich entstand das Lied schon 1541, als in Wittenberg ein Gebetsgottesdienst „wider die Türken" angeordnet wurde.[537] Zwar waren die Türken 1529 vor Wien zurückgeschlagen worden, aber die Gefahr war damit keineswegs gebannt. Schon 1532 beobachtete man erneut ein vorsichtiges Vorrücken der Türken in Ungarn. Einer Entscheidungsschlacht allerdings wichen die Türken geschickt aus. 1537 musste König Ferdinand, der Bruder des Kaisers, eine empfindliche Niederlage hinnehmen. Es hieß, einer seiner Heerführer sei sogar vom Sultan bestochen worden.

Luther beobachtete die Aufrüstung König Ferdinands gegen die Türken sehr misstrauisch, bestand doch die Gefahr, dass der König in Wahrheit gegen die Protestanten mobil machte. Gleichwohl riet er seinem Kurfürsten, die sog. „Türkenhilfe" zu leisten, wie es einem Reichsfürsten gezieme. Inzwischen hatten die Türken weite Teile Ungarns erobert. 1541 zog Sultan Soliman in Ofen ein, dem rechtsufrigen Teil der Stadt Budapest. Wiederum war Wien und damit das Zentrum des Reiches bedroht. Kurfürst Johann Friedrich von Sachsen forderte Luther und Melanchthon auf, eine „Vermahnung zum Gebet wider die Türkei" an alle Pfarrer und Gemeinden ausgehen zu lassen. Luther scheint dem ohne Zögern gefolgt zu sein. Anfang August 1541 erschien diese „Ermahnung … ."[538] In diesem Zusammenhang scheint auch das Lied „Erhalt uns, Herr, bei deinem Wort" entstanden zu sein.
Wie schon in seiner Schrift „Vom Krieg wider die Türken" und in seiner „Heerpredigt wider den Türken", beides Schriften von 1529,[539] sieht Luther in der türkischen Bedrohung eine Zuchtrute Gottes: „Also ist Deutschland reif von allerlei Sünden wider Gott". „Wollen wir uns nun lassen bessern und helfen, so lasst uns Buße tun." Sorgfältig unterscheidet er dabei: „Fürsten und Herren sollen Recht im Lande schaffen …, vor allem Gottes Wort ehren, Schulen und Kirchen und ihre Diener versorgen, schützen und fördern." Adel, Bürger und Bauern sollen „Zucht und Ehrbarkeit in Städten und Landen handhaben … ." „Das andere Werk ist, dass wir uns danach zu Gott kehren mit rechtem Gebet; denn das sind die zwei priesterlichen Ämter, zum Volk sich kehren und sie lehren, was recht und gut ist, und danach zu Gott sich kehren und bitten, dass wir solches tun und auch Glück und Sieg erlangen mögen. Wie Samuel spricht (1. Sam 12, 23-24): „Es sei ferne von mir, mich an dem Herrn dadurch zu versündigen, dass ich da-

von abließe, für euch zu beten und euch zu lehren den guten und richtigen Weg! Nur fürchtet den Herrn und dient ihm getreu von ganzem Herzen." „Hier hören wir, dass es Sünde sei wider Gott, wo wir Prediger das Volk nicht recht lehren und für sie beten, als auch Sünde sei, wo das Volk nicht gehorcht noch Gott fürchtet, der sie durch unser Predigtamt lehret."[540] Die Verantwortungsbereiche der verschiedenen Gruppen oder „Stände" (Adel, Bürger, Handwerker und Bauern) werden dargelegt. Davon unterschieden werden Kirche, Schulen und die Prediger des Evangeliums. Gemeinsam stehen sie alle unter Gott, stehen in seinem Dienst und schulden ihm Rechenschaft. Unterschieden sind sie allerdings in ihren jeweiligen Aufgaben. Der Prediger ist kein Politiker, kein Kriegsmann, kein Bauer, kein Handwerker oder Handelsmann. Aber er würde sich versündigen, wollte er es versäumen, dem Volk, d. h. allen Bürgern, den „guten und richtigen Weg" zu lehren, der durch die zehn Gebote genau abgesteckt ist. Vor allem aber soll der Prediger mit seinem Gebet vor Gott liegen und für die Bedrängten – in diesem Fall durch die drohende türkische Invasion – vor Gott einstehen. Hier werden also die sog. „Zwei Reiche" – das weltliche und das geistliche Reich – wohl unterschieden, aber sie werden nicht auseinandergerissen. Stets bleiben alle Stände – auch der weltlichste Stand – unter Gott. Nie werden die „weltlichen Stände" aus der Gottesbeziehung herausgelöst. Es gibt keine sog. „Autonomie". Kein Stand ist sich selbst ein Gesetz (autonomos), vielmehr setzt Gott das Gesetz.[541] Diese Bemerkungen strafen alle jene Zerrbilder der sog. „Zwei-Reiche-Lehre" Luthers Lügen, die dem Reformator unterstellen, er habe „die Obrigkeit" verherrlicht bzw. sie verselbständigt und sie in unverantwortlicher Weise säkularisiert. Die kleine „Vermahnung zum Gebet wider die Türken" widerlegt alle diese gängigen Klischees. Es geht ihm in Krieg und Frieden, um die Bewahrung und Erhaltung des ganzen menschlichen Lebens in und unter Gott. Jene „Vermahnung zum Gebet“ setzt deshalb ein mit der Bitte:

> *Erhalt uns, Herr, bei deinem Wort*
> *und steur des Papsts und der Türken Mord,*
> *die Jesum Christum, deinen Sohn*
> *wollen stürzen von deinem Thron.*[542]

Die Wendung „steur des Papstes und der Türken Mord“ ist keine böswillige Verleumdung, sondern spiegelt jene damaligen, sehr wohl begründeten Ängste wider. Schon die Eroberung Konstantinopels im Jahre 1453 durch die islamischen Türken und die damit verbundenen Grausamkeiten und der blutige Untergang einer alten christlichen Kultur hatte ganz Europa mit Entsetzen erfüllt; und nun stand der rücksichtslose Eroberer vor der Tür. Die Schreckensnachrichten aus Griechenland, dem Balkan, aus Siebenbürgen und aus Ungarn waren kaum geeignet, die Gemüter zu beruhigen.

Im „Heiligen römischen Reich“ dagegen gab es nie nachlassende Versuche, die „lutherische Ketzerei“ auszurotten. Das Wormser Edikt bot dazu die Handhabe. Die verschärfte Bestimmung des Abschieds des Speyerer Reichstages führte dies den lutherisch gesinnten Fürsten vor Augen, die gegen jenen Reichstagsabschied eine feierliche „Protestation“ vorlegten. Spöttisch wurden sie seitdem „Protestanten“ genannt. Wo nur möglich, griffen die römischen Reichsstände durch. Immer wieder kam es – wie schon dargelegt – auch zu Ketzerverbrennungen, ja sogar zu heimtückischem Mord.

In jenem Lutherlied geht es freilich nicht nur um Krieg, Blutvergießen und leibliches Töten. Es geht vornehmlich um eine geistig-seelische Verführung zur Gesetzesgerechtigkeit, zum Sich-Selber-Darstellen vor Gott, um Vertrauen auf unsere Religiosität, um eine Spiritualität, die aus dem seelischen und willentlichen Vermögen des eigenen Herzens erwächst. Bedenkt man diese tieferen Zusammenhänge, dann erscheint es keineswegs als blinder Hass, wenn Luther des „Papsts und der Türken Mord" zusammenbindet. Hier bestehen heimliche Zusammenhänge, die nicht sofort zu erkennen sind.

Luther hat sich freilich schon 1529 mit dieser Problematik beschäftigt. Er schreibt ein „Vorwort" zu dem „Libellus de ritu et moribus Turcorum", zu dem „Büchlein über die Riten und Sitten der Türken." Dieses Büchlein geht auf den Dominikanermönch Georg von Ungarn zurück, der 20 Jahre lang in türkischer Gefangenschaft war. Luther kannte damals auch bereits die „Confutatio Alcorani", die „Widerlegung des Korans" des Dominikanermönchs Ricoldus de Monte Crucis (Luther verdeutscht Ricoldus mit Richard).[543] Dieser Ricoldus hatte 1280-1300 eine Orientreise unternommen, sprach fließend die arabische Sprache und verfügte für damalige Zeiten über eine ausgezeichnete Kenntnis des Korans und der muslimischen Sitten und Gebräuche. Sein Buch war praktisch die einzige authentische Quelle des Korans, die man im Abendland besaß. Er starb 1320 in Florenz. Auch ein Nikolaus von Kues besaß bei der Abfassung seiner „Cribratio Alkorani", seiner „Sichtung des Korans", keine bessere Quelle.[544] Im Jahre 1542 gab Luther diese Schrift als „Bruder Richards Verlegung des Alkorans" mit seiner Vorrede und einer „angehängten Warnung" erneut heraus.[545]

Luther ist sich bei seinen Koranstudien bewusst, dass die lateinische Übersetzung des Korans nur sehr „übel verdolmetscht" ist, weshalb er sich eine „klarere" Übersetzung „wünschte". Gleichwohl vermittelt die Schrift des Ricoldus einen hinreichenden Einblick in den islamischen Glauben. Mit erstaunlich sicherem religionswissenschaftlichen Blick erkennt er: „Also ist's ein Glaube (der moslemische) zusammengeflickt aus Juden, Christen und Heiden Glauben.“[546] Das Heidnische im Koran bezieht sich sowohl auf die philosophisch-griechische Vernunftgläubigkeit als auch auf gnostische Vorstellungen. Im übrigen „gefällt es der Vernunft über alle Maßen wohl, dass Christus nicht Gott sei, wie die Juden auch glauben, und sonderlich das Werk, dass man herrschen und das Schwert führen und in der Welt oben schweben soll.“[547]

Zwar ist sich Luther bewusst, dass der Türke, d.h. der Islam, Christen und Juden nicht mit Gewalt zum „Übertritt“ zwingt, „dass er jedermann lässt glauben, was man will“, dennoch „verwüstet“ er den christlichen Glauben, „denn er lässt wahrlich die Christen öffentlich nicht zusammenkommen“ ... „Was ist das für eine Freiheit des Glaubens, da man Christum nicht predigen noch bekennen muss.“[548] Eine Bestimmung, die bis heute in fast allen Ländern mit moslemischer Mehrheit gilt; eine Tatsache, die von den Befürwortern einer sog. multikulturellen Gesellschaft überspielt wird.

Ebenso täuschen sich die Enthusiasten eines Ökumenismus, die von einer versöhnten Vielfalt der christlichen Konfessionen träumen. Gewiss lässt der Papst „die Heilige Schrift, Taufe, Sakrament, Schlüssel, Katechismus, den Ehestand bleiben.“ Dennoch wird diese Christlichkeit dadurch verfälscht, dass der Papst – darin einem Mohammed mit seinem Koran verwandt – Menschenlehre über Gottes Wort erhebt.“ Den Christen wird nämlich vom Papst und seinem Regiment bedeutet, dass Taufe, Sakrament und selbst Christus allein nichts nützen, „sondern durch eigene Werke selig zu werden glauben müssen“.[549]

Auch der jüngste Katechismus der römischen Kirche von 1993 bestätigt Luthers Urteil, wenn dieses vatikanische Dokument das Evangelium als das „neue Gesetz“ definiert, welches das alte, natürliche Gesetz erfüllt, verfeinert, überragt und vervollkommnet.“[550] Damit aber werden wir von der freien Gnade Gottes im Evangelium wieder zurückgewiesen auf unser Tun, wenn es auch ein vom Geist gewirktes Tun sein soll. Der Geist bleibt damit angewiesen auf mein wollendes Mitwirken.

Aber schon der erwähnte Dominikaner Ricoldo (oder Richardus) weist darauf hin, dass der Koran, „eine Summa oder Versammlung der göttlichen Gebote“ zu sein beansprucht. Dabei beruft man sich auf die Vernunft. Das Gesetz aber (ob mosaisch oder islamisch) entspricht der Vernunft! Dass der Koran die Dreieinigkeit verwirft, die Gottheit Christi bestreitet, hat etwas mit der „Vernünftigkeit“ des Gesetzes zu tun, das laut römischem Katechismus identisch ist mit dem Evangelium als „Gestalt des natürlichen und geoffenbarten göttlichen Gesetzes.“[551] Bei allen gravierenden Unterschieden zwischen dem Koran und der römischen Kirche – die keineswegs zu leugnen sind – besteht doch eine heimliche Verwandtschaft als einer Vernunftgemäßheit des Gesetzes (unbeschadet seiner verschiedenen Ausgestaltungen). Islam und römisch-päpstliche Frömmigkeiten sind „Gesetzesreligionen“, die das ewige Heil den Anstrengungen des Menschen aufbürdet.

Luther hat mit seiner – nach unserem Urteil – harten Formulierung (des Papstes und der Türken Mord) eine heimliche Verwandtschaft erkannt. Gesetzesreligionen stürzen uns in einen „geistlichen Tod“, weil das ewige Heil letztendlich doch wieder unserem freien Willen übergeben wird. Doch daran müssen wir scheitern. So wird verständlich, warum Luther den Papst und den Türken als die beiden Exponenten der beginnenden Endzeit sieht. Mohammed sei der „schwarze Teufel“, „der von außen die Christenheit verfolgt.“ „Aber der Papst bei uns ist der rechte Endechrist, der hat den hohen subtilen, schönen, gleißenden Teufel, der sitze inwendig in der Christenheit ..."[552] Papst und Türke sind also Gottes Zuchtruten, die uns immer wieder zur Buße und zum Gebet vermahnen. „Wir müssen beten, wie wir auch predigen müssen, ohne Aufhören und ungehindert, weil wir bei der Welt und in der Welt sind, auf dass unser Gewissen frei sei an jenem Tage (des Gerichtes)", so schließt Luther 1543 seine Vermahnung an die Pfarrherrn und die Superintendentur in Wittenberg, das Volk zur Buße und zum Gebet wider den Türken zu vermahnen."[553] Später hat man diese Strophe abgemildert zur Wendung „und steure deiner Feinde Mord." Das geschah zum ersten Mal nach dem verlorenen „Schmalkaldischen Krieg" (1547). Gleichwohl bleibt dieses Lied Luthers – ob in strenger oder milderer Form – eine seelsorgerliche Vermahnung zur Buße und zum Gebet.

Die christliche Kirche hat keine anderen Waffen als Gesetz und Evangelium, als Gebet und Umkehr hin zu Christus und seinem Wort. Durch das Wort, durch das göttliche „Es werde", wurde die Welt geschaffen. Dieses Wort wurde Fleisch (Joh 1, 14) und die Welt wurde bisher durch das Wort bewahrt.[554] Dies hebt auch die zweite Liedstrophe hervor:

> *Beweis dein Macht, Herr Jesu Christ,*
> *der du Herr aller Herren bist,*
> *beschirm dein arme Christenheit,*
> *daß sie dich lob in Ewigkeit.*[555]

In einer Predigt über den 8. Psalm vom November 1537 heißt es im Blick auf die Drohungen und Bedrängnisse der Zeit, dass der Teufel und die Seinen „voller Rache" sind, „und dies aus keiner anderen Ursache, als weil sie das Evangelium nicht gern hören mögen, sondern ihm feind sind." „Sie (der Teufel und die Seinen) ratschlagen schon etliche Jahre lang, wie sie ihr Mütlein an uns kühlen. Sie können nicht Friede und Ruhe geben, solang sie uns noch vor Augen haben." Für den Reformator geht es um mehr als nur um politische Fragen, geht es um etwas anderes als um Bündnisse und militärische Abwehrmaßnahmen. Dahinter stehen vielmehr endzeitliche Ereignisse. Der „altböse Feind" tritt zum letzten großen Endkampf gegen Gott und seinen Christus an. Dieser Kampf erreicht zur Reformationszeit einen gewissen Höhepunkt. Mag jene Zeit auch längst verklungen sein, so dauert jener Kampf und Streit unvermindert an bis zum Ende aller Tage. Weil es aber Christus ist, gegen den der Teufel und die Seinen anstürmen, so hat das arme Häuflein der Christengemeinde die Gewissheit, dass die „dennoch bleiben" werden. „Denn unser Herr im Himmel bleibt sitzen und wir (auf Erden) werden allzeit Kinder haben, die ihren Mund auftun."[556]

Die Christenheit kann also getrost und zuversichtlich bitten und bekennen: „Beweis dein Macht, Herr Jesus Christ, ...". Die Macht der Christenheit besteht nicht in politischer Klugheit, nicht in philosophischer Weisheit, nicht in geballter militärischer Macht, sondern sie besteht in der „törichten Predigt" des Evangeliums (1. Kor 1, 21); denn – so verheißt es der 8. Psalm, den Luther schon 1519/20 in den „Operationes in Psalmos" auf Christus hin auslegt,[557] – „aus dem Munde der jungen Kinder und Säuglinge hast du eine Macht zugerichtet um deiner Feinde willen, dass du vertilgest den Feind und den Rachgierigen" (Ps 8, 3). Gemäß 2. Korinther 12, 9 ist Gottes „Kraft in den Schwachen mächtig."

Von daher erklärt sich auch, dass Luther seinem Lied die zunächst überraschende, ja befremdliche Überschrift gegeben hat „Ein Kinderlied, zu singen, wider die zween Erzfeinde Christi und seiner heiligen Kirchen, den Papst und Türken ….“[558] Dabei geht es nicht nur darum, dass im Hinblick auf die Türkengefahr in den Häusern auch die Kinder beten – wie es in einem Sendschreiben Luthers und Bugenhagens von 1543 angeordnet wird – vielmehr gleicht die „törichte Predigt“ dem Stammeln der Kinder und Säuglinge. Es geht um das schwache Wort der Predigt, durch das Gott in Christus eine Macht ausübt. „Weil ihr (ihr Fürsten, Könige und Gewaltigen auf Erden) auf Weisheit und Macht pocht, habe ich (Gott) Lust, euch mit lauter Schwachheit zu begegnen.“ „Gott nimmt nicht Schwert, Büchsen noch Harnisch, sondern allein das Wort und den Mund der jüngsten Kinder und Säuglinge, die nicht reden können.“ „So sind die Apostel rechte Kinder im Vergleich mit den Weisen der Welt, die um ihrer großen Macht und Güte willen alles verachten.“ „Doch der Herr spricht: Brüstet und pranget nur, so hoch ihr wollt, es gilt vor mir einen Dreck; ich will euch dennoch verderben und zwar durch solche, die ihr noch nicht einmal für Kinder haltet: die sollen nur in ihrem Wort euch zum Trotz ein Reich anrichten gegen eure Weisheit und Macht, das euch zu klugen Narren und zu Kindern in einer Narrheit machen soll.“[559]

Christus ist also „Herr aller Herren“, weil er durch seinen Kreuzestod den Satan unter die Füße seiner Gottheit getreten hat, weil sein Tod zu des Todes Tod geworden ist und sein Opfer alle Sünde gesühnt, bezahlt und überwunden hat. Dem Glaubenden ist vergeben! Er ist befreit von Gericht und ewiger Verlorenheit. Als dieser „Herr“ kann und will er auch seine „arme Christenheit“ beschirmen. Sein Wort ist Schutz und Schirm. Damit wird die Bitte vom Anfang wiederaufgenommen: „Erhalt uns, Herr, bei deinem Wort". Bleiben wir in seinem Wort, können uns weder Tod noch Teufel etwas anhaben. In dieser Gewissheit können wir die tödlichen Bedrohungen der Zeit bestehen. Selbst Tod und Untergang können uns „nicht trennen von der Liebe Gottes, die in Christus Jesus ist, unseren Herrn" (Röm 8, 39). Dieses „Kinderlied" schließt mit der Bitte um den Beistand des Heiligen Geistes:

> *Gott Heilger Geist, du Tröster wert,*
> *gib deim Volk einerlei Sinn auf Erd,*
> *steh bei uns in der letzten Not,*
> *g'leit uns ins Leben aus dem Tod.*

Dieses „Kinderlied wider die zwei Erzfeinde Christi" ist bewusst dreigliedrig in Anspielung auf die Dreifaltigkeit Gottes gestaltet. Die erste Strophe ruft Gott den Herrn an, die zweite Strophe preist den „Herrn Jesu Christ" und die dritte Strophe bezeugt den Heiligen Geist als „Tröster wert". Gott ist als Heiliger Geist unser Paraklet, unser Beistand, Anwalt und Tröster, der durch das Wort des Evangeliums uns Gottes Hilfe und Trost zuspricht und uns vom Tod zum Leben hilft. In dieser Spannweite offenbart sich uns Gott in seinem dreifaltigen Wesen als Vater, Sohn und Heiliger Geist.

Luther ist sich dessen bewusst, dass „dieser Artikel" von Gottes Dreieinigkeit „immerdar am heftigsten angefochten worden" ist.[560] Das gilt neben allen altkirchlichen Häretikern wie Cerinth, Arius vor allem von „Juden und Türken, die uns Christen für große Narren halten, darum dass wir glauben, Christus sei Gott."[561] Luther weiß auch den Grund dieser Feindschaft zu nennen: Es ist „die schändliche Hur, ich meine unsere Vernunft“, die der Dreifaltigkeit Gottes widerspricht, obwohl wir mit unserer „klugen“ Vernunft „doch uns selbst nicht recht kennen, wer wir sind.“[562]

Luther hat bei seiner Beschäftigung mit den Grundgedanken des Korans mit Recht den rationalistischen Grundzug des Islam erkannt. Die Verneinung der Trinität Gottes hängt unmittelbar damit zusammen, dass der Islam wesentlich Gesetzesreligion ist und keine Erlösung kennt. Es wird geleugnet, dass der eine Gott aus sich herausgeht und sich selbst an die in Sünde und Tod gefangene Menschheit verliert, dann bleiben wir ausweglos an unsere eigene Verlorenheit gefesselt. Nur der Illusionär kann davon träumen, er selbst könne durch Fasten und strenge Beachtung von Gesetzen etwas zu seiner Erlösung beitragen. Alle diese frommen Versuche binden uns nur noch fester an unser Gefängnis. Die Idee, man könne selbst an seiner Erlösung mitwirken, ist ein Hirngespinst unserer Vernunft.

Allerdings betont Martin Luther in seinen „Schmalkadischen Artikeln“ von 1537, dass im Blick auf „die hohen Artikel der göttlichen Majestät (Dreieinigkeit, Menschwerdung des Sohnes Gottes) es „keinen Zank noch Streit“ gibt, „weil wir zu beiden Teilen dieselben bekennen.“[563] Dann aber streicht er das Wort „glauben“. Er gesteht zwar dem Papst und den Seinen zu, dass auch sie sich gegenüber Judentum und Islam zur Dreifaltigkeit Gottes bekennen, dass es ihnen jedoch am rechten glaubenden Vertrauen mangelt. Gerade etwa am Messopfer, dem Herzstück päpstlichen Gottesdienstes wird deutlich, dass die Messe „nichts anderes ist noch sein kann ..., denn ein Werk der Menschen, damit einer sich selbst und andere mit sich gegen Gott versöhnen, Vergebung der Sünden und Gnade erwerben und verdienen kann“ (dasselbe gilt auch vom Heiligendienst und von Wallfahrten, Ablässen und dergleichen).[564]

Damit aber ist die strenge Grenze zu allen Gesetzesreligionen deutlich geworden. Die „Hure Vernunft“ darf nicht mitreden! Man beraubt sich sonst wichtiger Widerstandskräfte etwa gegenüber dem Islam oder gegenüber Hinduismus und Buddhismus. Deshalb will der Reformator über die „hohen Artikel“ der göttlichen Majestät „nicht disputieren, ob er wahr sei und sich reime (mit der Vernunft), sondern weil ich sehe, dass er in der Schrift so eigentlich gefasset und gegründet ist, so glaub ich Gott mehr denn meinen eigenen Gedanken und Vernunft und lass mich gar nichts kümmern, wie es könnte wahr sein (eine Gottheit und drei Personen Vater, Sohn und Heiliger Geist).“[565]

Deshalb endet dieses „Kinderlied“ mit der Anrufung des Heiligen Geistes, damit die Gemeinde Christi „einerlei Sinn auf Erden“ habe; denn Gottes Geist redet zu uns durch das mündliche und schriftliche Wort der Predigt und der Schrift. So schließt das „Kinderlied“ und nimmt die Bitte „Erhalte uns, Herr, bei deinem Wort“ mit der Anrufung des Heiligen Geistes wieder auf.

Mitten wir im Leben sind mit dem Tod umfangen

Mitten wir im Leben sind mit dem Tod umfangen

Dunkel und schwer kommt das alte, vorreformatorische Lied daher. Es geht auf eine altkirchliche Antiphon zurück: „Mitten im Leben sind wir im Tode, welchen Helfer sollen wir erfragen, es sei denn Dich, o Herr, der du über unsere Sünden zurecht erzürnet bist. Heiliger Gott, heiliger Starker, heiliger und barmherziger Heiland, überlass uns nicht dem bitteren Tod!" Diese Antiphon gehörte wohl zu den „berühmtesten Liedern des Mittelalters."[566] Es wurde nicht nur als Klage- oder Bittlied, bei Begräbnissen oder in Pestzeiten gebraucht, sondern es hatte seinen festen Platz am Vorabend des Sonntags Laetare. Selbst als „Schlachtlied" oder Zauberspruch begegnet es. Schon früh entstanden deutsche Übersetzungen.
Luther hat 1524 das schon vorhandene Lied übernommen, leicht geglättet und durch 2 weitere Strophen erweitert. Endgültig hat das Lied nun folgenden Wortlaut:

1. Strophe: *Mitten wir im Leben sind*
mit dem Tod umfangen.
Wen suchen wir, der Hilfe tu,
dass wir Gnad erlangen?
Das bist du, Herr, alleine.
Uns reuet unsere Missetat,
die dich, Herr, erzürnet hat.

Heiligr Herre Gott,
heiliger starker Gott,
heiliger barmherziger Heiland,
du ewiger Gott:
Laß uns nicht versinken
in des bittern Todes Not.
Kyrieeleison.

2. Strophe: Mitten in dem Tod anficht
uns der Höllen Rachen.
Wer will uns aus solcher Not
frei und ledig machen?
Das tust du, Herr, alleine.
Es jammert dein Barmherzigkeit
unsere Sünd und großes Leid.
Heiliger Herre Gott,
heiliger starker Gott,
heiliger barmherziger Heiland,
du ewiger Gott:
Laß uns nicht verzagen
vor der tiefen Höllen Glut.
Kyrieeleison.

3. Strophe: Mitten in der Höllen Angst,
unsere Sünd' uns treiben.
Wo soll'n wir denn fliehen hin,
da wir mögen bleiben?
Zu Dir, Herr Christ, alleine.
Vergossen ist dein teures Blut,
das g'nug für die Sünde tut.
Heiliger Herre Gott,
heiliger starker Gott,
heiliger barmherziger Heiland,
du ewiger Gott:
Laß uns nicht entfallen
von des rechten Glaubens Trost.
Kyrieeleison.[567]

Manche Forscher suchten die Entstehung des Liedes schon sehr früh in Luthers Lebenszeit. Der Schrei nach Gnade schien auf die inneren Kämpfe und Anfechtungen seiner Klosterzeit hinzudeuten. Die Todesangst schien seine Bedrängnis im Gewittersturm von Stotternheim widerzuspiegeln. Seine „Höllen Angst" erblickte man in seinen Prädestinationsanfechtungen in seiner frühen Wittenberger Zeit.

Nun mögen alle diese Erfahrungen auch in diesen Versen wiederkehren, Erlebnisse, die dem Reformator zeitlebens präsent waren, so dass sie eine frühe Entstehungszeit des Liedes nicht begründen können. Die erste Strophe war dem Reformator ohnehin als eine Art „Volkslied“ in seinen wesentlichen Zügen bekannt. Näher liegt da eine Begebenheit, die 1524 in Wittenberg den Freundeskreis um Philipp Melanchthon erschütterte. Bei einer Kahnfahrt über die Elbe ertrank der Humanist Wilhelm Nesen. Melanchthon war vom Ufer aus Augenzeuge des Todeskampfes des 31jährigen. Luther war zugegen, als man den Leichnam barg. Welchen Eindruck dieser plötzliche Tod auf Luther machte, wird in mehreren seiner Briefe deutlich. Am 6. Juli 1524 berichtet er seinem Erfurter Bekannten Johann Lang: „Wilhelm Nesen ist im Wasser elend umgekommen, zu unserer großen Betrübnis und zur großen Freude der Feinde, vielleicht auch zu noch größerer Lästerung unseres Evangeli und des Namens Christi.“ Dann fügt er hinzu: „Der Herr ist zugleich nahe und fern.“[568] Schon am 10. Juli 1524 schreibt er ähnlich an Spalatin.[569]

Es mag sein, dass gerade dieser Unfall Luther die allseits bekannte Antiphon „Mitten im Leben ...“ wieder ins Gedächtnis gerufen hat, er sie aufnahm und – wie oben notiert – erweitert und vertieft hat. Doch schon früher tauchen Anklänge an jenes mittelalterliche Lied auf. 1523 heißt es in einer Predigt Luthers: „Also wird's auch gehen im Sterben und allen anderen Nöten. Da wird die Natur tappen und sich weit umsehen .... Da muss ich dann so geschickt sein, dass ich sag: „Ei mitten in dem Tod will ich das Leben finden. Ich will hier sterben; ich weiß, mein Herr ist bei mir .... Du hast mich in eine gute Zuversicht gestellt, dass ich werd das Leben finden. Derhalben will ich mich in Frieden hinwagen.“ Es fällt auf, dass das mittelalterliche dunkelschwere Lied gleichsam „aufgehellt“ wird durch die evangelische Gewissheit: „Ich weiß, mein Herr ist bei mir!“ Ist ER aber, der Herr des Lebens, bei mir, so muss das Dunkel des Todes weichen. „Also kehrt sich dann das Liedlein um, dass man singt „Media vita in morte sumus“ (Mitten im

Leben sind wir im Tode), sondern „media morte in vita sumus“ (Mitten im Tod sind wir im Leben), weil Christus der Sieger ist über Sünde, Tod und Hölle![570] Diese Umkehrung von Tod und Leben kehrt bei Luther immer wieder.

Dabei wird der Ernst und die Schwere des Todes in keiner Weise verharmlost oder optimistisch in eine Unsterblichkeit der Seele oder gar in eine Art „Seelenwanderung“ verfälscht. Der Unentrinnbarkeit des Todes, der uns von allen Seiten umzingelt, korrespondiert „der Höllen Rachen“ (2. Str.) bzw. „der Höllen Angst“ (3. Str.). Die Hölle ist die tiefste, bedrängendste Gottesferne, in die uns der Tod hineinstürzt. „Denn im Tode gedenkt man deiner nicht; wer wird dir bei den Toten danken?“, so umschreibt ein Davidspsalm Tod und Hölle (Ps 6,6). Leben ist das immerwährende Gespräch mit Gott in Dank und Lob. Darin besteht der Sinn des Lebens. Dessen aber wird der Sünder im Tod beraubt. Unser Menschentod ist zugleich die dunkle Kehrseite unserer Gottesferne, unseres „Wie-Gott-sein-Wollens“ (1. Mose 3, 5f.). So wird der Tod der Sünde Sold (Röm 6, 23). Immer schon stehen wir Menschen unter der vernichtenden Anklage des göttlichen „Du sollst nicht!“ So wird unser „Selbstseinwollen“ zu einer Art „Stockmeister“, zu einem Stachel, der uns vor sich her in den Tod treibt. Seine todbringende Kraft aber empfängt diese unsere Sünde aus dem uns im Gewissen anklagenden Gesetz Gottes (1. Kor 15, 55-56). Diese Zusammenhänge hat Luther immer wieder theologisch reflektiert. Dies kehrt auch in allen drei Strophen in Variationen wieder: „uns reuet unsere Missetat, die dich, Herr, erzürnet hat“ (Str. 1). Dieses Bereuen ist schon eine Wirkung des Gesetzes. Der Tod wird zur Anfechtung! Er ficht mit uns wie ein überlegener Fechter und treibt uns in der Hölle Rachen (2. Str.). Die Sünde treibt ebenso in der „Höllen Angst“. Nichts bleibt, wohin wir noch fliehen und wo wir da „bleiben“ könnten (3. Str.).

Doch mitten in Todes- und Höllenangst bahnt sich schon die befreiende Rettung an. „Zuflucht ist bei Gott, der von Alters her ist, und unter den ewigen Armen!“ (5. Mose 33, 27). „Das bist Du, Herr alleine (1. Str.). „Das tust du Herr alleine! (Str. 2). „Zu Dir, Herr Christ alleine“ betont die 3. Strophe. Bezeichnend ist, dass der „Herre Gott“ und der „Herr Christ alleine“ in ihrer Gottheit in eins begriffen werden. Nur Gott kann den Tod töten und ER vollbringt es in der Wesenseinheit mit dem Sohn. Gottes Gottheit kommt darin zum Ausdruck, weil seiner Barmherzigkeit unsere Sünde und große Not „jammert“. Unser Elend greift ihn ans Herz. Eben dieser Gott vollbringt die Genugtuung für unsere Sünde dadurch, dass Christi Gottesblut vergossen wird. Auch das ist eine sehr gedrängte Aussage für die Gerechtigkeit, die vor Gott gilt. Nicht unsere Werke, nicht unsere frommen Gesinnungen wiegen die bedrückende Bergeslast unserer Sündenschuld auf. Das Blut Christi aber hat genug für die Sünde getan. Christi Blut wird zu unserer Gerechtigkeit. Unsere Rechtfertigung liegt nicht in uns, sondern „extra nos“, außerhalb unserer selbst. In dem Herrn Christ alleine haben wir unsere Rechtfertigung. Er ist unsere Gerechtigkeit vor Gott, die im Vertrauen auf Christi Zusage unser Eigen wird, weil unser Glaube Christus ergreift und umfasst.

Die drei Liedstrophen wiederholen die inständige Bitte, den Gebetsschrei: „Heiliger Herre Gott, heiliger starker Gott, heiliger barmherziger Heiland, du ewiger Gott … .“ Angesichts des Todes bleibt uns nur Eins: Die Zuflucht zu Gott! In einer wichtigen Auslegung des 90. Psalms führt Luther aus: Mose stellt im Titel des Psalmes fest, dass er eine oratio, ein Gebet sei. „Daraus folgt, was er zu Gott betet, das betet er in der Hoffnung und in der Zuversicht der Vergebung der Sünde und des ewigen Lebens.[571] Das ist (nämlich) die rechte Regel: Überall wo vom Gebot der ersten Tafel gehandelt wird (Ich bin der Herr, Dein Gott) oder von den Werken der ersten Tafel (Das Gebet aber ist ein „Werk“ der ersten Tafel), da wird notwendiger Weise der Glaube und die Hoffnung der Auferstehung der Toten miteingeschlossen.“[572]

„So zeigt Mose im Titel (des 90. Psalmes) das Heilmittel gegen die erschreckende Lehre vom Tode … .“ „Beides muss miteinander verbunden sein: Dass die Sicheren erschreckt werden und die Mutlosen aufgerichtet und belebt werden … . Das Gesetz erschreckt, weil es die Sicheren niederstreckt (da es singt): Mitten im Leben sind wir vom Tod umfangen. Die Stimme des Evangeliums richtet wieder auf und singt: Mitten im Tode sind wir im Leben.“[573] Das ist die vorher genannte „Umkehrung“, die auch dieses Lied besingt. Zweierlei Lieder singen hier gegeneinander: Das tötende, richtende, dunkle Lied des Gesetzes und des Todes einerseits und das helle, aufrichtende Lied des Evangeliums und des ewigen Lebens. Dieses hell klingende Lied des Evangeliums bringt das Todeslied zum Schweigen. Diese doppelte Melodie kennzeichnet auch dieses mittelalterliche Lied und wandelt es um in ein evangelisches Lied.

Gesetz und Evangelium sind auch hier – wie in der ganzen Schrift – die beiden entscheidenden Kennzeichen. Sie gehören zusammen und sind doch genau zu unterscheiden. Erst die Kunst, dies zu unterscheiden, macht den rechten Theologen aus. Diese Unterscheidung will immer wieder neu eingeübt werden. Dieses „lutherisch erweiterte“ Lied aus dem Mittelalter kann bei der Unterscheidung von Gesetz und Evangelium hilfreich sein.

Anmerkungen

1 Die Niederlande umfassten damals noch Belgien (mit Flandern) und die heutigen Niederlande.
2 WA 12, 73
3 WA 12, 74
4 WA 12, 77, 3-6
5 WA 12, 77, 9-11
6 WA 12, 78, 6-7
7 WA 12, 78, 25f.
8 So der kath. Kirchengeschichtler J. Lortz.
9 WA 12, 79, 1-3
10 WA 12, 79, 5-7
11 De civitate Dei 22, 9
12 WA 35, 474, 9f.
13 WA 35, 411-415
14 Ebenda
15 Nach Kluge, Etymologisches Wörterbuch, Berlin 1967.
16 Unschädlich machen, siehe WA 35, 412, Anm. 3; vielleicht auch „betäuben".
17 = Leuven: belgische Universitätsstadt; damals Hochburg scholastischer Theologie und Philosphie; siehe Luthers Schrift „Wider Latomus", einen Löwener Professor, von 1521.
18 Siehe Luthers Antwort WA 6, 181ff.
19 Wilhelm Nestle: Vom Mythos zum Logos, 2. Auflage, Stuttgart 1975, S. 264ff.; Paul Cartledge, Die Griechen und wir, Stuttgart/Weimar 1998, S. 58.
20 WA 8, 127
21 WA 8, 126
22 WA 8, 49
23 Larvenspiel und Spott = Heuchelei, die sich unter Masken verbirgt, und Lästerung, die Gottes spottet.
24 Betrüget.
25 WA 8, 49 „Wider Latomus"
26 WA 35, 474, 9f.
27 WA 35, 411-415
29 Vorlesen.
30 Verzeichneten.
31 Deshalb.
32 WA 12, 80, 15-25
33 Beschönigen.

34 Getrauen sich nicht.
35 Verbergen, halten es ganz geheim.
36 Verraten.
37 Diese und die vorhergehende Strophe wurden später noch eingefügt.
38 Dennoch.
39 Zu beschönigen.
40 Keinen Vorteil.
41 W V, Sp. 1611 (W=Walchsche Ausgabe der Werke Luthers)
42 WA 12, 35, 19-21
43 WA 12, 36, 24-26
44 WA 12, 36, 13
45 WA 12, 37, 10f.
46 WA 12, 218, 15f.; 22f.
47 Martin Luther: Die deutschen geistlichen Lieder, herausgegeben von Gerhard Hahn, Tübingen 1967, Vorwort S. XIV.
48 WA B, 3, 120
49 Gerhard Hahn: Das Evangelium als literarische Anweisung, München und Zürich 1981, S. 291f.
50 W XXIa, Sp. 582 f.; WA Br 3, 220, 698/47a.
51 WA 18, 123
52 WA 35, 5f.
53 Gerhard Hahn in der o.g. Ausgabe der Lieder Luthers, Einleitung XIII.
54 WA 35, 135; wahrscheinlich August/Sept. 1523, siehe G. Hahn, aaO., S. 86.
55 Predigt gehalten am 14. Juni 1983 (Lutherjahr) in der Dreifaltigkeitskirche in Worms.
56 Gedicht von Dr. theol. Manfred Haustein, geb. 1929 in Satzung (Erzgebirge), Prof. für Theologie an der Universität Leipzig; entnommen aus „Spuren im Spiegellicht", Union-Verlag, Berlin, 1982.
57 WA 36, 367
58 Siehe: Das Magnificat verdeutscht und ausgelegt, 1521, WA 7, 546-604.
59 Nach Benno von Wiese: Deutsche Gedichte, Düsseldorf, 1966, S. 39.
60 WA 7, 20-38
61 WA 12, 562, 12 – 565, 29
62 Anmerkung der Herausgeber: diese Interpretation Volks ist nicht zutreffend; Luther verstand unter „Letze" vielmehr das „Letzte" bzw. „zuletzt" Kommende oder Gesagte; vgl. WA 30/II,162,11: „Also mus der teuffel, weil der welt ende fürhanden ist, die Christenheit zuvor mit beyder seiner macht auffs aller grewlichst angreiffen und uns die rechte letze geben, ehe wir gen himel faren."

63 Friedrich Schleiermacher: „Die Weihnachtsfeier“ nach der Erstausgabe von 1806, neu herausgegeben, Darmstadt 1953.
64 Ebenda S. 5
65 Ebenda S. 9
66 Ebenda S. 11
67 Kurt Nowak, Schleiermacher, Leben, Werk und Wirkung, Göttingen 2001, UTB 2215, S. 164.
68 Schleiermacher, Die Weihnachtsfeier, S. 13
69 Ebenda S. 25f.
70 Ebenda S. 3
71 Ebenda S. 60
72 Ebenda S. 61
73 WA 35, 147-151
74 WA 35, 258-266
75 Siehe Heimrath/Korth, aaO., S. 52; WA 35, 459: „Ein kinder lied auff die Weihnacht Christi“.
76 Gerhard Hahn, aaO., S. 135.
77 WA 35, 258f.
78 WA 41, 477, 9-11, 15f.
79 WA 46, 225-232, vgl. Erwin Mülhaupt: D. Martin Luthers Evangelien-Auslegung, Bd. 1, Göttingen 1951, S. 83.
80 WA 35, 459-461
81 WA 35, 260
82 Kluge, Etymologisches Wörterbuch.
83 WA 41, 481, 17f.
84 WA 41, 482, 17f.
85 WA 41, 480, 6-7, 10f.
86 WA 41, 486, 31
87 Faust I, 1237
88 WA 35, 259; siehe auch Gerhard Hahn, aaO., S. 135.
89 Gerhard Hahn, ebenda.
90 WA 35, 471f.
91 WA 35, 264
92 WA 35, 471 f. und die folgenden Verse.
93 WA 49, 280, 28-32
94 WA 49, 281, 32-38
95 WA 49, 282, 24f.
96 WA 49, 282, 40-283, 21f.
97 WA 35, 148
98 WA 35, 434 f; siehe auch Heimrath/Korth, aaO., S. 50.

99 WA 7, 550, 2-9
100 Gerhard Hahn, aaO., S. 183.
101 WA 11, 217, 25ff; G. Hahn, aaO., S. 183.
102 Einig = einzig.
103 WA 10 I/1, 243, 6-13
104 BSLK, S. 26
105 WA 10 I, 1, 68, 6f. 11-16, Kirchenpostille 1522.
106 WA 10 I, 1, 79, 14-16
107 WA 10 I, 1, 71, 6-8. 14-16
108 Bischof Ambrosius von Mailand, geboren 339 in Trier, von 374-397 Bischof von Mailand. Ihm werden mindestens 12 lateinische Hymnen zugeschrieben.
109 Vgl. WA 35, 149
110 Gerhard Hahn, aaO., S. 291f.
111 WA 35, 149
112 WA 35, 430f.
113 Fr. Chr. Oetinger, Biblisches und Emblematisches Wörterbuch, Heilbronn am Neckar 1776, S. 407: „Leiblichkeit ist das Ende der Werke Gottes." (Anmerkung der Herausgeber).
114 WA 35, 150f.
115 WA 35, 431ff.
116 WA 15, 781, 31ff.
117 Daraus wurde das „Fest der Darstellung des Herrn" am 2. Februar (römisch-katholisch: Maria Lichtmeß).
118 WA 35, 438ff.
119 WA 35, 438
120 WA 20, 241-253 nach Erwin Mülhaupt, Luthers Evangelien-Auslegung Bd. I, Göttingen 1951, S.252.
121 Erwin Mülhaupt, aaO., S. 252
122 Ebenda, S. 252/253
123 Ebenda, S. 253
124 Ebenda, S. 253/254
125 Ebenda, S. 254
126 WA 15, 519, 22f.
127 WA 15, 520, 13f.
128 WA 15, 516, 20f.
129 WA 15, 517, 16-20
130 Gerhard Hahn, Evangelium als literarische Anweisung, aaO., S. 13.
131 WA 35, 443, Anm. 6
132 WA 35, 155

133 Gerhard Hahn, aaO., S. 177.

134 WA 35, 443 und die übrigen Strophen S. 443-445.

135 WA 41, 118, 27-119, 5, so Luther in einer Auslegung des 110. Psalms von 1535.

136 Vgl. Luthers Galaterbriefvorlesung 1531/35: WA 40 I, 432-433.

137 WA 15, 517, 19f.

138 WA 15, 517, 31f und 517, 35f.

139 Nach der Lutherausgabe von Joh. Georg Walch Bd. III, Sp. 74ff, weil Walch den besseren Text wiedergibt. (Die Weimarer Ausgabe zerstückelt den Text in verschiedene Handschriften.)

140 W III, Sp. 88

141 W III, Sp. 89

142 W III Sp. 94

143 W III Sp. 91

144 W III Sp. 92

145 WA 15, 518, 19-28

146 WA 15, 518, 5

147 Hingewiesen sei deshalb auf die ausgezeichnete Arbeit von Uwe Rieske-Braun: „Duellum mirabile", Studien zum Kampfmotiv in Martin Luthers Theologie, Göttingen 1999.

148 WA 15, 521, 22

149 WA 15, 522, 16-18

150 WA 15, 530, 1-6

151 WA 15, 530, 9-14

152 WA 35, 160

153 WA 35, 445

154 „Huld", siehe Kluge, Etymologisches Wörterbuch.

155 Gnade = helfende Geneigtheit; vgl. Kluge, ebenda.

156 Andel, jetzt Stadtteil von Bernkastel-Kues, gehört seit der Reformationszeit zur evangelisch-lutherischen Kirchengemeinde Mülheim an der Mosel.

157 Es folgt die Unterschrift: „Friedrich Plein, Andel, den 1. Januar 1891".

158 Auch der Verfasser dieses Gedichtes ist unbekannt.

159 So Luther gegen Müntzer in „Ein Brief an die Fürsten zu Sachsen von dem aufrührerischen Geist", WA 15, 211, 23ff.

160 WA 12, 569, 8f.

161 Ebenda, WA 12, 570, 5-17

162 WA 35, 161

163 Siehe EG Nr. 126 u. Johannes Heimrath/Michael Korth (Hrsg.), Ein feste Burg – Luthers Kirchenlieder nach der Ausgabe letzter Hand von 1545 – Mit einer Einführung von Norbert Schwarte (Artemis Bücher zur Musik), München u. Zürich 1983, S. 133.
164 WA 35, 162
165 WA 35, 161
166 Die gegenwärtige Wendung „Auferstehung der Toten" unterschlägt die leibseelische Einheit des Menschen.
167 WA 14, 100, 7-11
168 David Hollaz: Examen theologiae acroamaticae, 1707, Darmstadt 1971, Part I Cap. II Q 50, S. 494.
169 So Luther 1527-1530 in seinen Scholien über den Propheten Jesaja, Walch'sche Ausgabe VI, Sp. 792f., Punkte 6-8 zu Jesaja 61, 1.
170 WA 12, 572, 30
171 WA 12, 571, 20f.
172 Brunst, von altd. brinnan = brennen, Brunst = Feuerbrand, Glut; vgl. Kluge, Etymologisches Wörterbuch.
173 Franz Delitzsch: Jesaja, 1879, Neuauflage Brunnen-Verlag Gießen 1984, S. 168.
174 Walch'sche Lutherausgabe VI, Sp. 235
175 WA 35, 163
176 M. Luther, Großer Katechismus; BSLK, S. 660, 30-36.
177 M. Luther, Großer Katechismus; BSLK, S. 661, 5-18.
178 Vgl. Kluge, Etymologisches Wörterbuch unter „elend" (Elend = Ausland, Fremde).
179 M. Luther, Großer Katechismus; BSLK, S. 657, 26-32.
180 Evang. Tagzeitengebet; Joh.-Stauda-Verlag, Kassel 1979.
181 Glast = Glanz.
182 WA 9, 463, 22-24
183 Hort = verborgener Schatz, vgl. Kluge, Etymologisches Wörterbuch.
184 WA 9, 462, 5-19, gehalten am 27.06.1520.
185 WA 15, 211, 23ff.
186 WA 15, 212, 5
187 WA 15, 210-221
188 WA 15, 219, 15f.
189 WA 40 I, 36., EA Tom I, 8.
190 WA 15, 210, 8-13
191 WA 15, 183-198
192 WA 15, 183, 12f.
193 WA 15, 183, 26f.

194 WA 41, 270, 2.9-12
195 Michael Elsässer in Boethius, Die theolog. Traktate, F. Meiner Verlag, Hamburg, 1988, S. VII.
196 Boethius, Traktat I, s.o. S. 13.
197 Rudolf Haubst, Streifzüge durch die cusanische Theologie, Münster 1991, S. 276.
198 Kurt Flasch, Nikolaus von Kues. Geschichte einer Entwicklung, 1998, S. 357.
199 Schleiermacher, Der christliche Glaube, 7. Auflage, Bd. 2, S. 459, Berlin 1960, herausgegeben von M. Redeker.
200 Schleiermacher: Der christliche Glaube, Bd. 2, S. 458.462.
201 Ebenda S. 469
202 WA 21, 508, 26-32
203 WA 41, 270, 27-36
204 WA 41, 271, 37f.
205 WA 41, 272, 3-5
206 WA 21, 509, 6-9
207 Daraus entstand der hebräische Name für Gott = Jahwe. (Die Lesart „Jehova" beruht auf einem mittelalterlichen Missverständnis).
208 BSLK, S. 26f. und EG, S. 1310f.
209 BSLK, S. 414
210 WA 41, 270, 18-20
211 WA 41, 271, 6-9
212 WA 41, 271, 17
213 WA 35, 177ff. und Heimrath/ Korth, aaO., S. 134.
214 WA 35, 178-179
215 WA 35, 450
216 Opera trinitatis ad extra sunt indivisa; vgl. Joh. Gerhard: Loci theologici, Jena 1610, neu herausgegeben Berlin 1863; Augustin, De trinitate II, X, 18: „trinitas quippe inseperabiliter operatur": CCSL 50, 104, 71 (Anmerkung der Herausgeber).
217 WA 35, 172-177
218 WA 35, 451
219 WA 35, 451
220 Heimrath/Korth, aaO., S. 135.
221 Blöd = gebrechlich, schwach, zaghaft, vgl. Kluge: Etymologisches Wörterbuch.
222 WA 35, 452
223 WA 35, 230f.
224 Einander zurufen.

225 WA 35, 455
226 Herr der Heerscharen, der Engelheere, 1. Mose 32, 2-3.
227 WA 35, 285f.
228 Heimrath/Korth, aaO., S. 143.
229 WA 35, 285
230 WA 35, 473
231 EG 495 – Joh. Herrmann, um 1630.
232 Luthers „Vorrede auf den Psalter" in „Biblia Germanica" von 1545, faksimilierte Ausgabe, Stuttgart 1967.
233 Dictata super Psalterium 1513-1516; WA 3 + 4 und 55 I + II.
234 WA 1, 159ff.
235 WA 18, 479, 10
236 WA 10 III, 1-64 (Invokavitpredigten).
237 WA 5, Operationes in Psalmos (= Arbeiten an den Psalmen), 1519-1521.
238 WA 31 I, 2-586
239 WA 38, 9-69
240 WA 40 III, 9-475
241 WA 40 III, 484-594
242 WA 1, 208, 23-25
243 WA 40 III, 335, 9f.
244 WA 35, 104
245 WA 35, 419; auch die anderen Verse werden ebenfalls nach WA 35 wiedergegeben.
246 WA 40, III, 340, 32
247 Luther ebenda in seiner Auslegung der Stufenpsalmen von 1531-33.
248 Vgl. dagegen Boethius: Trost der Philosophie.
249 So Ernst Bloch: Das Prinzip Hoffnung.
250 WA 40, III, 338, 15f.
251 WA 40, III, 336, 30f.
252 WA 40, III, 337, 31f.
253 Vgl. dagegen: Katechismus der katholischen Kirche, 1993, S. 520, Nr. 2010 u. 2011.
254 WA 40, III, 346, 34 – 347, 14ff.
255 WA 40, III, 347, 2ff.
256 Hort = Schatz, siehe Kluge, Etymologisches Wörterbuch.
257 Katechismus der Katholischen Kirche, aaO., S. 520, Nr. 2011
258 WA 40, III, 365, 31ff.
259 WA 40, III, 369, 26-30
260 Anmerkung der Herausgeber: vgl. im NT noch Joh 1, 47; Gal 6, 16.

261 Im „Gotteslob", dem römischen Gesangbuch für die deutschsprachigen Diözesen, wird sogar Luthers Lied „Aus tiefer Not" aufgeführt. Allerdings sind die Strophen 3 u. 4 zu einer Strophe zusammengezogen und auf charakteristische Weise geändert. Gestrichen ist z.B. „es ist doch unser Tun umsonst" oder „auf mein Verdienst nicht bauen." Damit ist der evangelische Charakter des Liedes verfälscht. Man dürfte es eigentlich nicht mehr unter Luthers Namen aufführen. Die Grenze allen Ökumenismus wird hier markiert!

262 WA 35, 109

263 WA 7, 368, 25-29

264 WA 7, 368,30

265 WA 35, 415ff.

266 WA 5, 369, 38-370,2

267 WA 5, 24f.; vgl. auch Walch Bd. IV, 822

268 Gerhard Hahn, Evangelium als literarische Anweisung, München und Zürich 1931, S. 83.

269 Die Irrlehrer.

270 Statt „gar" heißt es auch „Lahr" = Lehre, WA 35, 416, Anmerkung 4.

271 WA 35, 416

272 WA 5, 369, 4-6

273 Ebenda

274 WA 35, 417 = bei uns sich einmischt, uns mithinein verflechtet.

275 WA 35, 416-417

276 WA 5, 378, 38f. – 379,1

277 WA 5, 378, 31ff.

278 WA 5, 379, 2f.

279 WA 5, 379, 6f.

280 Engl. Enlightning = Erleuchtung.

281 WA 35, 121f.

282 Ebenda S. 122

283 WA 35, 441ff.

284 „idea", 9. Okt. 2002, Nr. 41

285 WA 5, 392, 26ff.

286 WA 5, 392, 35ff.

287 Siehe auch Luther im Großen Katechismus, Bekenntnisschriften, S. 560f.

288 Vgl. Kluge, Etymologisches Wörterbuch zum Stichwort „Trost".

289 WA 35, 124

290 Sperrung von mir.

291 WA 38, 42, 10-17

292 Liebt = wohlgefällig ist.
293 WA 35, 418 – Der psalmus Deus misereatur nostri.
294 WA 30 III, 572-582; vgl. W 2 III, 1362-1369
295 Ebenda in der Auslegung des aaronitischen Segens.
296 Segne.
297 Segne.
298 WA 35, 124f.
299 WA 38, 59, 1-9
300 WA 35, 440f.
301 WA 40 III, 9-475
302 Nach E. Mülhaupt: Luthers Psalmenvorlesung, Bd. 3, Göttingen 1965, S. 476.
303 Ebenda, S. 476
304 Zugegeben, zugelassen.
305 Überschwemmt.
306 Mülhaupt: Luthers Psalmenauslegung, Bd. 3, S. 478.
307 Ebenda S. 479
308 Ebenda S. 527
309 Ebenda S. 537
310 WA 35, 125
311 WA 35, 437-438
312 E. Mülhaupt: Luthers Psalmenauslegung Bd. 3, S. 528.
313 Ebenda S. 529
314 Ebenda S. 529
315 Ebenda S. 530
316 WA 43, 391 ff; Mülhaupt Bd. 3, 529f.
317 Mülhaupt Bd. 3, S. 531.
318 Ebenda S. 536
319 Ebenda S. 356
320 Ebenda S. 358
321 Heinrich Heine in seinem Aufsatz „Zur Geschichte der Religion und der Philosophie in Deutschland“ von 1834.
322 Nach Martin Brecht: Martin Luther, Bd. I, S. 439, Calwer-Verlag, Stuttgart 1981.
323 WA 35, 188
324 Heinrich Boehmer: Der junge Luther, Stuttgart, 4. Auflage 1951, S. 330.
325 WA Br. 4, 511
326 WA 35, 455-457
327 Gerhard Hahn, Evangelium als literarische Anweisung, München und Zürich 1981.

328 Waffen, auch als „Woffen“ bekannt. So reimt es sich mit „betroffen“, vgl. WA 35, 455, A. 3.
329 Vgl. Luthers Schrift gegen Erasmus „Vom verknechteten Willen“ von 1525, WA 18, 600-787.
330 Gerhard Hahn, aaO., S. 269.
331 Uwe Rieske-Braun: Duellum mirabile, Studien zum Kampfmotiv in Martin Luthers Theologie, Göttingen 1999.
332 WA 35, 444
333 „Dank ist verwandt mit „denken“ und „Gedanken“: Kluge, Etymologisches Wörterbuch.
334 WA 35, 457
335 So WA 35, 457, A. 4.
336 WA 18, 389, 19ff.
337 WA 15, 542, 27f.
338 WA 49, 128, 42-129, 20
339 BSLK S. 515
340 WA 35, 468f.
341 WA 35, 281-285; die Annahme, dass Luther einen lateinischen Epiphaniashymnus als Vorlage benutzt habe, lässt sich nicht bewahrheiten.
342 So Luther am 5. Januar 1531, WA 34 I, 21-31, 42-50, hier nach E. Mülhaupt: Luthers Evangelienauslegung Bd. 2, S. 14f.
343 WA 49, 122, 35-123,1 Taufrede bei der Taufe Bernhards von Anhalt-Dessau, 1.4.1540.
344 WA 49, 127, 40f.
345 WA 49, 127, 40f.; 128, 18
346 WA 49, 127, 9-13
347 WA 49, 120, 12-15
348 WA 7, 20-30
349 WA 49, 124, 23-29
350 WA 49, 125, 25-28
351 WA 49, 125, 38-126, 3
352 Faust I, 1237
353 BSLK S. 93
354 WA 35, 282
355 WA 49, 131, 35-40
356 Katechismus der Katholischen Kirche, aaO., Nr. 1330.
357 Nach Paul Jacobs: Reformierte Bekenntnisschriften, Neukirchen, 1949, S. 62.

358 WA 40 I, 36, 21; in der Übersetzung von Hermann Kleinknecht, Martin Luthers Epistel-Auslegung 1980, S. 16f.
359 Erwin Mülhaupt, Luthers Evangelienauslegung, Bd. 4, S. 243, nach WA 11, 125.
360 WA 35, 181
361 Benedeien von lat. benedicere = Gutes wünschen, segnen.
362 Kyrieeleison: Herr, erbarme dich.
363 Leichnam hier noch in der ursprünglichen Bedeutung von „Leib", beseelter Leib, Körper, vgl. schwedisch „lekamen".
364 WA 35, 452f. (mit den Strophen 2 u. 3).
365 WA 2, 742-758; zitiert nach E. Mülhaupt, Luthers Evangelien-Auslegung, Bd. 5, S. 168.
366 WA 6, 502ff.; zitiert nach E. Mülhaupt, Luthers Evangelien-Auslegung, Bd. 5, S. 181.
367 Sermon von dem neuen Testament, 1520, WA 6,353-378; zitiert nach E. Mülhaupt: Evangelienauslegung, Bd. 5, S. 175.
368 WA 7, 20-38, bes. 25, 26ff.
369 Vgl. Mülhaupt: Evangelienauslegung, Bd. 5, S. 177.
370 Neuner-Roos: Der Glaube der Kirche in den Urkunden der Lehrverkündigung, 9. Auflage, Nr. 596 u. 597.
371 Ebenda Nr. 599.
372 Ebenda Nr. 581.
373 Luther, De captivitate Babylonica, Mülhaupt: Evangelienauslegung Bd. 5, 182.
374 E. Mülhaupt: Evangelien-Auslegung Bd. 5, S. 173.
375 Ebenda, S. 187.
376 Ebenda, Invokavitpredigten S. 188.
377 Ebenda, Invokavitpredigten, S. 190.
378 Nach WA 35, 142.
379 WA 35, 435-437 (alle Strophen).
380 WA 15, 494, 29-32
381 WA 35, 142
382 WA 15, 498, 30f.
383 WA 15, 495, 14-24 (in Auswahl).
384 WA 15, 496, 30-33
385 WA 15, 496, 14-17
386 WA 15, 498, 27-32
387 WA 15, 498, 32-499, 11
388 Schriften des Urchristentums, 2. Teil: Didache, Barnabasbrief, 2. Klemensbrief, Schrift an Diognet, herausgegeben von Klaus Wengst, Wissenschaftliche Buchgesellschaft Darmstdt 1984, S. 66-69.

389 „Bort“ wahrscheinlich von Brett, Tisch, vgl. lat. tabula = Gesetzestafel, Urkunde.
390 WA 35, 135
391 Erasmus von Rotterdam: Ausgewählte Schriften, Bd I, Darmstadt 1995.
392 Erasmus: Schriften Bd I, S. 76/77.
393 Ebenda I, S. 78/79.
394 WA 1, 398, 6-13
395 WA 1, 398, 13-16
396 WA 1, 398, 17-21
397 WA 1, 399, 11
398 WA 1, 399, 19-20
399 WA 1, 399, 23-27
400 WA 1, 399, 29f.
401 So noch der jüngste Katechismus der katholischen Kirche von 1993, Nr. 1965, 1967, 1968 etc.
402 WA 6, 202-276
403 WA 35, 135ff.
404 WA 35, 426-428
405 WA 35, 428-429, siehe auch: Heimrath/Korth, aaO., S. 572f. u. 74f.
406 Luther: Galaterbriefvorlesung von 1531; WA 40 I, 495; hier zitiert nach der Übersetzung von Hermann Kleinknecht: Luthers Epistelauslegung, 4. Band, S. 188, Göttingen 1930; vgl. Hebr 8, 6ff.; 10, 1f.
407 WA 40 I 498; Kleinknecht, aaO., S. 189.
408 Thomas Aquinalis: Opuscula selecta Vol. I, Regensburg 1878, S. 176.
409 Ebenda, S. 192f.
410 WA 6, 204, 25f.
411 WA 6, 204, 31f.
412 WA 6, 207, 26-30
413 WA 6, 217, 6-11
414 WA 6, 217, 31ff.
415 WA 6, 220, 31f.
416 WA 6, 225, 32ff.
417 WA 6, 226, 5 u. 226, 8ff.
418 WA 6, 228, 3f.
419 WA 6, 243, 5-13
420 WA 6, 243, 22ff.
421 WA 6, 244, 5f.
422 WA 6, 244, 14-20
423 WA 6, 250, 30f.

424 Aus den elterlichen „Vorgaben“ spricht ihre Fürsorge und ihre Verantwortung für die Kinder.
425 WA 6, 250, 34-251, 3
426 WA 6, 252, 9-14
427 In Zucht nehmen.
428 WA 6, 253, 32-254, 11
429 WA 6, 258, 35-259, 2
430 WA 6, 260, 24-26
431 WA 6, 261, 12ff.
432 WA 6, 264, 16f.
433 WA 6, 265, 35-266, 1
434 Üble Nachrede, Verleumdung.
435 WA 6, 266, 24-26
436 WA 6, 268, 1-7
437 Keusch: schamhaft, rein, sittlich gut, so Kluge, Etymologisches Wörterbuch.
438 WA 6, 268, 10-12
439 Kirchenvater Augustin 354-430 n. Chr., Bischof von Hippo Regius (Nordafrika).
440 WA 6, 268, 28-30
441 WA 6, 271, 22-25
442 WA 6, 271, 34-36
443 WA 6, 272, 8-11
444 WA 6, 274, 7-11
445 WA 6, 274, 14
446 WA 6, 274, 15-18
447 WA 6, 274, 26
448 WA 6, 274, 31
449 WA 6, 275, 22-24
450 BSLK, S. 509
451 WA 6, 276, 12-15
452 „HERR“ im Großdruck, Hinweis auf den alttestamentlichen Gottesnamen: Herr = Jahwe.
453 Irren = irreführen, abtrünnig machen.
454 icht = nicht, WA 35, 429 Anm.
455 WA 35, 428f.
456 Quintilian: Institutio oratoria, 2. Buch 16, 12-17; zitiert nach Reclams Universalbibliothek, Nr. 2956, Stuttgart 1995.
457 Ebenda
458 Siehe Quintilian oder 1700 Jahre später: Joh. Georg Hamann aus Königsberg (1730-1788).

459 Thomas von Aquin : Opuscula selecta, Vol I, 3-19, Regesburg 1878.
460 Nikolaus von Kues ins Neuhochdeutsche übertragen von W. Jungandreas, herausgegben vom Cusanus-Institut Trier, 1982.
461 Martin Luther „Auslegung deutsch des Vaterunsers für die einfältigen Laien", 1519 WA 2, 74-130.
462 WA 35, 270-281
463 WA 2, 81, 22-27
464 WA 2, 81, 33-35
465 WA 2, 82, 23-26
466 WA 2, 83, 5ff.
467 Thomas: op.sel. I, 5f. (in Auswahl).
468 Nikolaus von Kues, aaO., S.4
469 M. Luther: Eine kurze Form das Pater noster (Vater unser) zu verstehen zu beten, ein Nachtrag zu der schon erwähnten „Auslegung deutsch des Vaterunsers für die einfältigen Laien" von 1519, WA 6, 11, 19-29 (in Auswahl).
470 WA 2, 83, 14-24 (gekürzt)
471 WA 2, 83, 30ff.
472 WA 2, 83, 33-36
473 BSLK S. 512; WA 30 I, 369, 5-370, 2
474 WA 35, 463-465; Heimrath/Korth, aaO., S. 79.
475 WA 30 I, 195, 30ff.
476 WA 2, 87, 38-88, 3;
477 WA 2, 88, 10-14
478 WA 2, 92, 12-14
479 BSLK S. 512; WA 30 I, 371
480 Großer Katechismus, WA 30 I, 199, 20-27; BSLK S. 672.
481 WA 30 I, 200, 7-16; BSLK S. 673
482 WA 2, 95, 16ff.
483 WA 2, 99, 14
484 WA 2, 99, 34-100, 19 (in Auswahl).
485 WA 30 I, 202, 27-33; BSLK S. 677
486 WA 30 I, 203, 1-5; BSLK S. 677
487 Nikolaus von Kues, aaO., S. 16f.
488 WA 2, 106, 21f.
489 WA 2, 107, 24f.
490 So im Großen Katechismus WA 30 I, 203, 30, BSLK S. 679.
491 Fromm = rechtschaffen, redlich, tüchtig; siehe Kluge, Etymologisches Wörterbuch.
492 WA 30 I, 374, 2-5; BSLK S. 514

493 WA 30 I, 206, 12-22; BSLK S. 683
494 Konkordienformel Epitome V, BSLK S. 791, 41ff.
495 WA 30 I, 206, 29ff.; BSLK S. 683
496 WA 30 I 207, 5f.; BSLK S. 683
497 WA 30 I, 207, 30f.; BSLK S.684
498 WA 2, 123, 1-10
499 WA 30 I, 209, 7-10, BSLK S. 686
500 WA 2, 123, 30ff.
501 WA 2, 124, 33-37
502 WA 30 I, 210, 17-20; BSLK S. 689
503 EG 124, 4
504 WA 30 I, 378, 5-9; BSLK, S 515
505 WA 35, 257
506 WA 35, 462f. (alle drei Strophen); gedruckt 1535 in der Druckerei von Joseph Klug.
507 WA 35, 254
508 Gerhard Hahn, aaO., S. 163.
509 WA 35, 256
510 Georg Kretschmar, Die Offenbarung des Johannes. Die Geschichte ihrer Auslegung im 1. Jahrtausend, 1985, S. 93 und S. 131.
511 Walch, Luthers Werke, Bd XIV, Sp. 141
512 ebenda Bd XIV, Sp 135
513 G.Hahn, aaO., S. 164, Anm. 189.
514 Katechismus der Katholischen Kirche, aaO., Nr. 966.
515 Zitiert nach E. Ellwein: Luthers Evangelienauslegung Bd. 4, S. 87 u. S. 89; WA 17 II, 64-68.
516 WA 35, 462f. (alle drei Strophen)
517 WA 40 I, 70; zitiert nach H. Kleinknecht, Luthers Epistelauslegung Bd. 4, S. 35.
518 Siehe Kluge, Etymologisches Wörterbuch.
519 Ebenda
520 Vgl. Otto Böcher: Die Johannesapokalypse, Darmstadt 1980, S. 75f.; Georg Kretschmar: Die Offenbarung des Johannes. Die Geschichte ihrer Auslegung, Stuttgart 1985, S. 39ff.; Ernst Lohmeyer: Die Offenbarung des Johannes, Tübingen 1953, S. 96ff.
521 WA 38, 34, 25-35,6
522 WA 31 I, 569, 23f.
523 WA 40 III, 505, 14, zitiert nach Gerhard Hahn, aaO., S. 168, Anm. 207.
524 WA 35, 463 Anmerkung 1.

525 Ebenda, Anmerkung 2.
526 Den Drachen, den Satan.
527 WA 35, 463 Anmerkung 3 = gar sehr.
528 WA 37, 539, 23-33
529 WA 42, 187, 13-20; vgl. Augustin in seinem Werk „Vom Gottesstaat".
530 WA 42, 187, 31-37
531 WA 42, 191, 18f.
532 WA 37, 544, 4.8, Michaelispredigt 1534.
533 WA 37, 544, 36ff.
534 WA 35, 458
535 WA 35, 233
536 Martin Brecht: Martin Luther Bd. II, Stuttgart 1986, S.336ff. u. 350ff.
537 WA 35, 235 u. 238
538 WA 51, 585-625; in W 2, XX, 2194ff.
539 WA 30 II 107-148; 160-197 u. W 2, XX, 2109ff.
540 Ebenda
541 Zum Thema „Luther und die Türken: Rudolf Mau: Luthers Stellung zu den Türken in „Leben und Werk Martin Luthers von 1526-1546", herausgegeben von Helmar Junghans, Bd I, Göttingen 1983, S. 647ff.; Martin Brecht: Martin Luther Bd III, Stuttgart 1987, S. 346ff.
542 WA 35, 467f.
543 WA 30 II, 198ff.
544 WA 30, II, 205, A.1
545 WA 30, II, 205, 7; WA 53, 261-411
546 WA 53, 272ff. u. W 2, XX, 2218ff.
547 W 2, XX, 2125
548 Ebenda; beide Zitate in der Schrift „Vom Krieg wider den Türken."
549 W 2 XX, 2123
550 W 2 XX, 2283
551 Katechismus der Katholischen Kirche , aaO., Nr. 1965-1967.
552 Ebenda Nr. 1965
553 W 2 XX 2282
554 2. Petr 3, 7
555 WA 35, 468
556 WA 45, 204-250, hier nach der Wiedergabe von „Luthers Psalmenauslegung, Bd. 1, hg. v. Erwin Mülhaupt, Göttingen 1959, S. 139.
557 WA 5, 247-627; Mülhaupt Bd. 1, S. 123ff.
558 WA 35, 467

559 WA 35, 247
560 Mülhaupt Bd. 1, aaO., S. 137
561 WA 52, 335, 32-336, 15 Hauspostille.
562 Ebenda WA 52, 336, 5 Hauspostille.
563 BSLK, S. 415
564 BSLK, S. 418
565 BSLK, S. 418ff.
566 WA 35, 126, in freier Übertragung.
567 WA 35, 453f.
568 WA 35, 130 und Briefe Luthers, Walch Bd XXI a, Sp. 633; WABr 3, 318.322, Nr. 757+760.
569 Ebenda W XXI a, Sp. 635
570 WA 35, 130 u. WA 12, 609
571 WA 40 III, 495, 33-34
572 Ebenda, 495, 17-19
573 Ebenda, 496, 11-16

Verzeichnis der Lieder und ihrer Auslegung

Ernst Volk, geboren am 13.11.1927 in Biskirchen an der Lahn, nach kurzem Kriegseinsatz als 17jähriger erwarb er die Hochschulreife, Studium der Evangelischen Theologie in Marburg, 1952 Vikar in Oberhausen und in Wetzlar-Niedergirmes, anschließend Hilfsprediger in Hückelhoven bei Aachen, 1956-1992 Pfarrer in Mülheim an der Mosel, 1964-1992 Superintendent des Kirchenkreises Trier, 1975-1995 Vorsitzender des Lutherischen Konvents im Rheinland, Ruhestand in Morbach-Bischofsdhron, gestorben am 16.10.2015 in Berlin.

Veröffentlichungen:

- *Gemaltes Evangelium, Die evangelische Kirche in Mülheim/Mosel und ihre Tafelbilder, hg. v. Presbyterium der Ev. Kirchengemeinde Mülheim/Mosel, 1981*
- *Vom evangelischen Predigtamt – ein Fragment, 1990*
- *Bewährtes bewahren. Grundzüge evangelischer Glaubenslehre, 1994*
- *Philipp Melanchthon. Der Lehrer Deutschlands, 1997*
- *Anfechtung und Gewißheit des Glaubens. Die sieben Sendschreiben der Offenbarung des Johannes ausgelegt, 1998*
- *Dr. Pommer: Johannes Bugenhagen. Der Reformator im Norden, 1999*
- *Gottes richtendes und rettendes Wort, Gesammelte Aufsätze, hg. v. Thomas Berke und Winfrid Krause, 2002*
- *So kommt der Glaube aus der Predigt. Evangelische Predigt im Trierer Land, hg. v. Gertraude Volk, 2006*
- *Johannes Brenz. Zeuge biblisch-evangelischer Wahrheit und Reformator im südlichen Deutschland, 2010.*